近現代アジア主義の研究

宮崎滔天から「東アジア共同体」まで

高埜 健

Takano Takeshi

学術研究出版

序 —— 本書の概要と意義について

　本書は、筆者が長年にわたって取り組んできた第二次世界大戦後の東南アジア（広義の東アジア）における地域協力・地域統合に関する研究と、日本の明治維新以降のアジア主義（大アジア主義、汎アジア主義等）の発展そして崩壊という歴史的思想的展開とを、どうにかして結び付けようとする試みである。些か無謀であることは重々承知である。しかし、竹内好が「戦後になって突如としてアジアのナショナリズムという新しい問題が投入されるが、これが過去のアジア主義と切れて、天心なり滔天なり内田なり大川なりと無関係に論じられることに、そもそも問題がある」[1]と指摘しているのを見て、これこそが筆者が取り組むべき課題ではないのかと感じたのである。ところが全く不勉強なことに、筆者は1980年代半ばから東南アジア地域協力に関する研究の真似事を始めて以来、それを「天心なり滔天なり」と全く無関係に扱ってきた。無関係であるべきではないと気づく契機はたしかに与えられていたのにもかかわらず、である（このことについては後述する）。

　しかし、幸か不幸か、熊本の大学において教育研究に携わるようになり、否が応でも宮崎滔天、あるいは宮崎兄弟について知る機会を得てしまった。となれば、彼らに連なる、あるいは直接は連ならないが無関係ではない数多くのアジア主義者や、必ずしもアジア主義者とは見做されない思想家・活動家・研究者等についても知るべき、否、知らずには済まされないこととなった。これが、筆者が本書をまとめるに至った一義的な理由である。

　一方で、本書は、東南アジア（広義の東アジア）を題材に、「地域研究」と「国際関係論」（国際政治学）の融合を目指す試みでもある。この、二つの学問分野の融合という点について筆者が忘れられない想い出を一つ記しておきたい。
　大学院後期博士課程在籍中の1986～87年頃のことであった。当時、学内外で大きな影響力を持っていた政治学のH教授が担当されていた演習に、比較政治、

---

1)「日本のアジア主義」[竹内好1993：351]。

日本政治、政治思想、国際政治、地域研究など様々な専門をもつ大学院生が多数出席していた。毎回1～2名の院生が自分の研究分野とテーマについて報告し、それに基づいて討論をするという内容だった。そこで筆者は、東南アジアにおける地域協力を研究テーマにしている旨を述べ、自分としては、それは「地域研究と国際関係論を橋渡しする意義があると考えている」と言った。すると、ある先輩から、「地域研究とは任意の一国を研究する学問分野で、国際関係論は国家間の関係を扱うものではないのか。両者は矛盾するのではないか」との指摘を受けた。年齢もだいぶ上の先輩からの発言に気後れしてしまったこともあるが、やはり当時は自分の考えに確固たる自信がなかったのもたしかだ。うまく反論できずに、その場ではすごすごと引き下がってしまった記憶がある。H教授から、「若いうちにいろんなことにチャレンジするのは良いことだね」などと、励ましとも慰めともつかない言葉をかけていただいたのが唯一の救いであった。

　あれから30年余が経った。大学教員になった後も、折に触れてあの先輩の指摘が心の中で蘇っていた。いまならどのように反論できるだろうか、と自問し続けてきた。「地域」と「国際」を橋渡しするということはどういうことなのか。東南アジアという地域において展開している「地域協力」、なかんずく国家間の協力を扱うのだから、それは自明のことではないか。否、それ以前に、筆者の研究アプローチそのものは、「地域研究」と「国際関係論」のどちらなのか。その両者を結びつける説明がうまくできない限り、依然としてあの先輩には納得してもらうことはできないだろう……。

　そもそも筆者は、アメリカ的なArea Studiesという意味での「地域研究者」ではない。すなわち、任意の一国ないし一地域（あるいはそれ以上）の言語や文化に習熟し、同時に歴史学や政治学、経済学、あるいは社会学や文化人類学などの学問領域（ディシプリン）に則った研究をする、そういうアプローチではない。だから、その意味からは、筆者は何を専門にしてきたのかと問われれば、「国際関係論」と答えるのが一番妥当だと思っている。しかし、これまで筆者は、あくまでも東南アジアという「地域」全体を研究対象としてきた。タイ語を使いこなすことはできなくともタイのことはある程度わかっているつもりだし、マレーシア、フィリピン、ヴェトナム、ミャンマー（ビルマ）その他いずれの国や地域についても程度の差はあるが同じことがいえる。

したがって、自分の仕事は、一般に東南アジアと認識されている地域がいかなる地域であるか、さらにいえば、いかにして地域として成り立っているかという、いわばその独自性を明らかにする一方で、国際理論と呼ばれる一群の説明ツールを用いて、そこに存在し活動する諸国家その他の行為主体の行動とそれらの間の相互作用を、より一般的・普遍的な形でわかりやすく説明することであるべきなのだろうと考えるようになった。

　中嶋嶺雄は、地域研究と国際関係論の関係を、「土台ないし下部構造と上部構造のような関係にある双生児」と位置づけた。そして中嶋は、「国際的視野をもたない地域研究は問題意識に欠ける狭隘なものになるおそれがあるし、各地域の歴史、現状などに関する具体的知識に乏しい国際関係論は空論に堕すおそれがある」という川田侃の、さらには「国際関係論は地域研究によって集められた大量のデータに『一貫性』を与え、また諸概念を与えることによって、地域に関連した国際問題の理解を一層容易にする」というジョージ・モデルスキー（George Modelski）の議論を引きつつ、「国際関係の研究は、できれば特定の、もしくは複数の『地域』に立脚し、地域研究を土台とすべきだと主張する」のである[2]。

　中嶋がこのように述べたのは1980年代後半のことであったが、川田はさらに早く80年代初頭に、モデルスキーに至っては1960年代に上のように述べていた。筆者が件の演習で先輩の指摘に堂々と答えられなかったのは単なる勉強不足のせいだったのかもしれない、と後年、自分を恥じた。しかし、中嶋の「主張」を実感できるようになるのは、実際に自分が、まことに細々とではあるが、東南アジアの地域協力に関する論文を書き綴っていく過程においてのことであった。

　上のように筆者の問題意識を述べた上で、本書の構成を以下に簡単に示しておきたい。本書は二部構成となっている。その第Ⅰ部の第1章においては、筆者が扱う概念の定義を試みる。一般的に「東南アジア」、「東アジア」、まして「アジア」などという広大な地域について述べる場合、ある程度の「常識的な」範囲で地域概念を措定することは可能である。しかし、地域概念とは人間の創造物でもある。また、地域概念は時代と共に変化する。本書で、それらの地域概念がどのように使われるのかを定義しておきたい。たとえば「東南アジア」は人為的な地域概念

---

2) ［中嶋嶺雄、ジョンソン（編著）1989：369-370、376］、［中嶋嶺雄1992：87-91］。

として用いられるようになったが、その後、一般的に定着するようになった。では「アジア太平洋」や「東アジア」はどうか。2000年代に入って、地政学的な意味合いでの「インド太平洋」という地域概念も人口に膾炙するようになった[3]。20世紀後半から21世紀にかけて使われた「東アジア」という地域概念は、「東南アジア」よりさらに政治的な意味合いが強いのではないか、というのが筆者の主張したいところである。

続く第2章から第5章までは、筆者が大学院生の頃から取り組んできた東南アジアにおける地域協力・地域主義についての論稿となる。第2章と第3章ではその生成について歴史的な経緯から掘り起こしていき、第4章では、特に1990年代以降の東南アジア地域主義の発展について述べ、続く第5章では、東南アジア地域主義の発展形としての東アジア地域主義について論じる。この前半【第Ⅰ部】で論じる現代のアジア地域主義と、続く【第Ⅱ部】の第6章から第8章で述べる近現代のアジア主義に位置付けられる思想や行動は、どのように繋がるのか、あるいは繋がらないのか。

第6章では、近現代日本におけるアジア主義について概観する。これについても「アジア主義とは何か」というところから議論を始めるが、筆者が章の見出しに付けた副題「征韓論から大アジア主義に至るまで」を見てもわかる通り、これもまた人為的、あるいは恣意的な「アジア主義」の切り取り方であることは論を俟たない。つまり、ここでは筆者なりの「アジア主義」論を展開したいと考えているところである。

続く第7章は、第6章から導かれる副旋律、あるいは「スピンオフ」としての宮崎滔天論である。もちろん、書名に銘打っている通り「宮崎滔天」は本書の主題の一つなのであるが、滔天を、一般にそうされているように、「アジア主義」の範疇に含めて良いものかどうかという躊躇いは、滔天について知れば知るほど深まるのである。だから、滔天を論じることは「アジア主義」の文脈においては勿論有効であるのだが、筆者としては、「アジア主義」の文脈で滔天を論じつつも別に一章

---

3)「インド太平洋(Indo-Pacific)」という地域概念は2020年代において「アジア太平洋」に取って代わった感があるが、実は決して目新しいものではなく、地政学的な概念としても既に1920年代にドイツの軍人・外交官で地理学者・地政学者であったカール・ハウスホーファー(Karl Haushofer)が用いたものであった。ハウスホーファーはインド洋と太平洋の統合を正統化する根拠として、海洋生物学的、海洋学的、民族誌的、歴史言語学的証拠を挙げた。https://en.wikipedia.org/wiki/Indo-Pacificを参照。

を設けて論じる以上、本書では彼の（思想家・活動家としての）独自性を更に深めたいと考えている次第である。

そもそも滔天が一般に「アジア主義」者の範疇に括られる最も大きな理由は、当然、孫文（や黄興をはじめとする中国革命家）との関係である。その他、朝鮮の金玉均（Gim Okgyun/Kim Ok-kiun）やフィリピンのポンセ（Mariano Ponce）、インドのビハリ・ボース（Rash Behari Bose）らとの交流や彼らのアジア解放運動を支援したことからも、滔天を「アジア主義者」の一人と位置付けることには何の問題もない。しかし、滔天は「アジア主義者」だから孫文その他を支援したのではなく、孫文らとの関係によって（結果として）アジア主義者と見做されるようになったのだ、と筆者は考えている。第7章および第8章においては、特に孫文との関係に焦点を当てて滔天について述べることとする。

では、本書はいったいどのような意義をもち得るであろうか。筆者自身が考えていることは大きく分けて3点ある。第一は、アジアにおける地域協力・統合を、より広い国際関係の中に位置づけ、その意義と問題点を明らかにしようとする点である。第二に、このことと関連して本書は、地域協力機構の制度や活動についての考察はもとより、その活動を支え、背景をなす人びとやその考え方を探ることにも注意を払っている。その点にこそ、竹内好が述べた「戦後のアジアのナショナリズムと滔天なり天心なりとの関わり」を紐解く鍵があるのではないかと筆者は考えている。筆者は「社会構成主義者＝コンストラクティヴィスト」（constructivist）を自認するほどこの国際関係論の分析アプローチに通じているわけではないが、これまでそうとは意識せずに実はコンストラクティヴィスト的観点から東南アジアの地域協力を観察してきたのではないかと思いあたったのである。「革命」にせよ「アジア主義」にせよ「地域協力」にせよ、人が考えたアイディアであるし、宮崎滔天が孫文に協力して中国革命に参画すると考えたのも、「創設の父たち」が1967年8月にASEAN結成にこぎ着けたのも、決して人間活動の必然であったわけではない。

もちろん、あくまで合理的な説明を試みるのが「社会科学」なのであろうが、脱合理主義あるいは脱構造決定論的な理論的アプローチから得られる成果は小さくないと感じている。したがって、本書における分析の方法は、いきおい折衷的にならざるを得ない。筆者は、いわば地域の「匂い」のしない地域研究では地域研究

らしくないと思っている。しかし、いくらアジアが題材で、この地域の特徴は多様性であり、そのイメージは理性的というよりは情念的、整然というよりは混沌だからといって、実態に即した情報をただ闇雲に書き綴っても取っ散らかってしまうだけであろうから、地域に対する理解を促すことにはならないであろう。そして、もとより本書は数多くの先行研究をはじめ、先学の研究成果に多くを負っていることは改めて述べるまでもない。筆者としては、以上に述べたような試みが、アジア研究に、少しでも新しいものの見方やヒントを提供できることがあるならば幸いに感じる次第である。

　さて、本書は全編書き下ろしではなく、筆者が過去に発表してきた幾つかの論文を土台にして書かれている。したがって、できる限り情報はアップデートしたつもりだが、基本的に執筆時点（概ね 2010 年代初めまで）の情報で論稿をまとめていることを予めお断りしておきたい。要するに、2024 年半ばの時点では、既に古くなっている情報があるのはやむを得ないのだが――たとえば域内諸国の経済成長率や GDP の数字等――、傾向としては全く本書の刊行時点において逆行しているということはない、ということでご容赦いただければ幸いである。

　なお、土台となった諸論文は、以下に時系列的にリストアップしておく。本書への転載を快諾して下さった関係各位にはこの場を借りて厚く御礼申し上げたい。

1．「ヴェトナム戦争の終結と ASEAN──タイとフィリピンの対米関係比較を中心に」『国際政治』第 107 号「冷戦変容期の国際政治」（日本国際政治学会）1994 年、97-114.
2．「東南アジアにおける『地域安全保障』の変容──SEATO から ASEAN へ 1960 年～ 1967 年」『法学研究』（慶應義塾大学慶應法学会）68（11）、1995 年、310-326.
3．"The ASEAN-10 and Regional Political Relations," in Sekiguchi Sueo and Noda Makito (eds.), *Road to ASEAN-10: Japanese Perspectives on Economic Integration*, Singapore: Institute of Southeast Asian Studies; Tokyo and New York: Japan Center for International Exchange, 1999, 16-36（邦語版：

「ASEAN拡大と東南アジア地域国際関係への影響」関口末夫、野田牧人（編）『ASEAN10――地域経済と国際関係への影響』日本国際交流センター、2000年、15-49.）

4．「ASEAN安全保障協力における中国ファクター――ASEAN10へのインプリケーション」添谷芳秀、山本信人（編）『世紀末からの東南アジア――錯綜する政治・経済秩序のゆくえ』慶應義塾大学出版会、2000年、31-67.

5．「安全保障――東アジアにおける多国間協力の新展開」唐木圀和、後藤一美、金子芳樹、山本信人（編）『現代アジアの統治と共生』、慶應義塾大学出版会、2002年、265-284.

6．「東南アジアにおける多国間主義――地域安全保障の観点から」『国際政治』（日本国際政治学会）第133号「多国間主義の検証」2003年、76-92.

7．「東南アジアにおける地域統合と広域地域協力――拡大・深化するASEANをめぐる国際関係」高杉忠明（編）『国際機構の政治学』、南窓社、2003年、77-107.

8．「国際関係論からの『地域』試論――九州・沖縄と東南アジア」熊本県立大学総合管理学部創立10周年記念論文集『新千年紀のパラダイム――アドミニストレーション』（下巻）、九州大学出版会、2004年5月、265-292.

9．「東アジアという地域秩序――共同体構築を追求するASEANと東アジア首脳会議」山本信人編『東南アジアからの問いかけ』慶應義塾大学出版会、2008年、121-148.

10．「ASEAN地域フォーラムと日米同盟」竹内俊隆編著『日米同盟論』ミネルヴァ書房、2011年、385-415.

11．「東アジア地域主義とは何か――日本にとってのインプリケーション」『アドミニストレーション』（熊本県立大学総合管理学部紀要）第18巻3・4合併号、2012年3月、221-257.

12．「近現代日本のアジア主義に関する一考察――征韓論から東アジア地域主義まで（一）」『アドミニストレーション』第24巻第1号、2017年11月、15-39.

13．「近現代日本のアジア主義に関する一考察――征韓論から東アジア地域主義まで（二・完）」『アドミニストレーション』第27巻第1号、2020年11月、62-92.

目次

序 ── 本書の概要と意義について　iii

目　次　x

凡　例　xv

【第Ⅰ部】

第1章　地域と地域主義 ── 東南アジア、東アジア、そしてアジアとは………3

はじめに ── 地域と地域主義　3
　(1) 地域について　3
　(2) 地域主義について　4

1. 地域主義を創出する地域協力　7
　(1) 国民統合問題との関わりにおいて　8
　(2) 脱植民地化および冷戦下の国家建設との関わりにおいて　9
　(3) 共産主義および革命との関わりにおいて　10
　(4) 政治変動および開発との関わりにおいて　11
　(5) 人びとのアイデンティティ変容との関わりにおいて　14

2. 東南アジア地域協力の研究意義とその変化　16

3. 東アジア地域概念における「マハティール以前」と「以後」　21
　(1) 東アジア地域概念の変遷　22
　(2) 「東アジア経済グループ」(EAEG) 構想　25

4. アジアとは何か　28
　(1) アジアの二面性　29
　(2) 近現代のアジアと日本　32

第2章　東南アジア地域協力に至る過程 ……………………37

はじめに　37

1．東南アジアの地域性　38
　(1)辺境としての東南アジア　40
　(2)集合的に発展の契機を俟つ　42

2．地域協力開始前夜の東南アジア　43
　(1)ラオス危機の勃発　45
　(2)SEATOの有名無実化　47

3．マレーシア創設をめぐる紛争　50
　(1)サバ領有権問題　51
　(2)MAPHILINDO構想と紛争の激化　54
　(3)「対決」の終息と新たな地域協力　58

第3章　東南アジア地域主義の生成と発展 ……………………63

はじめに　63

1．アイディアの土着化（内部化）　64
2．アイディア論争とその解釈　67
3．インドネシアの「学習」と地域主義の離陸　73

第4章　地域国際関係におけるASEANの台頭
　　　——ヴェトナム戦争の終結と「アメリカ離れ」の顛末 ………………81

はじめに　81

1．アメリカのアジア政策の転換　83
　(1)SEATOの役割の終焉　83
　(2)アメリカの対同盟国援助　84

2．タイの安全保障政策と対米関係の調整　87
　(1)ヴェトナム化政策とタイ　87
　(2)対米関係のディレンマと1971年クーデタ　88
　(3)1973年10月学生革命とその後の米タイ関係　90

3．マルコス政権と在比米軍基地問題　92
　　(1)ヴェトナム問題とマルコス戒厳令政権　92
　　(2)戒厳令体制下の米軍基地問題　94
4．ASEANにおける政治協力の進展　97
　　(1)アメリカとASEAN　98
　　(2)バリ首脳会議と東南アジア友好協力条約　99
5．ヴェトナム戦争後におけるASEANの存在意義　101
　　(1)ナショナリズムの役割と限界　101
　　(2)多国間主義の慣行と課題　102

第5章　東アジア地域主義とは何か　105

はじめに──「アジア危機」がもたらした「東アジア協力」　105
1．東アジア協力の始動　106
2．統合と分裂を内包する東アジア　108
　　(1)統合のベクトル　109
　　(2)分裂・拡散のベクトル　111
3．東アジア統合を疎外するミャンマー問題　113
4．東アジア協力「牽引車」ASEANの微妙な役割　117
　　(1)東アジア首脳会議の発足　118
　　(2)ASEAN+3か、ASEAN+6か　120
5．東アジア地域主義の可能性と内実　122
　　(1)地理的近接性と域内移動の容易性　125
　　(2)アメリカ発日本経由の科学技術の伝播と
　　　　リバース・イノベーション　126
　　(3)富の総量の圧倒的な増加とそれを維持発展させる安全保障　127
6．東アジア地域主義と日本　130
　　(1)東アジア地域主義と日中関係　131
　　(2)東アジア地域主義と日米関係　134
おわりに──「東アジア」は何処へ行くのか？　137

【第Ⅱ部】

第6章　近現代日本のアジア主義
── 征韓論から大アジア主義に至るまで …………………………………… 143

はじめに ── アジア主義ブーム再び？　143

1．アジア主義とは何か　148

2．自由民権運動とアジア主義　152
  (1) 征韓論と民権論　152
  (2) 板垣・頭山の出会い　153
  (3) 大井憲太郎と樽井藤吉　155

3．国権主義・対外進出とアジア主義　157
  (1) 金玉均と日清戦争　159
  (2) 荒尾精と日清貿易研究所　162

4．コスモポリタン型アジア主義　166
  (1)「アジアは一つ」の意味　167
  (2) 国際的な近代教養人　169

おわりに ── 出会わなかった天心と滔天　170

第7章　宮崎滔天論 ……………………………………………………………… 173

はじめに ── 静かな滔天ブーム　173

1．滔天論の系譜　174
  (1) 宮崎兄弟伝　175
  (2) 奇妙な縁　176

2．中国革命への志　179
  (1) 二兄彌蔵とその周辺　180
  (2) 金玉均との交遊と別れ　183

3．天心と滔天 ── 出会わなかった二人　187
  天心は滔天、滔天は天心　188

第8章　滔天と孫文……………………………………………………… 193

はじめに —— 彌蔵の死　193

1．犬養木堂　194
2．孫文との運命的出会い　197
3．中国革命における滔天の役割とその評価　200
   (1) 革命のファシリテーターとして　202
      康有為との連携　202
      東亜同文会　202
      布引丸事件　204
      興漢会結成　205
      恵州起義（蜂起）　207
   (2) 革命運動のPR担当として　209
      浪花節語り　210
      再び革命運動へ　211
   (3) 中国同盟会の結成　213
      黄興との友情　214
      革命評論の創刊と終刊　215
4．辛亥革命から滔天の死まで —— 終生続いた孫文との友情　217
   (1) 辛亥革命と滔天　218
      臨時大総統孫文　220
      南北妥協と頭山満　222
   (2) 滔天の死と孫文 —— 終生続いた友情　224
      孫文の荒尾再訪　225
      第二革命、第三革命　228
      黄興の死　232
      最後の中国行　236

終章 —— 新たな「アジア主義」を模索して　……………………………… 243

あとがき　247
参考文献・資料一覧　251

凡　例

1. 本書では、人名・地名その他の表記につき、原則として以下のようなルールを適用している。
   (1) 人名については、日本人と日本人以外とを問わず、初出時にフルネーム表記するかローマ字によるフルネームを併記しているが、それ以降に登場する場合については、いわゆる通称を用いた。中国（系）人の氏名については、場合によって漢字とローマ字を併記している。人によっては旧漢字（繁体字）をそのまま用いた。また、本文・注で言及する氏名については、存命中か他界しているかにかかわらず、基本的に敬称は略し（例外あり）、肩書きは当時のものを用いた。
   (2) 原語表記で分かち書きされる人名や地名・国名は、一般的な表記に準じているが、時と場合により、「・」（ナカグロ）で分ける場合と分けない場合がある。概ね地名は分けず、たとえば、クアラルンプール（Kuala Lumpur）、シェムリアップ（Siem Reap）、あるいはホーチミン（Ho Chi Minh）と表記し、人名はフン・セン（Hun Sen）、レ・ズアン（Le Duan）というように分けている。また、人名や地名・国名の表記には、ローマ字表記になるべく忠実な音を示すために、「ヴ」（ヴェトナム）、「ティ」（ティモール）、「ドゥ」（アブドゥラー）などの表記を用いている。
   (3) 国際組織等の表記については、なるべくローマ字表記の略称を用い（たとえば、アセアンではなくASEAN）、初出時には正式な日本語名と略さないローマ字表記を併記した。

2. 注は章ごとに付し、引用文献もその中に記した。しかし、本文中で引用した文献は一部を除いて巻末の文献目録一覧に再び収録している。目録に再録した文献については、注において［著者名　発表年（：頁数）］という形式で表記している。雑誌などの定期刊行物などを参照する際には、［刊行物名　掲載年月日（：頁数）］もしくは［刊行物名　巻・号　掲載年月（：頁数）］などの表記で文献を特定できるようにした。なお、注で同一文献が続くような場合にも、*ibid., op. cit.* などの略号を用いることは避けた。

3. 本文および注で言及している条約や共同声明など公式文書について、出典の明記がないものは、ほぼすべてASEAN中央事務局のウェブサイト

xv

（http://www.ASEAN.org/）に拠っている。本来、すべてのURLと参照年月日を示すべきであるが、既に公開されている文書であるため省略した。また、中央事務局ウェブサイトに転載されている公式文書は、ところどころ誤植や欠落が見受けられるので注意が必要である。その他の文書の引用および言及については、ウェブサイトを含め出典元を明記した。

4．筆者の過去の論稿の一部が本書の中で用いられる場合は、その都度注をつけて出所を明記することはしなかった。それらの論稿については、「序」（pp. viii‐ix）および巻末の文献目録に掲載した。

5．この凡例の書き方は、基本的に［山影進1991］および［山影進1997］を参考にしているが、特に第Ⅱ部においては、明治・大正期の日本語の文章をそのまま引用する際に旧仮名遣いや旧字体、中国語の繁体字などをそのまま用いていることを断っておく。

近現代アジア主義の研究
宮崎滔天から「東アジア共同体」まで

第 I 部

第1章　地域と地域主義
―― 東南アジア、東アジア、そしてアジアとは

はじめに ―― 地域と地域主義

　本章は本書のテーマを設定する重要部分である。冒頭でも述べたように、本書には国際関係論的手法によって地域研究の成果を示すという狙いがあるわけだが、となると、いろいろと最初に定義しておかねばならない用語が出てくる。「地域」がその一つであり、もう一つは「地域主義」である。地域と地域主義との関係は、どのように捉えられるべきであろうか。本書が主として扱うのは、「東南アジア」とそれを含む拡大版ともいえる広義の「東アジア」であるが、さらに、それらを含む極めて広大な地域としての「アジア」に「主義」をくっつけて、それを、あたかも一つの思想であるかの如く論じようというわけである。

(1) 地域について

　そこで、まず「地域」とは何か、である。複数の主権国家を含む国際地域については、次のような定義がある。「対外関係において相互に関係を持つ単位を形成しているような、地理的に近接した複数の国家を含む、世界の中の（地理的な）範囲」であり、「そこに参加している各々の主体にとっては、同じ地域内の他の構成員の活動は（敵対的であれ協力的であれ）当該主体の外交政策における重要な決定要因となる。」[1]

　中心的なアクターとしての主権国家間の相互作用とは、政府首脳や閣僚などの往来と交流、様々なレベルにおける外交交渉、あるいは一つ以上の問題領域について、または総合的・包括的な制度化された協力体制を持つことであり、また反対に紛争を抱えることや、極端な場合には戦争という状況が想定できる。大統領や首相の友好的な公式訪問が関係双方（政府間・国民間）に好印象をもたらす一方、紛争や対立の当事者どうしとなって非難の応酬を交わす場合には相互に悪感情が植え付けられることもあろう。しかし、そうした行動・活動が積み重ねられ

---

1) [Cantori and Speigel 1970: 1].

ていくことによって、国家間・国民間には良くも悪くも相互理解が生まれることになる。

　さて、上述の定義を一応踏まえるとしても、地域を構成する主体は必ずしも主権国家に限られなくてもよい。したがって、「国家」間の「外交政策」だけが地域を地域たらしめる決定要因となるわけではない。むしろ現代的（1970年代以降としておこう）文脈における国際地域を形成する重要な決定要因としては、経済交流（貿易・投資）およびそれに伴う人的・社会的・文化的交流の方が重要かもしれない。また、そもそも地理的な境界や政治的な境界（要するに国境）というものは、流動的で恣意的なものであり、技術的および政治的条件によって変わり得るものなのである[2]。

　そのような（多様な）「交流が進むなかで必然的に、地域経済活性化の狙いを超えて対岸の人々とその文化への関心を高め、あるいは自らの地域の未来への展望と自治意識を高め、さらには国境の枠を超えた地域的連帯意識や何らかの『ゾーン』意識を生み出す」[3]ような現象が起きてくれば、そこに暮らす「生活者」をはじめとする関係者が、いかにして地域としての一体性を共有しうるかが、地域の実態化にとって重要な鍵となるだろう。いわゆる民際外交や自治体の国際交流は、そのような観点からも重要な活動になる。そうした活動は、行政主導のものだけでなく非政府組織（NGO）などによる民間主導のもの、あるいは両者の協力の上で行う性質のものもあるだろう[4]。行政主導型の自治体間交流のように、かなり意図的に計画・実施される活動もあれば、自然発生的に増大していくコミュニケーション（運輸・通信、物流・観光・留学・労働移動等を通じて）が、複数の主体を含む地域の一体性を高めていくことになるだろう。そうであるならば、重要なことは、想定される地理的範囲＝地域における交流活動がいかに頻繁に、濃密に行われるか、ということにかかってくるのではないだろうか。

(2) 地域主義について

　以上のように「地域」を定義しつつ「地域主義」について見てみれば、それは以

---

2)　［Cantori and Speigel 1970: 2］.
3)　［羽貝、大津 1994 : 8］。
4)　このことについては、［CDI-Japan、シューマン］が大いに参考になる。

下のような定義が可能となる。『グローバリズム時代の地域主義』(*Regionalism in the Age of Globalism*) の編者の一人ヘニグホーゼン (Lother Hönnighausen) によれば、地域主義とは（国内レベルでは）中央集権的国家に反対する、そして現代的文脈においてはグローバリズムを作り出す画一性に反対する、地域の重要性への信念であるという[5]。ところが、やや詳細にみていくと、地域主義の定義は一筋縄ではいかない。国家（ないし経済単位）間で形成される国際地域における地域主義とは、『グローバリズムの事典』(*A Dictionary of Globalization*) でヴンダーリッヒ (Jens-Uwe Wünderlich) とウォリアー (Meera Warrier) が説明する「公式的で国家主導の企画・過程であり、一連の規範、価値、目的、あるいはアイディアや、ある種の国際秩序もしくは社会」を指す「マクロ地域主義」ということになる[6]。ウィット (Andrea Witt) はヨーロッパにおける地域主義を地域的な主体が相互に超国家的ネットワークを形成する能力として分析する。欧州委員会 (The European Commission) にとって地域主義とはガヴァナンスの概念であり、それは、諸国家の意思決定のマイナス面を補うために、またマアストリヒト条約 (Maastricht Treaty) およびそれ以降の条約に示された欧州連合 (The European Union: EU) 全体の社会・経済的結合性を追求するために用いられる。これもいわゆるトップダウン型であり、上記のマクロ地域主義とほぼ同じ捉え方である[7]。

しかし、地域主義の本質とは、たとえ「トップダウン」型であろうとも、自らよりさらに上位の主体、あるいは支配や統治の体系や構造（のあり方）に対する一種のオルタナティヴを提示するところにあるといえよう。既存の国家（権力）とそれに結びつく文化的特徴を必ずしも否定するものではないが、近代、なかんずく20世紀の世界は国家という単位、主権国家という制度、あるいは国民国家とい

---

5) Hönnighausen, "Regionalism," in [Hönnighausen, Frey, Peacock and Steiner (eds.) 2005: 180]. 同様にグローバリズム（およびローカリズム）との関連で地域主義（リージョナリズム）を論じているものに、山本武彦「リージョナリズムの諸相と国際理論」[山本武彦編 2005：1-28] がある。

6) 対する「ミクロ地域主義」は国家より下位の地域主義であり、幾つかの国家間にまたがって脱国境的な地域を形成するものを含め、中央から周辺への権限移譲の過程と結びつくものを指す。[Wünderlich and Warrier 2007: 247-249].

7) Andrea Witt, "The Utility of Regionalism for Comparative Research on Governance: A Political Science Perspective," in [Hönnighausen, Frey, Peacock and Steiner (eds.) 2005: 50-62]. 但しウィットは、トップダウン型の地域主義は、地方の事情を無視して地域統合計画を進める潜在的危険性があることを指摘している。

う「想像の共同体」を創り上げ、それを守ろうとするための人びとの争いの歴史ではなかったのか。しかし、国家という単位は相対化され、また超越されるかのような動きが21世紀の世界においては進行している。そして、国家という単位の下位に、もしくは上位に位置する、すなわち国家の枠を超える方向に位置する単位、運動、あるいは人びとの考えといったものの受け皿となるのは「地域」という空間的概念であり、それが国民国家体系へのオルタナティヴを提供するのではないかとの見方[8]に筆者も同意するものである。

　すなわちそれは、諸国家の主権を自発的に減損させ、共通の（主として経済的）利益のために諸国家およびそこに属する人びとを束ねてゆく運動や信念の体系であると捉えればよいのではないだろうか。地域主義は冷戦後の一定時期、ますます混迷する世界において、ある程度の理論的秩序を提供する現代国際体系の、際立った一つの特徴になっていたし、いわばポストモダン世界において、グローバリゼーションがもたらす脅威と同時に利益をも緩衝する役割を果たしているといえるかもしれない[9]。

　現代的文脈における地域主義は果たして、冷戦後ないし覇権安定後の世界から次なる世界秩序へと橋渡しをする過渡期的な役割を果たすのか、あるいはアナーキーな国際社会とグローバリズムの中間的存在として、比較的長期にわたる役割を果たしてゆくのか[10]。本書では、一般に地域主義というものが世界をどのように形成ないし変化させてゆくのかという問題意識を一方に持ちながら、アジア地域主義の動向を検証してみたい。それはどのように定義され、またその屋台骨となるものは何だろうか。欧州において独仏不戦という政治的合意が先行したのとは逆に、アジアの状況は、「貿易や投資の経済面が先行して、国境の垣根が次第に低くなってきたのに、政治的フォローアップが十分についてきていないというのが実像」[11]といえる。しかし、見方を変えるならば、ヨーロッパの不戦共同体化に

---

8) See e.g., George Howard Joffe, "Foreword: Regionalism--A New Paradigm?" in [Telò (ed.) 2007: xiii, xiv].

9) 同上論文［Telò (ed.) 2007: xiv］。但し、2016年に顕在化した英国のEU離脱（いわゆるBREXIT）は、こうした流れに逆行するものであることは言うまでもない。

10) Mario Telò, "Introduction: Globalization, New Regionalism and the Role of the European Union," in [Telò (ed.) 2007: 4].

11)［伊藤憲一2009：86-87］。

匹敵するアジアの統合原理、すなわち地域主義のバックボーンは、域内各国・地域の経済的繁栄と相互の貿易・投資によるネットワークの緊密化に求められるといえるのではないか[12]。このことは、「東アジア」の地域主義について論じる第5章において詳述してみたい。

1．地域主義を創出する地域協力

　さて、ヨーロッパやアジアという地域の名称は、人びとがイメージする通念上の地理的範囲を想起させうるし、一般的にそうした地域の呼称を使うことに何ら大きな問題はないであろう。しかし、果たして北大西洋条約機構（North Atlantic Treaty Organization: NATO）が設立される前から「北大西洋」という地域概念はあっただろうか。2022年2月以降、メディアではNATOの4文字が飛び交い、踊った。いうまでもなくウクライナへのロシアの軍事侵攻を報じるニュースにおいてNATOが何をするか、しないかが常に語られたからである。しかし、NATO（あるいはフランス語の略称であるOTAN）という略称がテレビ画面に映し出されるたびに「果たして北大西洋地域とはどこか？」などと疑問を持つ人は今や殆どいないはずである。同様に、ASEAN（The Association of Southeast Asian Nations ＝東南アジア諸国連合）という略称、あるいは東南アジアという地域の呼称に対する疑問を持つ人も21世紀の現在では殆どいないだろう。

　では、なぜ、地域の呼称は人びとの意識の中に定着したのであろうか。それは、NATOやASEAN同様、EUその他、地域の名称を冠した地域協力機構や国際組織が、協力活動を重ねてきたからである――というのが筆者の主張である。一定の地域を構成する主権国家（およびその他のアクター）間の相互作用による地域協力は、単なる外交上の儀礼的関わりに留まらず、その個々のアクターの抱える問題解決にも寄与してきたといえる。それは、アジア（をはじめとする戦後の新興独立地域）について見れば、(1)国民統合問題、(2)脱植民地化および冷戦下の国家建設、(3)共産主義および革命、(4)政治変動および開発、そして(5)人びとの

---

12) Pempel, "Introduction,"［Pempel (ed.) 2005: 12］を参照。また本書においては域内貿易・投資の詳細については多くを論じない。その点、詳しくは［Lincoln 2004］(Chaps.3&4)、［Pempel (ed.) 2005］(Chaps.1, 4&6)、［Munakata 2006］(Chap.3)、［Beeson 2007］(Chaps.5&6)、［Dent 2008］(Chap.2)、［Frost 2008］(Chap.8)、「西口清勝、夏剛編著 2006］(第1～5章)、［滝田賢治編著 2006］(第1、6、7章)などを参照。

アイデンティティ変容、という5つの問題領域との関わりにおいて論じることができる。

(1) 国民統合問題との関わりにおいて

第一は、国民統合問題である。西欧諸国は長い年月をかけて一定の国民統合段階に到達した後に、不戦共同体の創設を目指して、欧州共同体（European Communities: EC）、さらには欧州連合の地域統合に乗り出し、国民国家の位置と役割を相対化してきた。またそれと軌を一にしてエスニシティや特定の国内地域（地方）の文化的復権運動（バスクやカタローニャを想起されたい）が盛んになったことで、人びとは、欧州という国際地域／国民国家／エスニシティないし地方、の各々に対するアイデンティティを重層的に併存させることが可能になった[13]。

一方、アジアをはじめ新興独立諸地域に目を転ずれば、国民統合は21世紀初頭の今なお、殆ど全ての国にとって重要な課題である。戦前から唯一独立を維持してきたタイも含め、独立当初よりアジア諸国に共通する課題の一つは国民統合問題であったし、その後もあり続けている。かつて筆者もその末席に加えていただいた『ASEANにおける国民統合と地域統合』（岡部達味編著、1989年刊）の問題意識は、まさに戦後のアジア諸国が抱える政治的・経済的・社会的諸課題の分析に、それまではあまり重要視されていなかった地域協力・統合の視点を組み入れるものだった。同書の序文において岡部教授は次のように書かれた。

> …ASEANは発展途上地域においてもっとも成功した統合体だといっていいであろう。しかし、それはこの地域の諸国が、他の発展途上国と異なって、国民統合の課題を既に達成したということを意味しない。すべての発展途上国が直面しているといっていい、国民統合と地域統合という二重の課題に比較的うまく折り合いをつけてきたということに過ぎない。ASEANもASEAN諸国も御多分にもれず、いまなおこの二重の課題の達成に苦吟し、努力を重ねているのが現状である[14]。

そして、これと同時並行的に、ASEANを核とする地域協力の拡大・深化を通

---

13) ［梶田孝道 1993］を参照。
14) ［岡部達味（編）1989：iv］。

じて一定の地域統合状態を創出せんとする課題への取り組みも引き続き続けられている（自由貿易地域の創設や人の移動の自由化を想起されたい）。しかし、岡部教授による上述の指摘は 30 年以上を経た今日でも十分有効である。一方におけるエスニシティや特定国内地域の復権運動は、ややもすれば自治や分離独立を求める活動となり——欧州でさえ一旦落ち着いた後、再びそうした傾向も見られた——それは国民統合に対する障害となる場合が少なくない。つまり、東南アジアなら東南アジアという地域大の協力・地域統合と、そこに位置する各国の国民国家化、そしてエスニシティや特定国内地域の復権運動は、互いに衝突する潜在的・顕在的危険性を孕む側面をも常に併せもっているのである。

(2) 脱植民地化および冷戦下の国家建設との関わりにおいて

　国民統合問題の淵源というべきは、脱植民地化であり冷戦下での国家建設の問題であった。これを地域協力・地域主義との関わりで見るとどうなるか。イデオロギー・国家建設の方法論の如何を問わず、反帝国主義・反植民地主義は、新興独立諸国に多かれ少なかれ共通する理念であり心情であった。そのことは、冷戦体制下における「第三の道」としての非同盟・中立主義が一時期、新興独立諸国の広範な支持を得たこと、そしてアジア地域協力の開始においても、その中心となった西側寄りの国ぐにが、当初から、中立主義をとっていたカンボジア、ビルマ、ラオスなどにも参加を呼びかけたことにもよく表れている。したがって、アジア地域協力の背景にあったのは、「穏健な反帝国・反植民地主義」あるいは「西側寄り中立主義」の連帯の表明だったと見ることもできる。しかし、そこには強烈な安全保障上の不安感があったのも事実である。そのことと東南アジア地域協力の関わりについて、たとえば、ジョルゲンセン＝ダール（Arnfinn Jorgensen-Dahl）は『東南アジアにおける地域機構と地域秩序』の中で次のように述べている。

> 国際環境全般が本質的に略奪的で危険で、野卑でさえあるという認識は、個別具体的な経験にいちいち触れなくとも獲得可能なものだ。しかし、東南アジアの独立世代の政治指導者の殆どの場合、植民地化の経験と、特にその収奪的な側面は、かれらの心に深い痕跡を残している。…中略…1961 年の東南アジア連合（ASA）の結成には、純粋に経済・文化協力を促進しようという動機が働いたことも疑いない。とはいえ、外部

勢力からの安全に対する強い不安感と脅威認識も、急速に結成を促した非常に重要な要因だったのである[15]。

一般に、ASA（Association of Southeast Asia）およびその後継者としてのASEANは「反共・西側寄り」の国ぐにの地域協力と説明される。というのも、ASAおよびASEANの結成を促した「強い不安感」を抱かせる「外部勢力」とは、共産主義を意味していたからだ（外部勢力と国内の反政府勢力が結びついて脅威となるという認識である）。ジョルゲンセン＝ダールは上記の引用部分に続けて、「ASAの場合もそうだったが、加盟諸国の安全保障に対する強い懸念に言及せずして、なぜかれらがASEANへの参加を決めたのかを理解することはできない。そして、その懸念の最たるものは共産主義であり、中国の存在であった」と指摘している[16]。

(3) 共産主義および革命との関わりにおいて

そこで、共産主義（社会主義）および革命と地域協力・地域統合との関わりを見るならば、以下の3点が指摘できる。第一は、上記のように、地域協力を志向した「西側寄り」の国ぐには、中ソなどの外部勢力から有形無形の支援を受けた国内の共産主義（反政府）勢力に多大の脅威を感じていたことである。第二は、国際共産主義運動の側もまたアジアを一つの戦略的地域と見做して共産党どうしの連帯を鼓舞したが、欧州における共産党・労働者党情報局（コミンフォルム COMINFORM）や経済相互援助会議（コメコン COMECON）のような地域協力の枠組みをアジアで創ることはできなかったことである[17]。第三には、域内の共産主義諸国（ヴェトナム、ラオス、カンボジア）が一時期、マルクス・レーニン主義とインドシナ地域の連帯を謳って地域協力を志向したが、

---

15) [Jorgensen-Dahl 1982: 72]. 引用文・邦題共に高埜による訳。
16) [Jorgensen-Dahl 1982: 73].
17) コミンフォルムとアジア諸国の共産党の関係については、[Longmire 1989: 32-33]を参照。コメコンについては、ヴェトナムが1978年6月に加盟するが、同国は経済的に完全にソ連に従属しており、「批判的なロシア人に言わせればヴェトナムは援助をいくら注ぎ込んでも消えてしまう『ブラックホール』のようだった」とブジンスキは述べている[Buszynski 1992: 89]. すなわち、ヴェトナムはコメコンにとって「お荷物」でしかなかった。

ASEANに対抗しうる勢力には成長できなかったことである。1990年代後半にはこれらの国ぐにが相次いでASEANに加盟したことで、共産主義諸国どうしの地域協力というものは、その意義と役割を失った[18]。

　脱植民地化の時代、そして冷戦時代を経て冷戦後の時代に入り、国際環境全般が大きく変化した。世界的な冷戦構造の溶解と共に、アジアにおいても共産主義（社会主義）は一定の役割を終えた —— もしくは中国や北朝鮮に見られるような、土着的イデオロギーと結びついた一党独裁体制に変質を遂げた。そうした中で、この地域全体もまた大きな様変わりをみせてきた。大掴みに表現するならば、アジアにまつわるイメージはこの約半世紀の間に、紛争、貧困、停滞、政情不安、社会的分裂といった否定的なものから、平和、繁栄、成長、政治的安定、社会的統合といった肯定的なものへと大きく変わった。もちろん、既にプラスのイメージがアジアに定着したかに思われた20世紀終盤、未曽有の経済危機がこの地域全体を襲った。「奇跡」ともてはやされた東アジアの急成長に潜む脆弱性が図らずも露呈した。しかし、だからといって、この地域に住む人びとが自動車もエアコンも携帯電話もない生活に逆戻りしたわけではない。同じことが政治の分野にもいえる。その実態に問題なしとしないが、民主的な選挙と政治体制が定着したところに、現役の軍人が武力でクーデタを起こして政権を奪取し、憲法を停止するような「逆行」は、21世紀の今日、もはやあり得ないのである。それだけに、2021年3月以来、ミャンマーにおいて国軍が武力を用いて民主的に選ばれた政権を転覆し、全権を掌握したことの異常性が指摘されてしかるべきなのである。

(4) 政治変動および開発との関わりにおいて

　そこで、政治変動および開発（とその戦略）との関わりで地域協力について時系列的・動態的にみるならば、次の4点が指摘できよう。

---

[18] 但し、インドシナというサブリージョナルな地域協力として、3カ国は1999年以降3度にわたって非公式首脳会議を開催し、3カ国の「友好協力と伝統的な連帯」の強化の必要性を強調してきた（第1回会議は99年10月にヴィエンチャン、第2回は2002年1月にホーチミン、第3回は2004年7月にシェムレアップで開催）。但し、3カ国はこれをASEAN内の下位地域協力であるとして、インドシナ独自の地域ブロック化の意図は一貫して否定している。1999年の非公式会議について詳しくは、［東南アジア月報1999年10月号：18、30］、また小笠原高雪「ベトナムにとってのASEAN――伝統的機能への期待」［山影進（編）2001：105-106］を、2002年の第2回会議については、［東南アジア月報2002年1月号：15-16、25-26、34-35］を参照。

第一に、国民統合と地域統合の関係でみたように、域内諸国にとってこの二つの課題は重層的かつ同時並行的なものであり、本来、両者の相関は決して高くなかった。すなわち、各国の国民統合が進めばそれだけ地域統合も進むというわけではなく、逆もまた真なりであった。東南アジアにおけるASEANの政府間協力は、1967年以降80年代後半に至るまでは、加盟諸国の内部における政治（および経済・社会）変動と、全く無関係とはいいきれないまでも「別の次元」で動いていたといえる。そしてそれは、かなり意識的に別次元で動かされてもいた。ASEANは加盟各国の外交活動の一部に過ぎなかったし、1970年代初頭よりASEANは相互内政不干渉を域内における重要な国家行動原則の一つと位置づけてきたからである。

　第二に、ところが1980年代後半から90年代にかけて、ASEAN協力進展の成果というよりも、むしろ加盟各国における経済発展といわゆる新中間層の台頭という社会変動によって加盟諸国間の相互依存も高まり、各国に共通する問題がASEANの活動にも影響を及ぼすようになる。またASEANも加盟各国の問題に無関心を装い続けることはできなくなる。その嚆矢は、フィリピンにおけるフェルディナンド・マルコス（Ferdinand E. Marcos）大統領の失脚を招いた1986年の「2月革命」に際し、ASEAN外相会議が声明を発表したことだった。たしかに声明の内容は、山影進が指摘するように、フィリピンの混乱を憂慮し、危機的状況が平和的に解決されることを望むに留まっている[19]。しかし、それまでのASEANの慣行からすれば、ある加盟国の問題について他の国ぐにの外相が共同声明を発表するのは異例のことだった。ASEANがその後、加盟国あるいは加盟予定国の国内問題について声明──その多くは極めて抑制された内容だが──を発表するという先例はこの時にできたといってよいだろう。

　第三に、1990年代半ば以降、第二の傾向がますます強まったのと併せて地域機構自体が拡大するに伴い、ASEANがそれまで頑なに守り通してきた内政不干渉原則は「実情にそぐわなくなってきた」[20]。ASEANは加盟国ないし加盟予定国の

---

19) ［山影進1997：179］および山影進「ASEANの基本理念の動揺──内政不干渉原則をめぐる対立と協力」（［山影進（編）2001：128-129］）を参照。声明原文は、ASEAN Joint Statement on the Situation in the Philippines, Jakarta, 23 February 1986.
20) ［山影進（編）2001：116］。

国内問題に関して、発言し、場合によっては関与していかざるを得なくなる。地域協力の諸活動は、加盟各国の政治その他の変動と同期（シンクロナイズ）し、さらには加盟各国が抱える諸問題の解決に寄与する可能性をもつに至る。このことには、やはり冷戦後の時代状況が大きく影響している。一言で言えば、グローバリゼーションの大波がアジア地域をも飲み込んだのである。市場経済化、金融・投資の自由化と共に、インターネットによる迅速かつ大量の情報の相互浸透、そして人権や民主主義の概念の普遍化といった諸要素が、アジア諸国および諸国民に人類共通の課題を突きつけるようになった。だから、カンボジアの政情安定化やミャンマーの民主化問題だけでなく、インドネシアの山火事による煙害やアジア経済危機においても ASEAN の積極的な関与に対する期待が高まったのである。

第四に、域内各国の政治変動の背景となる経済的・社会的変動と地域協力の関係をみるならば、経済・社会分野における協力促進を謳って ASEAN が創設されたにもかかわらず、地域協力が域内各国の経済発展に、まして地域経済統合に果たした役割は極めて限定的だった。しかし、逆説的に捉えれば、ASEAN の場で出されてきた様々な経済協力・統合のアイディアや方法論は、常に東南アジア経済の問題点を浮き彫りにする役割を果たしていた。たとえば、長らく進展しなかった ASEAN 地域における貿易自由化が、ようやく 1990 年代の初めに ASEAN 自由貿易地域（ASEAN Free Trade Area: AFTA）という形で具体化したのはなぜか。一つには、EU と北米における市場統合や中国の改革開放の一層の進展、アジア太平洋経済協力（Asia Pacific Economic Cooperation: APEC）の制度化などが、ASEAN に有形無形の圧力をかけた結果であるといえる。その一方で、特に 1985 年の「プラザ合意」以降、域内各国は一様に（程度の差はあるが）外資導入による輸出振興型工業化を軌道に乗せ、ASEAN 地域も国際生産ネットワークの中に組み込まれるに至った。ナロンチャイ（Narongchai Akrasanee）とスティフル（David Stifel）が指摘するように、AFTA を可能にする基礎的条件は ASEAN 工業化補完計画（ASEAN Industrial Complementation: AIC）の背景にあったのと同様の考えだったが、AIC が案出された 1980 年代初頭は、AFTA を具現化するには時期尚早だったのだ[21]。

---

21) Narongchai Akrasanee and David Stifel, "The Political Economy of the ASEAN Free Trade Area," [Imada and Naya (eds.) 1992: 36-37].

以上のことをまとめてみるならば、政治変動、すなわち新興独立諸国の国家運営の担い手と態様の変化という問題について、地域協力・統合の観点からは以下のようなことがいえる。1970年代から80年代の初頭までは、萩原宜之がASEANの「基本的性格」として述べたように、これは反共で強権的な政権集団の協力であり、西側に立つ多元的な外交の追求であるという解釈でよかった[22]。しかし、1990年代後半の組織的拡大の過程と相前後して、そうした意味での基本的性格は大きく変わったといえる。すなわち、ASEANは、（再び問題なしとしないが）少なくとも民主的な政治制度をもつか民主的政体に移行しつつある――あるいはそれを目指す――国ぐにの協力であり、各国の政治体制の面でも外交姿勢の面でも包括的あるいは全方位的になった。その背景となったのは、政治体制の如何にかかわらず、外資を広く受け入れる開放的な市場経済に基づく経済建設が、東南アジアのほぼ全域で共通の価値ないし思考・行動様式になったことである。10カ国体制となったASEANが抱える課題もまた多様で数多いが、10カ国を包摂するに及んで、ようやくASEANは価値と思考・行動様式を共有し、「東南アジア諸国の集団的意思を代表し、共同の努力と犠牲を通じて諸国民とその子孫たちに、平和、自由および繁栄の恩恵を確保しようとする」（ASEAN設立宣言第5項）態勢を整えるに至ったといえるのではないだろうか[23]。

(5) 人びとのアイデンティティ変容との関わりにおいて

　アジア各国における政治・経済・社会の変動が人びとのアイデンティティ変容といかに関係するかについて、地域協力との関係で述べられることは未だ限られている。たしかに、過去約半世紀の間にアジアの人びとのアイデンティティは大きく変容したといえよう。それは、急速な経済成長とグローバリゼーションがもたらした「中流」意識であり、政治的民主化を経た後の「市民」意識の高まりである。その反面、伝統的価値や文化的アイデンティティの喪失あるいは崩壊が強く意識され、一方ではエスニシティや宗教を通じた「伝統への回帰」現象もまた

---

22)［萩原宜之1983：1-5］。
23) この点、もちろん、2021年3月以降のミャンマーの状況は大いに問題である。2022年2月に開催されたASEAN外相会議にもミャンマーは出席を拒否しており、ASEANとの事実上の関係断絶が起きている。

みられる[24]。こうしたことがASEANを中心に展開してきた地域協力の動きと、それほど関係があるとは思われない。ただ、「ASEAN」というシンボルは、単なるシンボルあるいは知識情報としては、既に東南アジア諸国民の間に浸透している。特に過去25年ほどの間に急速にそうなっている。筆者自身が見聞きした範囲で言えば、域内各国の（特に市井の）人びとが自らを「ASEAN人」と同定する機会には滅多に遭遇したことはないが、地域機構の活動とは直接関係がなくとも、「ASEAN」を組織やイヴェントの名に冠したり、あるいは会社や店の名称に用いたりという現象は域内に少なからず見られる（もちろん国によってバラツキはある）。こうしたことは人びとのASEANイメージを知る上で大変興味深いことだといえよう。

　では、経済発展や政治的民主化による、あるいは伝統的価値・文化の喪失による人びとのアイデンティティの変容に対し、地域機構としてのASEANの側では、どのような回答を提示しているのだろうか。その一つは、1997年12月の第2回非公式首脳会議（クアラルンプール）において発表された「ASEANヴィジョン2020」（ASEAN Vision 2020, December 15, 1997, Kuala Lumpur）である。そこでは「思いやりある社会の共同体」（A Community of Caring Societies）という表現が用いられ、「性別・人種・宗教・言語、あるいは社会的・文化的背景の差異にかかわらず、あらゆる人びとが平等に総合的な人間開発の機会を享受できる、それぞれの国民的アイデンティティと矛盾のない、活気に溢れた開放的なASEAN社会」の到来が描かれている。こうしたことが（将来の期待込みで）意味するのは、ヨーロッパにおいて進行しているのと同様の、重層的な複数アイデンティティの共存の可能性である。すなわち、人びとが国民アイデンティティと同時に、エスニック・宗教その他の下位アイデンティティを併せもち、また同時に、ASEANをシンボルとして共有することで東南アジア地域アイデンティティをもつことである。もちろん、このことは、既に触れた「地域統合と国民統合」の相克の問題に再び立ち戻る。また、既に広義の東アジアという、より広域における共同体形成が議論に上った21世紀初頭、「東南アジア地域アイデンティティ」にはどのような影響が及ぶのか、引き続き状況の推移を見守っていく必要があろう。

24）政治経済変動と人びとのアイデンティティ変容について、たとえば、［山本信人、髙梨健、金子芳樹、中野亜里、板谷大世 1999：159-189］を参照。

さて、以上のように見てきて本節の最後に、地域諸国が地域協力にコミットする契機となるところの対外関係および安全保障と地域協力とのかかわりについて、ここでは以下の3点を簡単に指摘しておきたい。

第一は、地域協力を行う側の論理として、特に発展途上国の集団であったASEANの場合、団結し、まとまって行動することは、自らを対外的にアピールし域外諸国の関与を高めるのに有効であるという点である。要するに数もしくは規模の論理である。それは、ASEAN地域フォーラム（ASEAN Regional Forum: ARF）や東アジア首脳会議（East Asia Summit: EAS）に斯くも多数の域外諸国の参加を可能にしたことや、AFTA創設によって生じる「規模の経済」のメリットにみられる[25]。第二も同じく地域協力側の論理として、任意の加盟国に対する域外からの脅威や懸案に対して共同行動を可能にする点である。古くは対日合成ゴム交渉や対豪航空交渉から、近年の南シナ海問題に至るまで、必ずしも全加盟国にとって脅威や懸案ではない事項でもASEANが共同で対処する例は数多く見られてきた。これは要するに地域協力が加盟諸国にとっての公共財だという論理である。第三は域外国からの視点で、第一点と裏腹の関係になるが、地域協力に参加している国ぐにをまとめて扱うことができる点である。いわば地域政策／戦略の効率化・合理化の論理である。これら3点は佐藤考一が言うところの「会議外交」[26]の効用であるともいえるが、それだけに留まらず、東南アジア地域協力のフォーマットは、広く国際関係全般あるいは国家の対外政策の枠組みにおける画期的な転換を示したといってよいだろう。

2. 東南アジア地域協力の研究意義とその変化

以上、現代の東南アジアをめぐる社会科学的諸問題を地域協力・統合の観点から捉えてみた。では、東南アジアにおける地域協力・統合そのものについては、これまでどのような評価がなされてきたのだろうか。この点について研究史的な観点から概観してみたい。

ここまで筆者は、東南アジアの地域協力とASEANをほぼアプリオリに同義として扱ってきた。たしかに2024年8月現在、東南アジア諸国のみによる唯一

---

25) AFTAに関する「規模の経済」の議論について、[Imada and Naya (eds.): 36]。
26) [佐藤考一 2003] を参照。

の包括的な地域協力機構として、アジア太平洋地域のみならず世界中（といって差し支えないだろう）に展開する広域地域協力の中核であるのは、紛れもなくASEANである。東南アジアの地域協力を扱う場合、いきおいASEAN中心になることはやむを得ない。ASEANの存在と諸活動こそが、東南アジアにおける地域協力・地域統合に対する域内外からの知的・実務的関心を惹きつけているといえよう。

　しかし、東南アジアにおける地域協力はASEANが全てではない。文中でも、より広義に「地域協力」と表現した方がよいと思われる箇所はそのように、具体的にASEAN（および関連機構とその活動）に言及した方が理解しやすい箇所はそのようにしているつもりである。ASAとマフィリンド（MAPHILINDO）の成立（ないし成立合意）から各々が機能不全および挫折（あるいは"空中分解"）に至った「ASEAN前史」の部分ばかりでなく、現在でも東南アジアにおいて稼働中の、主として機能的な多くの地域協力もまた、東南アジアの地域主義を醸成し高めるのに寄与していると考えられる。この点に関連して、アジアの地域協力を包括的に論じた『アジア型平和への道――地域協力の物語』において、M. ハアス（Michael Haas）は次のように述べている。

　　アジアの地域機構で働くスタッフたちは、ECの様々なオフィスで働くユーロクラット（Eurocrat＝欧州共同市場行政官）と機能的に同等のものとなった。これらアジアクラット（Asiacrat）たちは、主要な意思決定をする閣僚の下のレヴェルで地域協力の精神を伝播している。アジアのメディアもまた物語の一部となっている。会議の様子を劇的に報道することによって、今日ではごく普通の人が地域的な大望を鋭く意識するし、それゆえ平和と相互の繁栄がもたらされる問題解決の代替策がある時には、紛争を支持するのをますますためらうようになっている[27]。

　M. ハアスの「アジアクラット」のイメージには、ASEANはもちろん、アジア開発銀行（Asian Development Bank: ADB）から、アジア太平洋ココナツ共同体（Asian and Pacific Coconut Community: APCC）[28]のような単一の一次産品共同

---

[27]　[Haas 1989: 287]．邦題・引用箇所共に高埜による訳。
[28]　APCCについては[Haas 1989:220-223]、APCCのウェブサイト（http://www.apccsec.org/）ならび

体のスタッフまでもが含まれる。M. ハアスは、ヨーロッパとの対比においてアジアの文化的共通性を強調し過ぎているきらいはあるが、アジアにおける多様な地域協力機構の設立とその活動を、彼が「アジア型平和」と称する紛争解決の方法を具現化する手段であると位置づける[29]。

　前出のジョルゲンセン＝ダールの研究もまた、記述の多くの部分は ASEAN について割かれてはいるが、その問題意識は、より一般的にみて、地域協力機構が地域秩序の形成にどのような役割を果たしているのか（あるいはいないのか）という点にある。初版 1982 年の同書は 1980 年代初めの状況までしか扱っていないが、地域協力機構とのかかわりで、国家安全保障（第4章）、地域政治（第5章）、地域経済（第6章）、外交パターン（第7章）、紛争（第8章）、そして地域秩序（第9章）についてと、包括的に論ずる形式をとっている。地域協力機構 ASEAN の存在とその諸活動は、大国間のパワー・ポリティクスのもとで、東南アジアにおける秩序形成に一定の役割を果たしていると評価するのである[30]。

　1990 年代以降は、国際社会におけるアジア太平洋地域への注目度の高まりを反映して、この地域における地域協力や安全保障に関する研究も急速に増大した。学術専門誌でいえば、*Asian Survey*、*Contemporary Southeast Asia*、*Pacific Review* といったアジア太平洋問題の専門誌における東南アジアをめぐる地域協力、地域安全保障、地域秩序に関する論稿は枚挙に暇のないほどである。それらの論稿については、次章以降、折に触れて紹介・批判したいと思う。より興味深いのは、従来この分野に関する論文が掲載される機会の少なかった *International Organization*（*IO*）や *International Security*（*IS*）など国際関係論の専門誌にも、アジア太平洋の地域協力や地域安全保障に関する論文が増加したことだ。*IO* では、ASEAN、APEC、ARF を例に地域機構の法的制度化の問題を扱った 2000 年夏号のカーラー（Miles Kahler）論文「戦略としての法制化――アジア太平洋の場合」[31]や、アジア太平洋における多国間安全保障協力の問題を扱った 2002 年夏号のヘマー（Christopher Hemmer）とカッツェンスタイン（Peter J. Katzenstein）

に国際通貨基金（IMF）のウェブサイトの中からも情報を得ることができる。
29）[Haas 1989: 10-21].
30）[Jorgensen-Dahl 1982: 233-236].
31）[Kahler 2000]. 邦題は高埜による訳。

の論文「なぜアジアにはNATOが存在しないのか──集団的アイデンティティ、地域主義および多国間主義の起源」[32]などが挙げられよう。ISにおいては、アジアの安全保障問題といえば中国の軍事を中心とした動向に関する研究が多くを占める中で、カン（David C. Kang）とアチャリヤ（Amitav Acharya）による「新しい華夷秩序」論争は、アジア全体の地域秩序の問題を考える上で示唆に富んでいた[33]。

こうした研究動向の中で、東南アジアの地域協力とその機構をどのように位置づけるかについては、過去四半世紀くらいの間に大きな様変わりが見られる。たとえばASEANは、かつては加盟各国の外交活動の一部としてしか扱われなかったし、扱い得なかった。ASEANがアジア太平洋の地域秩序形成にいかなる役割を果たしうるか、というような議論はASEANの「過大評価」と見られることが多かった。但し、一般的に言って東南アジア研究者は（筆者自身を含めて）、ASEANの地域秩序形成能力に限界を見い出しながらもその可能性と将来に期待する傾向が強い。対して国際政治の研究者の間では、これもまた一般的に言ってだが、大国間のパワー・ポリティクスの前にはASEANなどという地域機構は無力であるという見方か、よく言って、その秩序形成能力は大国間関係の従属変数に過ぎない（「別次元」の話）という見方が大勢を占めていた。しかし近年は逆に、扱いはどれほど小さくとも、アジア太平洋、広義の東アジア地域の国際関係、安全保障、地域秩序を論ずる際に、もはやASEANに言及しないで済ますわけにはいかなくなった。ASEANの存在と役割は、次第に、東南アジアをめぐる国際関係全般および加盟各国の政治・経済・社会と、いわば有機的・有意にかかわりをもつようになってきたのである。

日本においては、むしろそうしたASEANの捉え方がいち早く一般的になっていた。たとえば「アジア太平洋の中核へ」と副題を付した山影進の『ASEANパワー』は、もちろんタイトルから明らかなようにASEANが主役なのだが、「自己変革」と「サブシステム化」というキーワードを用いて、アジア太平洋国際関係の全体像におけるASEANの位置づけを探っている。すなわち、より広い国際関係の影響と制約の中で、中小国集団であるASEANの協力・統合を促進あるいは阻

---

32) [Hemmer and Katzenstein 2002]．邦題は高埜による訳。
33) [Kang 2003]、[Acharya 2003/04] および [Kang 2003/04] を参照。

害する要因を、加盟各国・加盟国間・対域外問題のあらゆる側面から分析・説明し、ASEANが、加盟諸国および関係域外諸国にとって、もはや所与であるばかりでなく不可欠の存在になったことを明らかにしたのである[34]。

黒柳米司の『ASEAN35年の軌跡』も同様に、ASEANがアジア太平洋の国際関係の中で次第に大きく成長してきたさまを描いている。そして、1997-98年のアジア経済危機のインパクトを大きく捉えることで、それが東南アジアをめぐる国際関係および各国の政治経済とASEANの適切性(relevancy)とが同期していることを明示的に論じている[35]。

たしかにアジア経済危機は、ASEANの適切性を否応なく問うた。危機とその余波に直面してASEANが何ら効果的な対処をなし得なかったことは、ASEAN域内の知的リーダーたちの苛立ちをもまた高めていた。そうした問題意識から生まれた著作の代表例は、テイ(Simon S. C. Tay)、エスタニスラオ(Jesus P. Estanislao)およびスサストロ(Hadi Soesastro)編による『ASEANを再発明する』(2001年)であろう[36]。同書は、学術研究書というよりは、主にASEAN-ISIS(戦略国際問題研究所連合)[37]の研究者たちによる政策志向型の論文集である。取り上げている問題分野は多岐にわたっているが、そこに貫かれる問題意識は、「ASEANを再活性化しなければ、もはや適切性を保ち得ない」という危機感である。テイとエスタニスラオは次のように述べた。

> ASEANは、1997年半ばにこの地域を襲った危機に際しても死にはしなかった。しかし、その信頼性が大きく揺らいだことに、殆ど疑いはない。危機はASEAN全加盟国のみならず他の多くのアジア諸国の経済にも影響を及ぼした。…中略…ASEANは経済危機に何ら有効に対処できなかったことを批判された。東アジアの「奇跡」は終わりを告げ、失われた十年が到来するのではないかとさえ恐れられた[38]。

---

34) [山影進1997] 特に終章「新世紀ASEANの課題」(317-332) を参照。
35) [黒柳米司2003]．筆者は同書の書評を書いたことがある．併せてそちらも参照されたい．『国際問題』522号、2003年9月、86-89。
36) [Tay, Estanislao and Soesastro (eds.) 2001]．邦題は髙梨による訳。
37) ASEAN-ISISについては、[山影進1997：305]、[黒柳米司2003：105-106] などを参照。
38) [Tay, Estanislao and Soesastro (eds.) 2001: 3]。

とはいえ、彼らは決して悲観論に陥ることなく、経済危機——そして同時期に進行したASEANの組織的拡大——以前とはASEAN域内外を取り巻く状況が大きく変化していることを認識・指摘しつつ、ASEANにおける内政不干渉原則の見直し、より広範な市民の参加、そして日中韓との「ASEAN+3」の枠組みによる東アジア協力の核となるといった大胆な提言を行うのである[39]。そこで、次に、「東アジア」という地域概念が、(主として日本においてではあるが)いわゆる北東アジアを指す範囲から「ASEAN+3」、すなわち北東アジアと東南アジアを含む概念へと変化していった過程について論じてみたい。

3. 東アジア地域概念における「マハティール以前」と「以後」

ASEAN+3を中核とする「東アジア」における地域協力というアイディアは、1990年12月にマレーシア首相マハティール(Mahathir bin Mohamad)が来訪中の李鵬中国首相との会談で「東アジア経済グループ」(East Asia Economic Group: EAEG)構想を提案したことに始まるといってよい。その「東アジア協力」が「東アジア首脳会議」などの形で具現化していく経緯については本書の第5章で改めて詳述していくが、ここでは、東アジアの地域概念の変遷について述べておきたい。

「東アジア」とはどこなのか、あるいは何なのかという議論には共通の理解があったわけではないし、むしろそれは単純な地理的定義を超えて政治的な範疇に属するものであるとさえいえる[40]。それに、「東アジア」という地域概念は本来、はっきり言って冗長(redundant)なものである。そもそもアジア(Asia)という語の語源は古代のアッシリア語で「東方」、「日の出」を意味する「アス(asu)」であるとか、その後フェニキア語の同様の言葉がギリシャへ伝わって「アシアー(Aσια)」になったのだとか、様々な説がある。しかし、「東」の方角を意味していたことでは概ね一致している。すなわち、アジアという言葉自体は、伝統的にヨーロッパ(欧米世界)から見た東方を意味してきたのである。但し、現代的文脈において「アジア」をひと括りにして論ずるのはあまりに漠然としてしまうし、機能

---

39) [Tay, Estanislao and Soesastro (eds.) 2001: 19-22].
40) 平野健一郎「アジアにおける地域性の創生」[山本武彦編 2005: 32-35]、荒野泰典「近世日本における『東アジア』の『発見』」[貴志、荒野、小風 2005: 22]、[Dent 2008] などを参照。

的でないし、ある意味、情緒的にすらなってしまう。その地理的範囲は、とてつもなく広いからである。

　西端は、かつての「小アジア」を含む近東(near east)とも呼ばれるトルコに始まるが、そのトルコを含む西アジアという括り方は中東(middle east)とほぼ同義で、中東といえばエジプトやスーダン、すなわち北アフリカまでも含む場合がある。さらにはカザフスタン、キルギス、ウズベキスタン等はソ連崩壊後「中央アジア」と総称されるようになり、またロシアのシベリア地域は「北アジア」と呼ばれる場合もある。さらにインド亜大陸を中心とする地域は、一般に「南アジア」と呼ばれる。となれば、当然これらのサブ地域と区別するために「東アジア」という呼称が必要とされるであろうし、そのこと自体は不思議でも何でもない。しかし今日、東アジアという場合、そこには「アジアの中で(インドでもトルコでもカザフスタンでも、あるいはシベリア北部でもない)東の方」という以上の意味が付与される。東アジアとはどこか、という問いに対する答えはそう単純ではないのである。

(1) 東アジア地域概念の変遷

　東アジアという場合、通念上は、日本、中国(およびその周辺地域＝香港・マカオ・台湾を含む)、朝鮮半島、モンゴルおよびシベリア極東部までを含むと考えてよいだろう。要するにこれは、従来、概ね北東アジアないし東北アジア(Northeast Asia)[41]と呼ばれてきた地理的範囲にあたる。そのような捉え方の一例として、1990年代初頭(92〜93年)に東京大学出版会から刊行されたシリーズ「東アジアの国家と社会」があった。この6巻本に含まれた国と地域は、1.『中国』(天児慧著＝以下、著者名)、2.『台湾』(若林正丈)、3.『北朝鮮』(鐸木昌之)、4.『韓国』(服部民夫)、5.『ベトナム』(白石昌也)、そして6.『日本』(猪口孝)であった。このシリーズ全体の意図と「東アジア」の定義は明確にされていないのだが、一般的には東南アジアに属すると見られるヴェトナムがここに加えられているということは、本シリーズの編者らは「東アジア」に「漢字文化圏」ないし「儒教文化圏」

---

41) Northeast Asiaの日本語訳は「北東アジア」で、Southeast Asiaは「東南アジア」が一般的である。東南アジアに倣って東北アジアという表記もみかけるが、本書では、北東アジア、東南アジアという表記で統一する。

という意味合いを持たせていたのではないかと想像できる。このシリーズで取り上げられた東アジアが「原東アジア」ないし「コア東アジア」と呼ぶべき地理的範囲を指すならば、本書が主として扱うのは「拡大東アジア」と呼びうる範囲にほかならない。では次にそのような東アジアを捉え方の例を見ていこう。

かなり早い時期から「拡大東アジア」的な東アジアの捉え方を示していたのは、1980年代初めの小林英夫である。小林は『戦後日本資本主義と「東アジア経済圏」』(1983年)の中で、東アジア諸国とは、韓国、台湾、香港の狭義の東アジア3カ国と、インドネシア、マレーシア、フィリピン、シンガポール、タイのASEAN5カ国を指し、これら8カ国は「親米諸国」であるとの性格づけをした。さらに小林は、これらの国ぐにと密接な経済関係をもつ日本を含む地域が1970年代後半から80年代初めにかけて「東アジア経済圏」として「明確な姿をとって現われてきている」と述べた。そしてその形成は、上記各国がいっせいに外資導入をテコに工業化に着手した1960年代初頭に遡ると説明している[42]。

同様の意味合いにおいて小林の約20年後、高木雅一は、『東アジア論入門』(2001年)で「東アジア」を次のように記述した。すなわち、それは「自由経済や市場メカニズムをある程度発展させ、貿易や投資など経済分野において国際経済・社会との相応の関わりのある主権国家、あるいは一国と同様の経済規模を備えた地域、日本の経済・ビジネス世界とも経済関係の深い韓国、台湾、香港、シンガポールのアジアNIEs(新興工業経済群)、タイ、インドネシア、マレーシア、フィリピンのASEAN4、中国、ベトナムの新興市場国の8カ国・2地域」[43]である、と。年代的に小林と高木のほぼ中間に位置する1993年、世界銀行は『東アジアの奇跡——経済成長と公共政策』[44]を発表して注目された。その中で取り上げられた国と地域は、日本、韓国、台湾、香港、シンガポール、インドネシア、マレーシア、タイの8カ国・地域であった。改めて述べるまでもなく、これらは急速・持続的でかつ公平な分配を伴う経済成長を達成したという特徴を共有していた[45]。そし

---

42) [小林英夫1983：1-13]参照。なお、ここで香港、台湾をも「国」とするのは、同書における小林の用語法にそのまま従っている。
43) [高木雅一2001：7]。
44) [The World Bank 1993]。
45) [西口清勝2004：13-44]。

て、この「東アジア」には、1970 年代から 80 年代にかけてもてはやされた「アジア太平洋」という地域概念と同じようなニュアンスが込められているといえる[46]。

80 年代の小林、90 年代の世銀、2000 年代初頭の高木による「東アジア」の捉え方それぞれを比較してみると、80 年代・90 年代と 2000 年代との決定的な違いは、そこに中国（およびヴェトナム）が入っているかいないかである。このことを踏まえてまとめてみるならば、「東アジア」とは、第一に、通念的な地理的概念としてのアジア東部に位置し、戦後の約半世紀の間に急速かつ持続的な経済発展を遂げ、かつ相対的に公平な分配を達成してきた[47]、すなわち世界経済の成長センターを形成していると目される国と地域を指す。第二に、その急速で持続的な経済発展の過程で国際経済・国際社会との相応のかかわり、とりわけ日本経済・ビジネス界と深い関係を持ってきた国と地域である[48]。第三には、1997 年アジア通貨危機以降の状況の中で、好むと好まざるにかかわらず地域協力の枠組みの中に組み込まれてきた国と地域のことを指す。要するに、「東アジア」とはアジアにおける「経済離陸国クラブ」と位置付けるのである[49]。そして、その範囲は経済発展の達成度合いによってむしろ拡大の一途をたどっている。経済的に、いわゆる離陸を達成すると、その国や地域は「東アジア・クラブ」のメンバーシップを獲得できるかのようである。つまり 1993 年の時点で世界銀行は、まだ中国はクラブのメンバーと見做してはいなかったことになる。ところが、1990 年の時点でマハティールは中国の潜在的な可能性に注目し、クラブのメンバーシップを付与しようとした。やや時代は前後するが、1990 年代以降、21 世紀初頭に至るまでの約 30 年間、「東アジア」が意味する地理的範囲の変遷を一覧にまとめたのが、表 1-1 である。

1990 年代後半以降は、「東アジア」はあたかも「経済離陸国クラブ」の名称として認識されるようになっていくが、その背景にマハティール構想が一定の役割を果たしことに疑いを挟む余地はないだろう。

---

46) 大庭三枝は、1990 年代に「アジア太平洋」地域概念が「曖昧化」していったのと同時並行的に、「東アジア」地域概念が浮上してきたと述べている（[大庭三枝 2004：382-385]）。
47) [西口清勝 2004：13-44] を参照。
48) [高木雅一 2001：7] を参照。
49) [高埜健 2009：125]。「離陸」する意思のある国と地域も含まれる。

表1-1 「東アジア」地域概念の範囲の比較

年　月	提案者／論者	政策／著作／発表機会	含まれる国と地域
1990年12月〜91年10月	マハティール・マレーシア首相（当時）	東アジア経済グループ（EAEG）→のち、東アジア経済協議体（EAEC）	日本、中国、韓国、香港、台湾、東南アジア諸国※
1993年10月	世界銀行	『東アジアの奇跡』（The East Asian Miracle: Economic Growth and Public Policy）	日本、韓国、香港、台湾、シンガポール、マレーシア、タイ、インドネシア
1999年11月	東南アジア諸国連合（ASEAN※※）+3	「東アジア協力に関する共同声明」	日本、中国、韓国、東南アジア10カ国（ASEAN+3）
2001年11月	ASEAN+3	東アジア・ヴィジョン・グループ（EAVG）報告書	同上
2002年11月	ASEAN+3	東アジア・スタディ・グループ（EASG）報告書	同上
2005年8月	東アジア共同体評議会（CEAC）	『東アジア共同体構想の現状、背景と日本の国家戦略』	ASEAN+3ならびに「東アジア首脳会議」構成国
2005年12月〜10年11月	東南アジア諸国連合（ASEAN）およびASEAN+3	第1回〜第5回東アジア首脳会議（East Asia Summit: EAS）	日本、中国、韓国、東南アジア10カ国、インド、オーストラリア、ニュージーランド（16カ国）
2011年11月	東アジア首脳会議	第6回東アジア首脳会議	上記16カ国、アメリカ、ロシア

※ マハティール構想では、当時の東南アジア諸国連合（ASEAN）加盟国6カ国（ブルネイ、インドネシア、マレーシア、フィリピン、シンガポール、タイ）とインドシナ諸国（ヴェトナム、ラオス、カンボジア）およびミャンマーの10カ国が想定された。
※※ この時点でASEANは上記全ての国を加えた10カ国体制となっている。
（出典）［高橿健2009：123-132］および各種資料をもとに筆者作成。

(2)「東アジア経済グループ」(EAEG) 構想

　マハティールが東アジアによるまとまりを主張した背景には、その前年に結成されたAPEC（アジア太平洋経済協力）の存在があった。マハティールはこれを——当初予定されていた緩やかな非公式の経済協議体ではなく——アメリカ主導のアジア経済支配の道具であると見做した。そのアメリカからすればEAEG構

想は「米国排除・太平洋分断の試み」であり、当然これには強硬に反対したため、EAEG の中心になると想定された日本は消極的となり、ASEAN 内部にも賛否に対するかなりの温度差が生じた。マレーシア政府はラフィダ（Rafidah Aziz）通産相が中心となって関係各国からの支持取りつけに奔走するが、EAEG（グループ）ではあまりにブロック化の意味合いが強いということで、翌 1991 年 10 月、EAEC（Caucus＝協議体）と改称し、APEC 内の非公式協議体として位置付けるという ASEAN の共同提案とした。しかし、マハティールの熱意にもかかわらず、結局 EAEC としての会合は一度も召集されることはれることはなかった[50]。

　とはいえ、マハティール構想は、後の「東アジア」論議にとって、幾つかの点で非常に重要な示唆を与えている。第一は、「東アジア」の中核に ASEAN と日本・中国が据えられた点である[51]。マハティールが自らの構想を最初に開陳した相手は上述の通り中国の李鵬首相だった。にもかかわらず、マハティールが EAEG の牽引車になると考えていたのは、やはり日本だった。中国は当時もはや経済的に台頭しつつあったとはいえ、前年 6 月の天安門事件の後遺症からまだ立ち直れていない状態だった。但し、肝心の日本はアメリカの強硬な反対の前に慎重論を崩していなかった。また一方、当初の EAEG 構想には ASEAN 内部でも賛否両論があったために、1 年あまりの協議を経て EAEG は EAEC へとトーンダウンさせざるを得なかったのである。

　ASEAN 内部の調整については、EAEC を共同提案とすることで決着した。ASEAN にとって残された課題は、消極的な日本をどのように「ASEAN 主導の東アジア」に引き込むかとなった。これが重要な点の第二である。1994 年 10 月のゴー・チョクトン（Goh Chok Tong）シンガポール首相によるアジア・ヨーロッパ会合（Asia Europe Meeting: ASEM）創設提案の背景に、日本を「東アジア」に引き入れるという意図があったのかどうかは、はっきりしない[52]。しかし、結果的

---

50) この間の経緯については、［萩原宣之 1996：198-204］；［山影進 1997：141-142、193-194］；［Milne and Diane K. Mauzy 1999: 129-131］；ウェブサイト「アジアの声」中、「東アジア経済グループ（EAEG）への道」（http://www.asia2020.jp/eaeg/eaeg.htm）などを参照（閲覧日 2008 年 1 月 11 日。2022 年 4 月現在、既に同サイトは閉鎖）。

51) 他に想定されたメンバーは韓国、台湾、香港であった。そうした意味で最初のマハティール構想は小林英夫の「東アジア経済圏」に近いものだった。

52) このように疑うのは、マハティールの EAEG 提案が最初に出されたとき、いち早く賛意を示していたのはシンガポールだったからである。

に、「ヨーロッパ代表」をEU諸国とし、「アジア代表」はASEAN6カ国（当時）に日中韓を加えた9カ国として定期的会合を持つという枠組みが定められるに至り、日本にはASEMに参加を拒否する理由がなくなった。1995年11月のAPEC大阪会議の際、ASEMの準備会合を兼ねてASEANと日中韓の経済閣僚が初の非公式会議を開催した。これを事実上のEAEC創設とみる向き[53]もあったが、名称の問題はどうあれ、むしろ、「アジアの代表＝ASEAN＋日中韓」という東南アジアと北東アジア諸国を包摂する「拡大」もしくは「広域」東アジアであるとの地域認識が既成事実化したことの方が、より重要ではなかったかと筆者は考える。

　「東アジア」像がいよいよ明確になるのが1997年7月のアジア危機の発生とそれ以降の展開であり、これが第三の点である。とりわけ重要だったのは、逆説的ながらアジア危機の発生そのものが一般的に「東アジア」認識を一層定着させたことである。なぜならば「危機」に見舞われた国ぐに——特にタイ、インドネシア、韓国、マレーシア——は、いずれも世界銀行が『東アジアの奇跡』の中で賞賛していたからである。ますます東南アジアの幾つかの国は「東アジア」に含まれると見做されるのが当然視されていくようになる[54]。西口清勝が指摘するように、「『奇跡』の経済発展のなかに『危機』の原因が胚胎して」[55]いたのであり、「奇跡」と「危機」はある意味で背中合わせだった。さらに、危機救済の過程で、今度は好むと好まざるにかかわらず東アジア諸国は協調せざるを得なくなった。アメリカ主導のIMF（国際通貨基金）救済策は、危機を「防ぐどころかえって悪化させた」[56]からである。「アジア通貨基金構想」（an Asian Monetary Fund: AMF）が実現しないとみるや日本独自の支援策として新宮沢構想が当面の危機を救い、そして2000年5月のASEANと日中韓3カ国の蔵相会議において合意された通貨スワップ協定、すなわちチェンマイ・イニシアティブが、将来の通貨危機を予防するメカニズムとして確立された。通貨危機は結果的に「東アジアにASEANと日・中・

---

53) 『毎日新聞』2000年5月22日付記事を参照。
54) 貴志俊彦は「地域概念が時代によって変容することを前提とすべき」だと述べている（「『東亜新秩序』構想の変容と抵抗」［貴志、荒野、小風2005：92-93］）。他に地域をめぐる同様の議論を整理したものとして、Pempel, "Introduction: Emerging Webs of Regional Connectedness," [Pempel (ed.) 2005: 3-6] なども参照。
55) ［西口2004：6］。またこのことについて詳しくは、[同左：45-83] を参照。
56) ［谷口誠2004：21］。

韓を結びつけるというメリットをもたらし」[57]、東アジア地域協力強化の誘因となった[58]のである。

 それにしても、いつ誰が巧妙にも「ASEAN＋3（プラス・スリー）」と呼び始めたのだろうか。シンガポールのリー・クァンユー（Lee Kuan Yew）元首相（当時「顧問相」）は、ASEANと日中韓の力のバランスから、「ASEAN＋3ではなく『3＋ASEAN』ではないのか」とこの呼び名を揶揄したこともあったが、ASEANの会議に、数ある対話国の中から日中韓だけを招き入れて「＋3」のフォーマットを創ったのは紛れもなくASEANの側である。このASEAN＋日中韓という括り方はEAEC構成国にほぼ同じなのだが、後者を想起させる「東アジア」の語は用いられていない。また、通貨危機を収拾する過程で既成事実的に形成された地域協力の枠組みであったため、これにはアメリカも異を唱えなかった。そして、20世紀末、中国という巨大なファクター（あるいはヴェトナムおよび後発ASEAN加盟国をも）を含む一大地域「東アジア」における具体的な協力が、このASEAN＋3を基盤とする形で提唱されていくことになるのである。これ以降の「東アジア」協力の展開とそれにまつわる問題点の指摘については、第5章に譲ることとしたい。

4．アジアとは何か

 さて、東南アジア、広義の東アジアと、徐々に地理的範囲を広げてきたわけだが、本章の最後に、ではアジアとは何か、という問いを提起してみたい。前述の通り、その地理的範囲は、西はトルコ（近東）から東は日本（極東）まで、北はロシア極東部から南はインドネシアのダナ島[59]に至るまで、とてつもなく広大である。概ね誰でも通念的な「アジア」を思い描くことは可能ではあろうが、「群盲象を評す」の喩えの如く、論じる人、文脈もしくは機会、また時代によっても、そのイメージや意味が変わってくる。本書全体の命題の一つである、一定の地理的範囲において、そこに存在する様々な主体による協力の積み重ねが地域概念を創出または

---

57)［谷口誠2004：25］。
58) Towards an East Asian Community: Region of Peace, Prosperity and Progress, East Asia Vision Group Report 2001. 日本外務省のウェブサイトにPDF形式のファイルで全文（英文）が置いてある。http://www.mofa.go.jp/region/asia-paci/report2001.pdf
59) インドネシア（マレー）語でPulau Dana。南緯10度50分に位置する無人島。島嶼部を含めた「アジア最南端」の位置にあるとされている。

強化し、そこに地域主義が芽生え発展するという主張は、アジアという地域全体に適用することは可能であろうか。そこで、再度、本書の冒頭に記した「戦後のアジア・ナショナリズムという問題と天心なり滔天なりとの関係」という竹内好の指摘が鋭く迫ってくるわけである。

21世紀の現在においてアジアを一つの地域として捉える時、それは、先に述べた地理的範囲に含まれる諸国家・地域に計約37億人という世界の人口の約6割にあたる人びとが生活する地域であり、その人口の多さからも経済規模は巨大で、GDP合計額は世界全体の半分を超える20〜25兆米ドルを数え、アジア以外の全ての地域のGDP合計額を超えるところまで成長した地域であるといえる（数字はいずれも2022年4月現在）。また、世界の主要な宗教の殆どがアジアには存在するが、歴史を遡れば、世界四大文明のうち3つ（見方によっては4つ全て）の発祥の地が存在し、いわゆる近代以前は経済的にも科学技術的にも文化的にも先進地域であった。それが、15世紀後半頃からの西欧の近代化と軌を一にして、西欧列強による「生産様式と社会制度と、それに伴う人間の意識」[60]の侵入を許すと共に、その広大な土地と豊富な資源・労働力が西欧諸国さらには米国および日本の支配下に置かれ、再び（政治的・経済的・社会文化的に）独立を回復、あるいは新たに獲得して、上述した現代におけるステイタスを取り戻すまでに約500年を要した地域であるということもできる。

(1) アジアの二面性

いわゆる西欧近代到来以前のアジアについてはこの際触れないとしても、「西欧文明によって従属的地位に置かれた近代以降のアジア」と「もはや従属的地位を脱した成長（発展）著しい現代のアジア」というアジアの二つの側面から、本書では「アジアとは何か」という問いに迫ってみたい。この過去と現在の対比は、現代においてもアジアが持つ特徴としての二面性の表れであるともいえる。アジアには常に「成長と停滞」、「富裕と貧困」、「統合と分裂」、「平和と紛争」、「秩序と混沌」、「統一と多様性」、「都市と農村」、「近代と伝統」等々の二面性が同居している。これは、もちろん他の地域においても多かれ少なかれ見られる特徴であり現

60）［竹内好1993：12］。

象ではあろうが、今や世界経済全体を牽引する、ひときわ高い成長のベクトルを示すアジアにおいて、未だ絶望的な貧困や社会不安が見られるのも、各国で一極集中的なメガ都市が発展を続ける一方で電気も上下水道もない農村が併存するのも、アジアにおいてこそ実に特徴的ではないだろうか。その他の二面性についても（特に近代と伝統、統一と多様性など）個々の例を挙げるまでもなく、他のどの（非西欧）地域よりも顕著であるように思われる[61]。

　このアジアにおける二面性の一方の側面は、西欧近代のアジア（非西欧地域）への拡張（あるいは侵入）がもたらしたものと言えるであろう。再び竹内好に拠るが、ヨーロッパの近代以降のアジアへの侵入は、「最初は征服、それから市場の開放の要求、あるいは人権と信教の自由の保障、借款、救済、教育や解放運動の援助などと変わってくるが、そのこと自体が合理主義的精神の進歩を象徴」[62]したというのである。一方、ヨーロッパの侵入がアジアにおいて生んだ抵抗は当然、ヨーロッパ自体へ反射した。そのアジアによる西欧近代への抵抗の部分が、二面性のもう片方の側面であると考えれば辻褄が合うのではないだろうか。竹内が上のように述べたのは1947〜48年のことであり、当時の時代性からも、20世紀後半以降のアジアの急速な発展は見通せていない。だから「ヨーロッパが東洋を包括したことで世界史が完成に近づいた」などと記している。たしかに1970年代くらいまでのアジアには西欧支配への「抵抗」の論理が、「アジア主義」——あるいはそれが「アジア・アフリカ」のであろうと「第三世界」のであろうと——における一つの精神的支柱として存在していたかもしれない（このことは本書第Ⅱ部・第6章において触れる）。

　しかし、筆者の目からは、竹内の言説をそのまま援用させてもらえば、ヨーロッパの侵入に反射したアジアの抵抗、そしてその抵抗と共に自らを近代化したアジアが、「当初の敗北」から逆に、ヨーロッパに「包括しきれぬものが残るのを感じ」させ、「ヨーロッパの不安の根のようなもの」を今に至るまで持続的に突き付けているのではないか、と見えるのである[63]。

　つまり、ヨーロッパ近代が「モジュール化して移植された」のが現代アジアの

---

61) See [Shambaugh and Yahuda (eds.) 2008: 3-7].
62) [竹内好 1993：14]。
63) 引用部分は、[竹内好 1993：16-17]。

一側面だと考えるわけである。そこには、ヨーロッパ近代、すなわち資本主義的生産様式、さらに産業革命の誕生と発達を支えた精神的支柱としての禁欲的職業倫理とか革新的起業家精神とか産業的啓蒙主義といったもの[64]は、(おそらく日本を除いては)独自に生まれなかった。だが、後からセットになって移植された、と見れば自然である。だから、当然、ヨーロッパ近代に包括されない部分がはみ出してくる。それがいわゆるアジア的なものなのではないだろうか。しかし、もはや21世紀の今日においては、「モジュール化された近代」も当然アジアの一部である。そのように考えると、アジア全体を包括的に定義する「アジア主義」などというものは存在しないと考える方が実情に相応しいといえるのかもしれない。

　1970年代以降、各国がいわゆる輸入代替工業化戦略を捨て──るのに1990年代までかかったのがインドだが──、「モジュール化された近代(より具体的には工業)化」戦略としての外資導入による輸出振興型工業化を受け入れた時、西欧近代に対する「抵抗」は「受容」へと変わった。すると、それに成功した国なり地域なり社会階層なりと、そうでないそれぞれとの間に差異(格差)が生じ、それがますますアジアの二面性を際立たせることになったと言えるのではないのか。もとより西欧による植民地化のレガシーの一つに、外国語(宗主国語)教育があったし、いわゆるエリート層は文化的にも西欧化されていた。独立後の工業化・近代化戦略にも旧宗主国を含む西欧(あるいは欧米日)志向が強かったのは歴史が示すとおりである。ここでも、見た目はアジア人(黄色＝有色人種)だが中身は白い(西欧文化により馴染んでいる)、いわゆるバナナ[65]と、バナナになり切れない人(非バナナ)という二面性がアジア人全体について指摘できる。

　だから、これまでアジアにおいては純粋な意味での「内発的発展」はほぼ見られなかったと言えるのではないか(むしろ内発的発展はアジアにおいて、これからの課題となろう)。マハティールの「ルック・イースト」もリー・クァンユーの「日本を見習え」運動も「モジュール化された近代(工業)化」導入の形態の違いに過ぎず、欧米志向からアジア志向への切替えではなかった。単に効率的かそうでないか、あるいは工業化プロセスの圧縮度の度合いの問題だったのではないの

---

64)［山本通2017：9-11］。
65)「バナナ」については、動画 "Documentary about Chinese Third Culture Kids – BANANA" が参考になる。https://www.youtube.com/watch?v=C9zmfntGISI&t=4s (2022年3月最終閲覧)

か。このような形で工業化・近代化を志向し、成功を収めたアジア各国であるから、東南アジアなり(広義の)東アジアなり限られた地理的範囲においては、あるいは、M.ハアスが指摘したような「アジアクラット」の現場(ADBやAPCCの職場内)においては、ある種の一体感や連帯感が芽生え、強化され、あるいは、そうした心情なり信条なりが「地域主義」の次元にまで引き上げられてきたと言えるのかもしれない。

しかし、改めて「西は近東から東は極東に至るまで」の広大なアジア全体を考える時、およそ戦後においては「アジア主義」と呼べるものは発展してこなかったし、今後も発展する契機は極めて限定的である、と言わざるを得ない。また、そもそもそのような「アジア主義」の生成や発展を期待する必要もないのだろう。アジアとは、地図上では実態がないとは言えない、一定の地理的範囲を持つ地域と認識されるが、その内実は、果てしなく掴みどころのない、(群盲が撫でる)「象」であると定義する(定義はできない)のが一番妥当なのかもしれないと筆者は思うのだ。

(2) 近現代のアジアと日本

さて、上のようにアジアを捉えるとしても、では日本はどうか。日本はアジアに含まれるのか。もちろん、第三者的あるいは「間主観的」に見た日本は、当然ながら、地理的にも人種的にも文化的にも歴史的にも、アジアの一員であると見做されよう。筆者自身は長年の個人的経験からも「アジアの一員としての日本(日本人)」という考え方を強く推す立場である。しかし、明治・大正期から20世紀前半に至るまで、多くの日本人が「アジア」をどう捉え、これにどう対処すべきかを考えていたことについては、再び本書第6章に詳しく述べたいと思っているが、ここではひとまず、幾つかの言説に倣って、日本がアジアか、という問いに答えてみたいと思う。

たとえば、梅棹忠夫の「文明の生態史観」に拠れば、日本と西欧は「第一地域」として歴史発展の型に同質性を持つものであり、他のアジアは「第二地域」として、日本とは異質なものである、ということになる[66]。筆者も工業化・西欧化とい

---

66) 梅棹忠夫を取り上げた竹内「二つのアジア史観」[竹内好1993：83-91] を参照。

う意味においては、日本が「他のアジア」よりも遥かに早く近代化を達成したことに異論を挟むつもりはない。明治維新が西欧に近代をもたらしたのと同種の革命であったか否かというような問いに対する答えは一筋縄ではいかないだろうが、工業化という意味での近代化については、日本はいち早く ―― 要するに、竹内の言うように「抵抗」することなく ―― 受容したし、また、それを可能にする精神的支柱としての禁欲的職業倫理は、既に18世紀初めに日本にも存在していたというのは、山本通が指摘している通りであろう[67]。

　また、栄沢幸二と坂野潤治に従えば、以下のように論じることができる。すなわち、明治維新から20世紀前半までの日本にとっては、「強大な欧米列強の圧力に対抗しながら日本の対外的な独立と発展を確保するため」には「朝鮮・中国などのアジアの諸民族の独立・発展の問題と不可分な関係で考えざるを得ない…中略…」したがって、「対アジア政策は、対欧米政策の構成要素の一つとしての一面をもっていた」[68]に過ぎなかった、ということである。換言すれば、「日本の東アジア（主として中国・朝鮮 ―― 高埜注）への膨張を正当なことであると思い込むことが仲々でき」なかった「当時の日本の政治家、思想家たち」は、「『欧米』先進国の動向や、朝鮮・中国の動向に対する対応という形でしか膨張を正当化しえなかった」[69]と言いうるのである。要するに、日本にとってアジアとは、対欧米政策の従属変数に過ぎなかった。

　そうした思想や政策は、後述するように、日清提携論（岩倉具視、1882年）、脱亜論（福沢諭吉、1885年）、『大東合邦論』（樽井藤吉、1893年）、「支那保全論」（近衛秀麿ら、1898-1900年）、同人種同盟論（山縣有朋、1914年）、その他、アジア連帯論、清国改造論、アジア・モンロー主義、東亜協同体論、東亜連盟論、大東亜共栄圏論等々とバラエティ豊かに登場するわけだが[70]、全ては対欧米政策と不可分な関係で提唱されていたことになる。他方で、こうした諸主張は、「アジア解放のための義戦だという名分」[71]を持ち、日本こそが「アジアの指導者・アジアの盟

67）［山本通 2017：9-10］。
68）［栄沢幸二 1995：23］。
69）［坂野潤治 2013：24］。
70）アジア主義の歴史的・思想的展開については、［嵯峨隆 2020：17-81（第1章、第2章）］を参照。
71）［竹内好 1993：94］。

主としての使命感に色づけられ」[72]てもいたといえる。しかし、結局のところ、それらは「アジアの諸民族の独立・発展を至上目的としたものでは、決してなかった」[73]。

　その典型的な一例として挙げたいのが、戦時中の1943(昭和18)年11月、重光葵外相の尽力によって東京で開催された大東亜会議だと言えるだろう。これに参加したのは、日本の東條英機首相をはじめ、中華民国の汪兆銘(Wang Jingwei)行政院長、満州国の張景恵(Zhang Jinghui)首相、フィリピンのホセ・ラウレル(Jose P. Laurel)大統領、ビルマのバー・モウ(Ba Maw)国家主席兼首相、タイのワン・ワイタヤーコーン(Wan Waithayakon)親王(首相代理)、そしてオブザーバーとして、インド亡命政権である自由インド仮政府首班のチャンドラ・ボース(Subhas Chandra Bose)であった。集合写真の絵面だけを見れば、それこそ後年のASEANやG7などの首脳会議と見紛うばかりであるが、この会議で何が話し合われたかを見れば、それは日本主導の「アジア解放」の政策表明であった。この時発表され、全会一致で採択されたという「大東亜共同宣言」は、共存共栄、自主独立、互恵主義、人種差別撤廃などの普遍的真理を謳っているが、日本以外の参加国からの宣言への文言修正要求は全て拒否されたという。また、実際には普遍的真理とは論理的に整合性があるとは言い難い「米英支配の打破」が強く打ち出された会議であった[74]。

　このように明治維新以来の日本のアジアの捉え方を見てくると、明らかに言えることは、アジアとは日本から切り離されて考えられる対象であり、そこに日本は含まれてこないのである。要するに多くの日本人は、福澤諭吉が「我日本の国土は亜細亜の東辺に在りと雖も、其国民の精神は既に亜細亜の固陋を脱して西洋の文明に移りたり」(「脱亜論」『時事新報』1885年3月)と書いた「アジア観」から脱し切れていない、と言わざるを得ないのではないか。

---

72) ［栄沢幸二 1995：24］。
73) ［栄沢幸二 1995：25］。
74) 但し、この「大東亜会議」について、近年、深田祐介の著作（［深田祐介 2004］）による再評価が進められたり、また「アジア理解」のためにトランプ政権下の米政府が研究を進めていたという産経新聞のウェブ記事が出たことは大変興味深い。「米政府が注目する『大東亜会議』── 狙いは『アジアの心』を知り、対中包囲網構築へ」『産経新聞』(The Sankei News) 2018年7月12日付 (https://www.sankei.com/article/20180712-PHFNPXMYZNICBH5F7H4P5BAMLQ/) Webサイト閲覧は2022年3月。

そうしたアジア観は現代においても根強い。一例を挙げたい。五百旗頭真氏は著書『日本は衰退するのか』（千倉書房、2014年）の中で、1990年代前半に行われたシンポジウムでの一コマを次のように述懐している。冷戦終結によってマルクス主義というイデオロギーが退場した後、どのような原理が影響力を振るうことになるのか、という問題提起がなされた際、京都大学の歴史学専門の教授が「民族・宗教・アジア」と応答したことに、五百旗頭氏自身は、「眼からうろこが落ちる思いであった」としながらも、その対案として「人権・環境・国際」という三語を出した、というのである。そして、氏は、次代を担う自身のゼミ生の顔を思い浮かべても、「民族・宗教・アジア」の三語に殉ずる者がいるとは思えない、と述べている[75]。それは、氏の対案の方がいわゆる普遍的価値に基づくものであり、歴史学教授の発した三語は、あくまで地域限定的な価値に基づくものであったから、という判断であろう。

　しかし、筆者からすれば、そのような考え方こそが、未だ多くの日本の知識人が持つ福澤的態度であると言わざるを得ない。1990年代以降のアジアの発展ぶりを見れば──などと書けば、後出しジャンケンと言われるであろうが──、たとえ「人権・環境…」の普遍的価値こそに日本の若者の将来が託されているとしても、「民族・宗教…」への理解なくして、それこそ「アジアの東辺」に位置する国家としての日本、そして日本人として、真に「人権・環境…」を理解することはできないであろう。そして、いわば日本の足下たるアジアを顧みない、そうした態度こそが日本を「衰退」どころか「衰亡」の道へと向かわしめるのではないだろうか。

　アジアとは何か、そして日本はアジアか、という問いについては、本書の最終章において再び論ずることとしたい。

---

75) ［五百旗頭真2014：4-7］参照。

第2章　東南アジア地域協力に至る過程

はじめに

　再び「東南アジア」に地域を限定して議論を進めていきたい。過去約半世紀の間、東南アジアはどのように変わったのか、あるいは変わらないでいるのか。熱帯雨林とスコール、ノスタルジーを感じさせる農村や漁民の生活風景は依然としてあちこちで見られる。一方では、スマートフォンやノートPCを片手にエリート・ビジネスマンが高層オフィスビル街を闊歩する——しかし、昼食は屋台やフードコートでササっと済ませる——光景も当たり前となった。いずれも21世紀の東南アジアの姿であり、また、このような二面性は、程度の差はあるが、この域内10カ国のどこかしこでも見られる。では、東南アジアの東南アジアらしさとは何だろうか。そもそもそんなものはあるのだろうか。もし、そんなものはなかったのに、今は「らしさ」があるとすれば、それは、どのようにして創られてきたのだろうか。

　本章と次の第3章における主たる目的は、域内外の諸国家（をはじめとするアクター）が相互作用を積み重ねてきたことによって、東南アジアが次第に、より東南アジアらしくなる（なった）ことが域内外で認識され、さらにはそこに住む人びとも自らを「東南アジアの人間」であるとの意識を高めるようになってきた、その過程を描くことにある。では、東南アジアがより東南アジアらしくなる（なった）ということはどういうことか。また東南アジアの人びとは、どのようにして言葉も宗教も文化的背景も異なる隣人たちと自らを同一視するようになってきたのか。

　よく好きな国・嫌いな国について尋ねる意識調査があるが、たとえばある国の国民にとって、好きでも嫌いでも上位に入ってくる国というのは、対象国に関する情報が——偏見や誤解も含まれるだろうが——一定程度以上あるため、イメージが湧きやすいのである。反対に、よく知らない国というのは、好きでもなければ嫌いにもなれないのである。

　その点からいうと、1970年代半ば頃までの東南アジア諸国間の相互イメージ

は、特定の国どうしのそれを除けば、極めて希薄であったはずである[1]。しかし、（新型コロナウイルスの世界的パンデミック以前の）2019年くらいまでの東南アジアにおいては、域内11カ国中10カ国が同じ地域協力機構に属し、全ての政府首脳が必ず年2回以上一堂に会するだけでなく、閣僚以下の政府関係者は年間にのべ300回から400回も会合を持ち、同時に近隣諸国への往来もまた頻繁に行うようになった。それだけでなく、民間人（ビジネスマン、観光客、研究者・学生等）もまた頻繁に行き来するようになっている。自由貿易地域を創設したことで域内の貿易額も飛躍的に伸びた。但し、こうした現象が当たり前になってきたのは過去20年ないし25年ほどのことで、それ以前は東南アジアという地域大での相互交流はあまり存在しなかった。大雑把にいえば、かつて東南アジアの人びとは近隣諸国のことを互いによく知らなかったが、地域協力を積み重ねてきたことによって知るようになり、関係性も深まったのである。

　現代東南アジア地域の形成・発展を後押しするエンジンとなったのが地域協力であった。地域協力とは、政府諸機関間における相互交流活動であり、それによって創られる制度とその運用であり、また関係各国が域内外に連帯・団結のパフォーマンスを示す機会や場であると捉えておきたい。また本書における地域協力とは、第二次世界大戦後、独立と脱植民地化を果たしていく東南アジア諸国が抱えていた諸課題解決されるための視角ないし切り口であったことは、本書の第1章に述べた通りである。そこで、まずここでは東南アジアがどのような地域であるかについて改めて述べておかねばならない。

1．東南アジアの地域性

　21世紀初頭の今日、東南アジアとはどこかを説明するのには多言を要さないであろう。旅行ガイド本などで台湾や韓国までもが「東南アジア」に含まれていた時代とは異なり、東南アジア諸国連合（Association of Southeast Asian Nations: ASEAN）加盟の10カ国と加盟予定国（2024年8月現在）である東ティモール（ティ

---

1) この点、比較的最近の記事「マレーシアはもはやインドネシアの『好きな国』ではない」（Yong Yen Nie, "Survey: Malaysia no longer Indonesia's favorite country," asian correspondent.com (web), Mar. 20, 2012)などを見る限り、東南アジア諸国にとって今や近隣諸国は、日米中など域外国と同列の「好き嫌い」あるいは「信頼」や「脅威」の対象になっていることがわかる。

|第Ⅰ部| 第2章 東南アジア地域協力に至る過程

図2-1 東南アジア全図

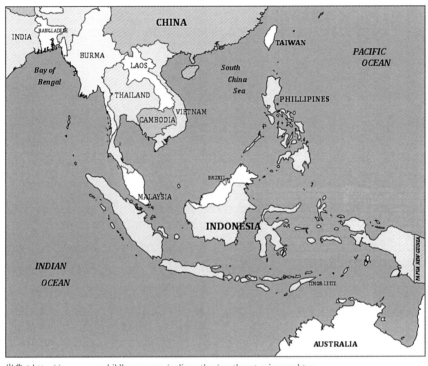

出典：http://www.yourchildlearns.com/online-atlas/southeast-asia-map.htm

モール・レステ）の11カ国を東南アジアとする場合が一般的である（図2-1を参照）。多くの研究者もそのように再三定義してきた[2]。

では、その地域性とは何か。エスニシティ、言語、宗教、文化といった観点からは、東南アジアには共通性があるともいえるし、共通性に乏しいと見ることもできる。この地域を理解するキーワードとして常に用いられるのは「多様性」だが、逆説的ながら、その多様性のゆえに北はミャンマー（ビルマ）から南はインドネシアに至るまで、「東南アジアらしさ」が共通に感じられるとの認識もある。地域を細分化し、まず大陸部と海洋部（島嶼部）に分け、さらに生態系や植生、伝統的

---

2) Bernard K. Gordon, "A Political Region of Southeast Asia," in [Cantori and Spiegel (eds.) 1970: 131-146]，[Steinberg (ed.) 1985: 3-6]，[坪内良博（編著）2000]、[黒柳米司2003：3-9] などを参照。

な王権の生成と発展のパターン等によって地域を分類する方法もあるが[3]、本書の問題意識からはそこまで立ち入って厳密に定義する必要はない。むしろ本書で重視すべきなのは、名称も特徴も極めて曖昧であったこの地理的範囲が、第二次世界大戦時に連合軍の戦略上の必要性からひとまとめに「東南アジア」と呼ばれるに至った経緯があることだ。すなわち、この地域の属性はそもそも漠としており、便宜的に外部勢力から付けられた呼称が、もともとの必要性が失われた後も定着したこと、のみならず域内でもその呼称が用いられ、次第に地域がその実体を帯びてきたこと、という政治的、あるいは社会的な認識の方こそが重視されるべきだということである。

但し、その通念上の地理的範囲を今では所与とするにしても、なお疑問が残るであろう。たとえばイリアンジャヤ州でインドネシアと国境を接するパプアニューギニア（PNG）も、ヤンゴン（ラングーン）を基点とすればバンコクとほぼ同じ半径内に位置するチッタゴンのあるバングラデシュも東南アジアには含まれない。また、第二次大戦中に連合国「東南アジア司令部」(South-East Asia Command) の置かれた当時のセイロン、現在のスリランカもまた、今では東南アジアには含まれない。それはいったいなぜだろうか。

(1) 辺境としての東南アジア

東南アジアという呼称が定着する以前から、特にその大陸部はしばしば「インドシナ」と呼ばれてきた。たしかに、この言葉にも「仏領インドシナ」とか、第一次から第三次に及んだ「インドシナ戦争」などの政治的なニュアンスが付きまとっている。しかし、これは英語で書けば Indo-China (Indochina) であって、そもそもは「インドとシナ（中国）の間」を指す地理的な意味合いが込められていたに過ぎない。実は、この「インドと中国の間」という地域認識は、大陸部のみならず東南アジア全域にもあてはまるのである。すなわち、「インドと中国の間」は、地理的な範囲指定の仕方に留まらず、東南アジアの歴史的・文化的な位置づけ、さらにはそこに含まれる多数の社会の成り立ちようや、地域全体の性格をも表しているのである。「の間」は、世界的な古代文明発祥の地であるインドでも中国でもな

---

[3] たとえば、[坪内良博（編著）2000] を参照。

い、しかし、その二つの古代文明の影響を色濃く受けている場所（および人びと、社会・文化）を指している。そうした意味からも、南太平洋文化圏に属するPNGや、インド文明圏に含まれるスリランカ、インド・イスラーム文明の周辺部に位置するバングラデシュが東南アジアには含まれないのは、故なきことではないのだ。

　東南アジアとは、いわば中印二つの文明の辺境が重なり合う世界なのである[4]。ヨーロッパ植民地勢力の到来以前の東南アジアは、人口過疎のまさに辺境の地だった。たとえば、現在でこそ東南アジアの急速な発展を象徴するかのような近代都市国家シンガポールも、スタンフォード・ラッフルズ（Stanford Raffles）が1819年にこの地を踏んだ時には、殆ど何も――数えるほどの漁民と虎などの野生動物しかい――なかった、という事実がそのことをよく表している。シンガポールに限らず、マニラ、バタヴィア（現ジャカルタ）、クアラルンプール、サイゴン（現ホーチミン）といった、現代東南アジアのメガシティ[5]は、北京や上海、ムンバイ（ボンベイ）やデリーなど、中国、インドの歴史的・伝統的な大都市とは異なり、いずれも植民地勢力が入植して開拓された新興都市だったのである。

　東南アジアの基本的性格は、そのような辺境であったが故に、自ら主体性を発揮して創り上げたものというよりは、強力な外文明世界の影響によって形成されてきた。外文明は、インドと中国からに限らず、アラブ・イスラーム世界からも、植民地化の経験を通じて西洋からも受容することになる。また、外文明は、土着の文化と交錯し混淆を起こしてきた。「東南アジア的なるもの」は、外文明と土着文化の融合に求められるのである[6]。

　今や6億超の人口を擁し、一大経済発展の中心である21世紀の東南アジアを「辺境」と呼ぶのは適切ではないだろう。むしろ、過去40年間ほどの東南アジアを特徴づけるのは、急速な経済・社会発展、相対的な政治的安定、そして戦争の不在という意味での平和であり、「発展途上世界（第三世界）の優等生」との評価であった。もちろん、このような見方が一朝一夕にして形成されたわけではない。比較的最近でさえ1997〜98年の経済危機は、改めてこの地域に潜む脆弱性を図

---

4)　［坪内良博（編著）2000：10-12］を参照。
5)　［大泉啓一郎2011：特に第2章（37-77）］を参照。
6)　［Steinberg (ed.) 1985: 2］

らずも露呈し、「優等生」の評価に対する疑念すら抱かせた。しかし、筆者は、こうした脆弱性あるいは流動性にこそ、実は東南アジアの地域性を理解する鍵があるのではないかと考えている。端的にいうならば、それは、外界からの影響が浸透する力の大きさ・強さであり、東南アジア世界はそれを受容する、あるいは受容してしまう開放性、言い換えれば、それが脆弱性に繋がるということである。

(2) 集合的に発展の契機を俟つ

　東南アジア諸国は、第二次世界大戦後に政治的独立を勝ち取った後も、一方では近代化（工業化）の要請に従って米欧日からの物資・資本・技術・人的資源・文化的影響力、そして政治的影響力をも受け入れた。他方では、それらは拒否しつつも、ソ連・東欧諸国や共産中国から有形無形の援助を受け入れてイデオロギー的・政治的影響を受け入れた。非同盟運動などの動きも含め、これらの国ぐにには概ね冷戦という国際環境の影響を強く受けつつ国家建設を進める方向を自ら選択した。それは、この地域が置かれている地政学的・地経学的位置からも無理からぬことではあった。植民地化以前の時代、中印二大文明の「辺境」が重なる地に過ぎなかった東南アジアは、石油や天然ガスをはじめ戦略的資源に富んでいたことから、第二次世界大戦では主要な戦場の一つとなった。戦後は、マラッカ海峡を筆頭に次第に国際的な海運・物流の一大中心地となり、いまや国際政治経済の戦略的要衝ともいえる位置にさえある。いわば、「モノ、カネ、ヒト、情報」の集積および交換・交流活動の拠点となったのである。しかし、それゆえに世界とのかかわりなしには、東南アジアは自身では成り立ち得ない地域であるし、また、様々な外界からの影響を受容し（混淆させ）てきたがゆえに東南アジアの繁栄もあれば悲劇もあった。「東アジアの奇跡」と「アジア経済危機」はコインの裏表の関係にあったといえる。

　そもそも新興独立国としての東南アジア諸国にとって、域外諸国との関係は、新植民地的支配、すなわち経済的・政治的従属を強いられる負の価値をもたらす面のあることが、少なくとも1970年代前半までは強く認識されていた。一方でそれは、上記のように資本や技術などの面で経済的・社会的発展を促進する正の価値をもたらす面もある。したがって、東南アジア諸国が域外大国への従属から脱却するためには、「従属に甘んじつつ内在的発展の契機を俟つ」という矛盾を孕ん

だ姿勢が必要だった。例外は「鎖国」状態に自らを置いた 1962 年以降（1990 年まで）のビルマだが、それゆえ同国は開発ないし近代化への途を自ら長く閉ざしてしまった。その他の殆どの国にとっては、政治体制と経済建設の方法論に違いはあっても —— またその違いのゆえに付き合う相手も異なったが ——、域外国との関係は、自らの脱植民地化と開発を可能にする環境を提供してくれると期待された。そうした状況下で、いわば集合的に内在的発展の契機を俟つ、あるいは発展のための諸要素を地域全体で呼び込むための体制が、特に域外大国を含まない形で企画・立案され実行に移されてきた地域協力、すなわち地域諸国のみによる地域協力なのではないのかと筆者は考えるようになった。各国は「単独で契機を俟つ」には、あらゆる意味で余りに脆弱であった。

　さて、このようにして東南アジアの地域特性を定義しようとしても、たとえば西ヨーロッパや中東アラブ世界と比較してみれば、なお地域としての特徴や一体性には乏しいといわざるを得ない。このような地域において「地域主義」が芽生えるということはどういうことなのか。東南アジアは、多様性に満ちていることが逆説的に共通性であるような、一体性・統一性には極めて乏しい寄せ集めの地域なのだろうか。そのような認識をミャンマーからインドネシアに至る 10 ないし 11 の国ぐにの指導者や国民が共有することで、東南アジアという地理的呼称に共通のアイデンティティを感じ、「われわれ」感覚を共有し、自らを他者と区別するのだろうか。そして、そのようなアイデンティティを共有するから東南アジア諸国は地域協力を推進してきたのだろうか。むしろ逆であろう。「東南アジア」が一つにまとまり、そこに「地域主義」と呼べるような共通の信念や心情の体系が形成され高まっていくプロセスは、はじめに地域ありきという考え方・見方ではうまく説明できないのではないか。東南アジアという地域は、人びとの営為の積み重ねによって「創られてきた」と考える方が妥当なのではないだろうか。

2．地域協力開始前夜の東南アジア

　さて、漸く東南アジアにおける実際の地域形成について考察してみたい。先述したように、そもそも東南アジアという地域の性格は漠としていた。したがって、そこで地域協力を開始するということは、むしろ、そこに成立することとなった諸国家が、いきおい東南アジアという国際地域を自ら主体的に創りあげていく働

きかけになった(し、ならざるを得なかった)。

　但し、地域協力というアイディアは、古代以来この地域に浸透してきた外文明と同様、またしても外部から東南アジアに到来した。1940年代後半に始まる国連アジア極東経済委員会（Economic Commission for Asia and the Far East: ECAFE）、コロンボ・プラン、あるいは50年代半ばに結成された東南アジア条約機構（Southeast Asian Treaty Organization: SEATO）など、アジアにおける地域協力はいずれも欧米主導型であった。また1952年の欧州石炭鉄鋼共同体（European Coal and Steel Community: ECSC）および58年の欧州経済共同体（European Economic Community: EEC）の成立が世界中に地域協力の流行をもたらしたことも、東南アジアにおける地域協力を促進したことは疑いない。

　しかし、1950年代末から60年代初めの東南アジアは、ようやく殆どの国が独立を果たし、地域形成の新たな段階に入った[7]とはいえ、未だ混沌としていた。地域協力が進展するより先に顕著だったのは、政府と反政府勢力による武装闘争、内戦、そして域内の国家間紛争であった。各国は冷戦下で国家建設に取り組まねばならなかったし、それは多くの場合、国内におけるイデオロギー闘争、あるいは武力闘争やテロを伴った。その過程で、統治の正統性をめぐってカリスマ的指導者や軍部独裁・強権的政治が登場し、民主主義や人権に対する抑圧も横行していた。

　その中で、アメリカのケネディ（John F. Kennedy）大統領が就任直後の100日間において「忙殺された」と言われるほどだったのが、ラオス中立化問題だった。アメリカにとっては北大西洋条約機構（NATO）のアジア版として創設したSEATOこそがアジア政策の主柱であり、これを活用する機会を欲していたのである[8]。そこでまずは「地域協力前夜」の東南アジアの状況をラオス危機と、ほどなくして勃発したサバ領有権およびマレーシア創設をめぐる紛争を中心に書き綴っておきたい。

---

[7] ［Jorgensen-Dahl 1982: 10］.
[8] アメリカはSEATO結成当初、これを多国間安全保障協議のための体制に留めておきたかったが、1955年12月にフルシチョフ（Nikita S. Khrushchev）とブルガーニン（Nikolai A. Bulganin）がインドなどアジア3カ国を歴訪すると、ダレス（John Foster Dulles）は積極活用論に転じたという。［Buszynski 1983: 44-47］.

(1) ラオス危機の勃発

　東南アジア内陸部に位置する当時人口210万程度の貧しい小国であったラオスへの介入が、アメリカにとってどれほどの意味があったのか、21世紀の今となっては甚だ疑問である――その疑問符は最大サイズに肥大して、このラオス介入が引鉄となって関与することになる、あのヴェトナムでの戦争をアメリカが戦う必要があったのかという問いに付くことになるわけだが。当時のラオスは、いわゆるドミノ理論に基づく共産主義のアジアへの拡大を食い止めるための、アメリカのアジア政策にとって試金石と見做されていた。ケネディの前任者アイゼンハワー（Dwight D. Eisenhower）はSEATOに多大の期待を寄せ、可能な限り東南アジア全域を守備範囲とする地域安全保障の枠組みとすることを望んでいた。それは、域内非加盟国であるインドネシア、ビルマ、マラヤおよびシンガポール、南ヴェトナムなどに対し、SEATOへの参加もしくは支持、あるいは、少なくとも理解を求めていたことからも明らかであった[9]。

　1954年7月に締結されたジュネーヴ協定によって、ラオスは、カンボジアと共に軍事的中立が保障され、東南アジア集団防衛条約（SEATO条約またはマニラ条約）の付属議定書の適用範囲となった[10]。その前年10月に王国として完全独立を果たしたラオスにおいては、ヴェトナム独立同盟（ヴェトミン）の支援と指導を受けたパテト・ラオ（ラオス人の国＝ラオス共産軍）が、北ヴェトナム国境に接する2県に影響力を保持していた。しかしジュネーヴ協定締結後は、ソ連を中心とする国際共産主義運動が、その戦術をゲリラ闘争から国民戦線方式に転換したことを受けてパテト・ラオも武装解除に応じ、「解放区」の2県を政府に移管

---

9) 特に、独立後も英軍が駐留継続する予定だったマラヤのSEATO加盟をアメリカは真剣に考慮していた。たとえば国家安全保障会議（NSC）は1956年8月30日、「大陸部東南アジアにおける米国の政策」と題した文書（NSC5612/1）において、「マラヤが完全な自治と独立を達成した後には、…SEATO加盟を奨励する」と述べている。また、これを受けて1957年2月27日付作戦調整委員会（Operations Coordinating Board: OCB）の行動計画では、「現下のマラヤ情勢では、西側の圧力が強いとSEATOに対する反発を生むだけなので、控えめに手際よく」と指示がなされている。[FRUS 1955-57, Vol. XXII, Southeast Asia: 780; 797-798]．併せて［Buszynski 1983: 70-71］を参照。南ヴェトナムについては、アメリカはオブザーバー以上のステイタスを与えようとしたが、英仏はジュネーヴ協定に違反するとして反対した。

10) マニラ条約の全文および付属議定書は、［Haas 1974 (1): 267-269, 272-273］．議定書では、ラオス（およびカンボジアと「ヴェトナム国の管轄領域」）が武力攻撃にさらされた場合、SEATO加盟国は各々の憲法上の手続きに則って共同行動を取ると定めた条約第4条が適用されることになっていた。

するとと共に、左派政党「ラオス愛国戦線」（Neo Lao Hak Sat: NLHS）を結成、1957年11月に成立したスーヴァンナ・プーマ（Souvanna Phouma）王子の率いる中立主義政権に合法的に参加する道を選んだ[11]。1958年5月に行われた国民議会議員の補欠選挙において、パテト・ラオの影響下にあった2県でNLHSは精力的な選挙活動を展開して圧勝した。続いて予定されていた1960年4月の総選挙でもNLHSは一段と勢力を拡大することが予想されていた。

ところが、親米右派勢力はこうした状況を「共産主義の伸張」と見てスーヴァンナ首相を追放し、1958年8月、プーイ・サナニコーン（Phoui Sananikone）を首班とする暫定政権を発足させた。右派暫定政権はアメリカからの軍事・経済援助を求め、北部2県において野営状態にあったパテト・ラオの残党部隊を軍事的に包囲し、壊滅に追い込もうと攻撃を仕掛けた。パテト・ラオ側も武装解除をしていたゲリラ部隊を再び動員して政府軍に攻撃を開始、こうして1959年7月に内戦が勃発した。国連調査団がラオスに派遣された[12]のに引き続き、ダグ・ハマーショルド（Dag Hammerskjörd）国連事務総長もラオスを訪れ、10月に入って戦闘は沈静化した。

1960年4月の総選挙は予定どおり行われたものの、選挙を組織した右派政権が殆ど全ての議席を占め、NLHSが合法的に政府に参加する道は閉ざされた。そのような状況下、8月に空挺部隊長のコン・レー（Kong Le）大尉率いる将校グループがクーデタを起こし、失脚後亡命していたスーヴァンナ元首相を擁立して中立政権を復活させた。スーヴァンナはパテト・ラオとの和平交渉を開始すると共に、南部地方の右派実力者であるプーミ・ノサヴァン（Phoumi Nosavan）将軍にも副首相としての入閣を要請する。ところがプーミ将軍はこれを拒否し、中立政権打倒を掲げて9月に挙兵するのである。

この右派勢力は、アメリカおよびタイのサリット（Sarit Thanarat）政権の支

11）[Clubb 1962: 20-24, 26]。
12）これはプーイ政権が、ラオス領内にヴェトミンが侵入していると非難して国連軍の介入を要請したのを受けて、安全保障理事会が派遣した調査団だった。同調査団は、北ヴェトナムが「装備、武器・弾薬、補給および幹部の政治的訓練の側面で支援している」と報告するに留まった（[Clubb 1962: 27]、[Buszynski 1983: 74]）。しかし、実際には、ヴェトミン軍は技術顧問や幹部を装ってパテト・ラオ組織に深く入り込んでおり、また、しばしばヴェトミン正規軍がラオス領内で政府軍攻撃に参加しては迅速にヴェトナム領内に引き上げて、全くの（ラオス）内戦に見せかけていたという（[Buszynski 1983: 73]）。

持を得ていた。これに対抗するためスーヴァンナ政府は10月にソ連との国交を正常化して経済援助を要請し、中国との関係改善をも模索し始めた。ソ連の援助が開始されたのはそれから2カ月後の12月であったが、ちょうど時を同じくしてプーミ軍が首都ヴィエンチャンを制圧、王室から別の王子ブン・ウム（Boun Oum）を擁立して新政府を組織した。スーヴァンナ中立政権は中部のジャール平原に亡命した。その後のラオスの内戦は、北部を拠点とするパテト・ラオ軍約25,000、中部を拠点とする中立勢力約15,000、そしてヴィエンチャンおよび南部を支配する右派勢力約70,000の三つ巴で争われる状態となった[13]。

1961年5月から62年7月にかけてラオス問題に関するジュネーヴ国際会議（14カ国が参加）が開催され、国内三派による連立政権を結成することと、その中立化を国際的に補償することで関係諸国・諸勢力は合意に達した。しかし、この三派連立政権は極めて不安定であった。プーミ将軍が中立政権を攻撃した過程において、スーヴァンナ、コン・レーラ中立勢力は半ばやむなくパテト・ラオとの連携を迫られて共闘した。ソ連に援助を要請したのもそうした流れであった。ところが、いざ利害を異にする三派が同じ連立政権に参加するとなると、基本的にブルジョワ民族主義者のスーヴァンナと左派パテト・ラオ＝NLHSの確執も目立つようになった。1963年4月、ジュネーヴ会議から1年も経たないうちに三派連立政権は呆気なく崩壊した。NLHSは政権から離脱し、再びラオスは内戦状況へと陥った。スーヴァンナは、その後むしろ右派との提携を余儀なくされていった[14]。

(2) SEATOの有名無実化

こうした状況に対し、アメリカおよびSEATOはどのように対応したのであろうか。ラオス危機はSEATOにとって「国際共産主義による侵略」であり、「集団安全保障」の観点から対処すべき問題であった。しかし、上述の1959年7月から10月にかけて戦闘が勃発した際にSEATOは動かず、調査団を派遣したのは国連であった。59年9月のSEATO特別理事会でも国連の行動に全面的な支持

---

13) 兵力は1962年半ばの時点の数字。出所は、[Clubb 1962: 71]。
14) 1954年ジュネーヴ協定後のラオス情勢については、[Clubb 1962: 26-30, 60-71]、[Buszynski 1983: 72-78]、[上東輝夫1992：41-50] などを参照。

を表明するに留まった[15]。60年末に内戦が再燃した時にも、アメリカは何らかの形でSEATOに紛争介入させることを画策したが、SEATOの介入を正当化する唯一の根拠である「外部からの共産主義勢力による武力介入」を特定することができなかった。集団的軍事介入はおろか12月に成立したブン・ウム王子とプーミ将軍の右派政権から要請された監視団の派遣さえも、機構内部の調整がつかず（英仏が強く反対したため）結局は見送られたのである[16]。

　地域紛争への対処に際して加盟国間の利害の相違が表面化したことは、全会一致を行動原則とするSEATOが図らずも弱点を露呈した形となった。加盟諸国は「共産主義の域内への拡大阻止」という点では基本的に利害が一致していたが、実際には、東南アジア全体を意識して（拡大阻止に）熱心だったのはアメリカとオーストラリアだけだった。より具体的な関心事は様々に異なっていたのが実情で、英国は既に英連邦の安定しか念頭になく、ニュージーランドもこれに近い考え方であった。フランスは旧仏領インドシナ地域に何とか自国の文化的影響力を残すことだけに腐心しており、フィリピンとタイは各々自国の安全保障こそが一義的な関心であった。パキスタンに至っては対印関係において自国の立場を優位に保ちたいがために同盟に加わっていたにすぎなかった[17]。

　このように、ラオス危機への介入に際しても各国の態度はまちまちだったが、奇妙なことにアメリカを含めて加盟諸国は、SEATOによる軍事介入が効果を発揮する見込みは薄いこと、よって軍事介入は回避すべきだと考えていた点ではほぼ一致していた。したがって、ラオス問題については平和的な政治解決を求める、という外交的アプローチをとること以外、SEATOにとって残された選択肢は殆どなかったのである[18]。

　1961年1月に大統領に就任したケネディもまた、SEATOによるラオス介入を真剣に考慮していたわけではなかった[19]。その理由として、①ラオス人の国民と

---

15) ［Buszynski 1983: 74］.

16) ［Buszynski 1983: 77-78］によれば、ブン・ウムの国際組織に対する介入の要請は、ラオス国内向けのプロパガンダだったとされる。

17) ［Buszynski 1983: 63-70, 76］.

18) "Final Communique, 7th Meeting of the (SEATO) Council, 1961," March 26, 1961, in ［Haas 1974(1): 297-298］.

19) ［Berman 1982: 18］,［Buszynski 1983: 81］.

しての一体性の欠如と政府軍の能力の不備、②タイからの補給路が長すぎるなど地勢上の不利、③中国の介入を招く恐れがあること、の3点が挙げられた[20]。ケネディは、SEATOをあくまでも共産主義勢力の攻撃に対する抑止力として利用するつもりであり、そのために「最終的には軍事介入も辞さない」という強硬な姿勢を内外に示そうとしたに過ぎなかった。第7回SEATO理事会が開かれた1961年3月の時点までは介入が検討されていたが[21]、同5月にラオス国内で停戦が成立し、ジュネーヴ国際会議が開催されると、SEATOがインドシナ議定書国に共同介入するという可能性は二度と考慮されることはなかった[22]。

ケネディ自身、ラオスよりもむしろ南ヴェトナム情勢に対する関心を次第に増大させていき、彼の政権は、マニラ条約を適用する形を取ってアメリカが単独で軍事介入をするという方策を検討し始めるのである[23]。一方、ラオス情勢に最も危機感を覚えていたのはタイであったが、同国のタナット（Thanat Khoman）外相は1962年3月、米国務長官ラスク（David Dean Rusk）との間でアメリカのタイ防衛へのコミットメントを再確認する「ラスク・タナット合意」に調印した。これはいわばマニラ条約の下での二国間安保取決めであり、SEATOは完全に形骸化したに等しかった。1962年5月、中国国境にほど近いラオス北部地域でパテト・ラオがラオス政府軍（プーミ軍）に攻撃を仕掛けたのを受けて、アメリカは既にタイ国内に駐留していた1,000名の兵力を含む4,000名の戦闘部隊をタイ・ラオス国境地帯に展開した。アメリカは同様に南ヴェトナム政府との間でも、米軍が単独介入しうる環境を整えるべく協議を始めていた。

こうした状況下、米政府の中からもSEATOに対する批判的な声が上がり始めた。1962年3月に中東、アフリカ、南アジアから東・東南アジアまでを歴訪した無任所大使ボウルズ（Chester A. Bowles）は帰国後、4月4日付のケネディ大統領宛覚書の中で次のように述べている。

---

20) ケネディ政権下で政策計画評議会議長を務めたW.W.ロストウ（Walt W. Rostow）によるとケネディはラオス問題をそのように見ていたという（[Berman 1982]）。
21) その検討の結果、最終共同声明に盛り込まれた表現が「（加盟諸国は）状況に応じて適切と思われるいかなる処置も取る（用意がある）」であった。共同声明のテキストについては、[Buszynski 1983: 63-70, 76]を参照。
22) [Buszynski 1983: 81-83]。
23) [Berman 1982: 19]。

(前略)…多くの強硬派反共主義のアジア人でさえ、SEATOのような西側主導型の地域防衛機構は、地域の統一と安全という大義にとって害を及ぼしこそすれ、得をもたらすものではないと見ている…(中略)
今この機構を我々が突然放棄してしまうのは弱腰の行動であると解釈されかねないが、私は総合的に判断して、この機構は、過去数年にわたる我々の努力を促進したというよりはむしろ阻害したと信じている…(後略)[24]

また同じ覚書の中でボウルズはSEATOに対する政策提言として、「段階的にSEATO解体の方向に向かい、その安全保障機能を暫定的にアメリカとの二国間安保体制によって肩代りし、究極的には外部からの介入や東南アジアの安全を保障するに諸大国からの保障を取り付ける」[25]とまで述べている。このような見方は1962年当時としてはかなり楽観的に過ぎ、米国政府内でも少数派に属していたことは想像に難くない。果たしてアメリカは次第に南ヴェトナムへの介入を本格化させていき、1960年代の東南アジア政策は混迷を深めていくのである。

3．マレーシア創設をめぐる紛争

一方、島嶼部東南アジアに目を転じてみると、冷戦の影響を色濃く受けて国家を二分するような大陸部型の地域紛争は顕在化していなかったが、それでも1945年から60年頃までの間は各地で土着の共産主義勢力による武装闘争が頻発していた。フィリピンにおけるフクバラハップ（人民解放軍、略称HMB）の反政府闘争（1946年から60年代まで続く）、インドネシアにおける共産党勢力のクーデタであるマディウン事件（1948年）、マラヤにおける共産党の武装闘争と非常事態（1948年～60年）などがそれである。1960年代に入ると、これらの国ぐにでも、たしかに概ね支配体制が確立し、国家建設・国民統合政策が進められていった。しかし一方では、冷戦の影響よりもむしろ植民地支配の残滓ともいうべき問題[26]

---

24) "Memorandum from Ambassador at Large (Bowles) to the President (Kennedy)," April 4, 1962, [FRUS 1961-1963, Vol. II (Vietnam 1962): 299-300]. なお、ボウルズは1963年7月まで無任所大使兼大統領特別代表、アジア・アフリカ・ラテンアメリカ問題顧問を務めた後、駐インド大使に転ずる。
25) 同上。
26) そうした意味では、インドネシアの西イリアン（イリアンジャヤ）およびポルトガル領東ティモール併合の問題なども考察の対象となり得る。しかし、本書では新興国家間の紛争と和解のプロセスに焦

が、この地域をめぐる国際関係の中心となっていく。それは、多くの新興独立国家・地域が（21世紀の現在なお）抱える国境画定をめぐる問題であった。但し、島嶼部東南アジアにおいてそれは、紛争当事国、さらにはその仲裁に関与した国をも巻き込んで関係各国間において協力体制を築く契機を与えることとなるのである。その経緯は以下の通りである。

(1) サバ領有権問題

　ここで取り上げる英領ボルネオをめぐる二つの紛争、フィリピンのサバ（北ボルネオ）に対する領有権主張と、同地域を含む英領ボルネオ全体の「マレーシア」への編入に対するインドネシアの対決姿勢の遠因は、共に19世紀後半にまで遡る。フィリピンのサバ領有権主張の根拠は、1878年にイギリス北ボルネオ会社の前身が操業を開始する際、フィリピン南部のスールーのサルタンと土地の所有権（ないし借地権）をめぐる協定を結んだという「歴史的事実」にあった。その後、北ボルネオ会社と英国政府との間の協定によって、北ボルネオは英国の保護領、さらには英国植民地となる。フィリピン大統領ジョスダド・マカパガル（Diosdado Macapagal）の主張は、スールー諸島がフィリピンの領土であり、フィリピン政府がスールーのスルタンの継承者である以上、単に・賃・貸・契・約・し・て・い・た（傍点筆者）にすぎなかった北ボルネオはフィリピン領に属する、というものであった[27]。

　一方、1957年8月に英国から独立していたマラヤ（半島部）と、英領ボルネオおよびシンガポールを含めて「マレーシア連邦」を結成するという計画は、そもそも1892年頃から英国植民地当局が考えていた「英領統合構想」に由来していた。独立当初のマラヤ政府自身には連邦構想などはなかった[28]。それゆえに、革命勢力の指導的立場（チャンピオン）を自認するインドネシアのスカルノ（Soekarno）政権は、マレーシア連邦構想は英国の新植民地主義の具現化であるとして、後にその「粉砕」（Crush/Ganjang）を叫んで「対決」（Konfrontasi）政策を展開するに至るのである。

　要するに、問題は共にマレーシア連邦構想に関係していたことになる。マラヤ

　　点を当てるため、取り上げないこととする。
27）［Gordon 1966: 11-17］、［International Studies Institute of the Philippines 1987］。
28）［Mackie 1974: 36-37］。

初代首相のトゥンク・アブドゥル・ラーマン（Tunku Abdul Rahman Putra）が公式に連邦構想を発表したのは 1961 年 5 月のことであった。それに対して西イリアン問題に忙殺されていたスカルノ政権が「マレーシア粉砕」を打ち出すのは、1962 年 6 月にマカパガルが英国に対してサバ領有権主張を表明した後のことであり、同年 12 月にブルネイで小規模な武装蜂起（アザハリ[A. M. Azahari]の反乱）が起きた後から 63 年に入ってのことであった。ここでは二つの問題の展開を詳細[29]に説明することは控えたいが、2 点留意しておきたいことは、第一に、当初は全く関連が見られなかったフィリピンのサバ領有権主張と、インドネシアによるマレーシア連邦構想への反対（横槍）は、次第に相互に関連し始め、関係 3 カ国を共通の交渉の場に引き込んでいったという点である。もう一つは、前節に述べたラオスおよびインドシナ地域における冷戦の影響とは直接の関係は認められないものの、アメリカおよび SEATO の存在が媒介項となって、この二つの問題もまた地域全体をめぐる安全保障と深く関わっていくことになったという点である。前者の考察は次章に譲るとして、ここでは後者の点を考察してみたい。

　マカパガルのサバ領有権主張には様々な背景[30]が指摘できるが、最も重要なことの一つはアメリカとの関係であった。1950 年代後半からナショナリズムが高まっていたフィリピンにおいて親米一辺倒と見られていたマカパガル自身、そのようなイメージを払拭したいという欲求にも駆られていた。サバ問題は、フィリピンが自ら主体的にアジアに関わり、しかも英国というもう一つの西側大国を相手に堂々と渡り合うという印象を国内外に誇示できる格好の舞台を提供してくれることとなったのである[31]。特に 1962 年という年はアメリカとの関係において緊張が高まる出来事が相次いだ。米退役軍人で企業家のストーンヒル（Harry S. Stonehill）とマカパガル政権の未曾有の汚職問題、ローズヴェルト（Franklin D. Roosevelt）政権がフィリピンに約束していた戦災補償費 7,300 万ドルの米下院による支払い未承認、それを不服としたマカパガルの訪米中止、などであった。また

---

29) 詳しくは、[Gordon 1966]（esp. Chapters I and III）、[Mackie 1974]、[Vishal 1964: 221-239]、[Hindley 1964: 904-913]、[Butwell 1964: 940-946]、[山影進 1991：53-83, 86-93] などを参照。
30) たとえばマカパガル自身が 1946 年頃というかなり早い時期から個人的にサバ問題に関心があったことなど。[Gordon 1966: 18]、[Domingo 1983: 179]。
31) [Gordon 1966: 20] は、「西側、特にアメリカはフィリピンのナショナリズムについて初めて考慮することを余儀なくされた」と言っている。

前節との関連でいえば、この年にフィリピンを訪れたラオスのブン・オム王子とプーミ将軍に対し、マカパガルは右派勢力に対する支持を表明している。長い苦悩の末ジュネーヴ国際会議を乗り切り、ラオス中立を支持する決定を下した米ケネディ政権にとって、このマカパガルの行動は苛立ちを覚えさせるものであった[32]。
　とはいえ、対米関係上の問題が背景の全てだったわけではない。マカパガルはアジア寄り対外姿勢をいかに打ち出すかに腐心していた。そのような文脈において彼は、ほどなくしてサバ領有権の主張を包摂する形でのマレー系諸族から成る「大マレー国家連合」案を発表する。その目的の一つはインドネシアと関係強化を図ることであった。「反マレーシア」は両国に共通する利益となったのである。
　一方のインドネシアがマレーシア連邦構想に反対する根拠としていたのは、いわゆる新植民地主義論、新帝国主義論であった。具体的には、連邦が成立すれば1957年英・マラヤ防衛協定に基づいてシンガポール、さらにインドネシアと国境を接するボルネオ島も含まれるマレーシアの領土内に英軍が駐留してSEATOの目的を遂行することになるだろう、それがインドネシアの安全を脅かす、という主張だった。また、そもそも英軍がマレーシア防衛を担う以上、マレーシアは間接的にSEATOと結びつくとの議論を展開した。しかし、マラヤ自身は独立時にSEATOには加盟せず、その後も、主として当時の新興独立諸国において大勢を占めていた非同盟・中立主義と衝突することを嫌い、SEATOとの結びつきは慎重に避けていた[33]。スカルノが、マラヤ（マレーシア）はSEATOの手先であると非難したのは、いささか的外れであったし、一方でインドネシアがSEATO加盟国のフィリピンと反マレーシアで共闘したことにも矛盾が見られた[34]。
　連邦構想に対する批判内容と同様、インドネシアの「対決」政策が意味するところもまた当初は極めて曖昧であった。実際、スカルノと外相兼第一副首相のス

---

32) [Domingo 1983: 178-179].
33) 米作戦調整委員会（OCB）1957年2月27日付の行動計画（既出）によれば、トゥンクは「個人的にはマラヤがSEATOに加盟することには賛成だが、国内政治状況から見てその可能性はあらかじめ排除されるだろう」と述べた旨記録されている（FRUS, 1955-1957, Vol XXII, p.784）。併せて[Mackie 1974: 32, 43]、[Buszynski 1983: 70] も参照。一方、[Jorgensen-Dahl 1982: 15] は、トゥンクがSEATOの枠外で何らかの集団防衛機構の創設を考えていたようだと指摘している。
34) 但し、マカパガルは1962年、西イリアン問題でインドネシアの立場に「共感」を示すメッセージをスカルノに送っていた。そのことがインドネシアとの関係強化に寄与したようである。[Domingo 1983: 180].

バンドリオ (Subandrio) が「対決」という言葉を使ってマレーシアを攻撃し始めたのは1963年初頭であったが、それから数カ月の5月末から6月初めにかけて、東京を訪れていたスカルノはトゥンク・ラーマンを招待して非公式会談を行っている。この時点で一旦は「対決」も平和裡に終息したかに思えた。また、その後、マカパガルの呼びかけに応えて関係3カ国はマニラにおいて、6月に外相会議、7月末から8月初めにかけて首脳会議を開催し、またしても「対決」は終結するかと思われた[35]。しかし、マカパガルとスカルノにはマレーシア結成を阻止ないし延期させるという共通の目論見があった一方、フィリピンのサバ領有権主張も正式には取り下げられず、紛争は完全に解決してはいなかった。一方、トゥンクとしては、予定が多少延びてもマレーシアを成立させる意図に変わりはなく、このため、むしろ63年7〜8月の首脳会議の後にマレーシアをめぐる紛争はエスカレートしていったのである。

(2) MAPHILINDO 構想と紛争の激化

その1963年7〜8月のマニラ首脳会議では、マカパガルの連合国家構想を修正した形で、マレー系諸国民の人種的紐帯を基盤として友好協力を目的とする地域連合が結成されることが発表された。その地域機構は、マラヤ、フィリピン、インドネシア3カ国の国名の冒頭部分をつなげた「MAPHILINDO」（マフィリンド）と名付けられた。首脳会議に先立つ6月に開催された外相会議において協力の枠組みとしてまとめられた報告書の部分は、「マニラ協約」(The Manila Accord) として3カ国首脳の署名を得ることとなった。同時に、「マニラ宣言」と「共同声明」も発表されたが、それらの内容[36]についてここでは、後の紛争激化と3カ国間の協力との関連で重要となる幾つかの点について触れておきたい。

まず全16項から成る「協約」の第5項から9項で扱われているマカパガルの連合国家構想について。3カ国は原則的にこれを支持したが、「構成国の主権のいかなる部分も委譲しないという条件（第6項）」が付けられた。そして、3カ国間が定期的な協議を行うための機関を設立（第7項）し、3カ国首脳および外相が少な

---

35) [Gordon 1966: 71].
36) 英文テキストの全文は、"Documents of Maphilindo," [Haas 1974 (1): 1261-1267]. 以下、3文書からの引用は全てこれに依拠している。

くとも年1回は会合を開くこと(第9項)が定められた。続いて第10項から13項が充てられている「マレーシア」および北ボルネオ問題については、インドネシアとフィリピンが「国連事務総長によって英領ボルネオ住民の(マレーシアへの帰属の)支持が確認されるならマレーシア結成を歓迎する」(第10項)としたのに対し、「マラヤは両国政府に謝意を表明し、国連事務総長を招いて必要な措置を取ると表明した」(第11項)。一方、北ボルネオについては、フィリピンが「国際法と紛争の平和的解決の原則に則ってその領有権を主張することは妨げない」とし、3カ国はこの問題の平和的解決のために努力すると同意した(第12項)。そして、(サバ住民の意思が明らかになった後に)サバがマレーシアに加盟した暁には、マレーシアとフィリピン両国政府は、地域の安全と安定を確保するために友好関係を維持することで3カ国は合意した(第13項)のである。

これを受けて、首脳会議終了後に発表された共同声明では、国連事務総長がマレーシア連邦結成に先立って英領ボルネオ住民のマレーシア参加の意思を確認するための調査を実施すること(第4項)、3カ国はその調査実施に際して監視団を派遣すること(第7項)、3カ国間の定期的な協議機関として「マフィリンド」を設立し、各国はそれぞれマフィリンド国内事務局を設置すること(第9項)が確認された。また、この共同声明では興味深いことに、「外国軍の基地は一時的な性格のものであり、3カ国いずれの独立をも直接・間接に脅かす目的のために使用されてはならない」、「3カ国は、特定の大国の特定の利益に与するために集団防衛の取り決めを使用することを放棄する」とする第11項が盛り込まれた。この点は注目に値するので、後で詳述してみたい。

さて、このように見てみると、実際に明確になったことは、インドネシア、マラヤ(マレーシア)、フィリピンの3カ国で「マフィリンド」なる地域連合を設立することに合意した、ということだけだった(設立のための作業日程すら未定であった)。しかも、この会議によってマレーシア問題もサバ問題も解決したわけではなかった[37]。既にマラヤと英国にとってマレーシア連邦構想の実現は既定の路線であった。国連事務総長による北ボルネオ住民の意向調査の結果は9月14日に発表される予定であったが、マラヤ政府は早くも8月29日、「マレーシア発足

---

37) [山影進1991:72]、[Leifer 1989: 19].

は9月16日」と発表してしまった。これに激怒したスカルノは9月15日、マレーシア不承認を発表し、フィリピンもこれに追随する形で17日にマレーシアとの関係を凍結した。しかし、マレーシア政府はボルネオ2州（サバおよびサラワク）の住民の意思は確認されたとして、予定通り9月16日に発足を発表、翌17日にインドネシア、フィリピン両国と断交に踏み切った。せっかく設立合意したマフィリンドも空中分解する形となった。

　この1963年9月から、1966年5月にインドネシア・マレーシア両国政府が正式に国交回復するまでの約3年間、インドネシアは「マレーシア粉砕」を公式のスローガンに掲げ、様々な形で「対決」政策を展開していく[38]。それはシンガポール経由の対マレーシア貿易を中断するなどの経済的手段であったり、最もあからさまなものは、サラワク領内のインドネシア人義勇兵によるゲリラ闘争を支援したり、北カリマンタンの国境地帯においてインドネシア正規軍が戦闘参加するといった軍事的手段であった。陸軍の数個大隊規模の部隊がボルネオの前線に送られ、戦略予備軍司令部（KOSTRAD）による首都ジャカルタの防衛体制が手薄になるほどの時期もあったという[39]。マレーシア側は駐留英軍と協力してこれを迎え撃ち、局地的ではあったが両国は戦争状態に突入していった。

　インドネシアがかくも執拗に「対決」を推進した背景には、スカルノ個人のパーソナリティやイニシアティヴが絶大な影響を及ぼしていたことも事実だが、国内政治動向、とりわけスカルノの権力基盤となっていた国軍と共産党（Partai Komunis Indonesia: PKI）との間の権力闘争の側面を無視することはできない[40]。この両者が共に「対決」政策を利用する形で国内政治の主導権争いを演じ、互いの影響力の弱体化を目論んでいたのである。PKIにとってマレーシアは「新帝国主義の手先」であったが、国軍は、多数の中国系住民を抱えるシンガポール――たしかに一時は左傾化の危機にあった――が加わることを以て、マレーシアへの共産主義の影響力浸透と拡大を脅威だと喧伝したのである。国軍にとって、それはまた国防費増額を正当化する理由にもなった。全く正反対の理由ながら、軍と

---

38) 対決政策について詳しくは［Mackie 1974: 200-238（Chap. VIII）］を参照。
39) ［Anwar 1994: 28］。
40) 「対決」政策の背景としてのインドネシア国内政治については、［Mackie 1974: 239-247］、［Anwar 1994: 25-31］を参照。

PKIそれぞれが「対決」政策を推し進める根拠は十分にあった[41]。この国内の政治闘争はスカルノでさえコントロールできない状況に発展していく。ちなみにフィリピンの場合も、サバ問題が一旦外交問題化すると、それはおそらくマカパガルの意思と意図を超えてしまったところで国内政治の争点となった。1963年8月のマニラ首脳会議以後、今度はフィリピン議会が積極的にサバ領有権主張を後押しすることになる[42]。

　ところで、アメリカは、この一連の事態の展開について、インドシナ問題に忙殺されていたためもあり、概して冷淡ないし無関心だった[43]。たとえば1962年に東南アジア諸国を歴訪したマンスフィールド（Michael Joseph Mansfield）上院院内総務は、帰国後に作成した大統領宛て報告書（12月18日付）の中でマレーシア問題に触れ、「インドネシアとフィリピンがマレーシア結成反対で共闘を展開しているが、我々（米政府）は、これに対して刺激するような政策を何ら取るべきでない」[44]と提言している。しかしながら、インドネシアとマレーシアの「戦争」が本格化する中で、アメリカもこれを等閑視していられなくなった。1964年1月、ロバート・ケネディ（Robert F. Kennedy）司法長官が、東京、マニラ、クアラルンプールそしてジャカルタを相次いで訪問し、訪日中のスカルノをはじめ各国首脳と会談（スカルノとは二度）、紛争の仲介役を買って出たが結果的には奏効しなかった。インドネシアは協商関係を結ぶなど中国と関係強化に走り、それによってアメリカとの関係は決定的に悪化するのであった。

　1964年9月、マレーシアは国連安全保障理事会にインドネシアの「武力侵攻」を提訴した。ソ連が拒否権を行使したため安保理決議そのものは可決されなかっ

---

41) [Anwar 1994: 25-26].
42) たとえば、1963年半ばのスムロン（Lorenzo Sumulong）上院外交委員長とサロンガ（Jovito R. Salomga）下院議員のサバ問題をめぐる論争など。[International Studies Institute of the Philippines 1987: 1-22]。なお、フィリピン政府はその後もサバ領有権の主張を正式に取り下げたわけではなく、1986年に誕生したアキノ（Corazon C. Aquino）政権下でも再びマレーシアとの間で外交問題化した。
43) 但しケネディは、1963年2月の記者会見で、「マレーシア（という枠組み）はあの死活的に重要な（東南アジアという）地域の安全保障にとって最善の希望である」（括弧内筆者）と発言してマレーシア設立を歓迎した。*Washington Post,* February 15, 1963, quoted in [Gordon 1966: 20, fn.22]。サバ問題の表面化から「対決」の期間を通じて、言明は避けていたがアメリカはマレーシア支持の立場であった。
44) "Report by the Senate Majority Leader," December 18, 1962, [FRUS 1961-1963, Vol II (Vietnam, 1962): 786-787]. 同報告の中でマンスフィールドは「マレーシア支援は基本的に英国および英連邦の責任」と述べている。

たが、その同じ理事会でマレーシアが次年度の非常任理事国に選ばれる。これに憤慨したインドネシアは同年12月末、国連を脱退する。インドネシアの国際的孤立は一層深まった。

(3)「対決」の終息と新たな地域協力

以上に見てきたように、「対決」は1964年から65年にかけて激化の一途をたどった。しかし、1965年以降は域内各国がその収拾に向けて多大の努力を傾注するようになり、その過程で新たな地域協力の展望が開けるようになった。アメリカが紛争解決のために仲介に乗り出すに及んで、この問題は東南アジア全域の安全保障に関わる重要問題であることが域内外で認識されるに至った。さて、こうしたことを踏まえて、紛争の収拾から新たな地域協力の開始(すなわちASEANの結成)に至るまでには、重要なポイントが3つある。まずは、それらを順次述べつつ、紛争解決の過程を記述しておきたい。

第一には、問題が地域レベルに留まっていたため、その収拾にあたっては、基本的に域内の政治指導者たちのみが関わった、という点である。たしかに、ロバート・ケネディ米司法長官や日本の池田勇人首相による仲介、あるいは、マレーシアによる国連安保理提訴などもあったが、それらが問題を解決に導いたわけではなかった。1963年後半から1967年8月のASEAN結成に至るまで精力的な仲介役を果たしたのは、タイの——あのラスク・タナット合意を結んだ——タナット外相であり、ASAEN設立の一人の立役者が彼であったことは疑いない。

タナットは当初、1961年8月に設立され、その後、機能不全に陥っていたASAを再始動させて紛争当事国の調停交渉の場を提供しようとしたが、これはうまくいかなかった。しかし、タイがASAの加盟国だったことでフィリピン、マレーシアの外交指導者・当局との接触ルートを持っていたこと、しかし紛争の当事者ではなかったので、いずれの当事国とも利害関係を持たなかった[45]ことが、タイ(タナット)にとっては仲介者としての役割を担うに好ましい結果をもたらしたのだった。こうした経験を経て、タナットも自信を得たのであろう、彼はインドネシアを含む形で何らかの新しい地域協力の枠組みを作る必要性を強く認識する

---

45) 但し、当時は表面化してはいなかったが、国境を接するマレーシアとタイは潜在的な紛争要因を抱えていたといえる([Leifer 1989: 17-18])。

こととなる。次章に詳しく述べるが、このタナットが中心となって作成したのが、ASAとマフィリンドに代わる「東南アジア地域協力連合」の設立案であった[46]。

　第二には、マレーシア紛争に関わり、後にASEAN加盟国となる国ぐにの国内政治上の変化である。もちろん最重要なのはインドネシアにおける1965年10月1日未明に起きた一部国軍の若手将校とPKIの共同謀議によるとされる反国軍クーデタ失敗後の政治変動である。しかし、それだけでなく、シンガポールのマレーシアからの分離独立（同年8月）、フィリピンにおけるマルコス政権の成立（同年12月末）といった要因も、紛争の収拾とASEAN成立を加速化させたという意味で重要なものであった。この時期に、いわゆるASEAN「創設の父」（Founding Fathers）[47]たちの顔ぶれが出揃ったのである。

　ここで、その最重要のインドネシア国内の動向と「対決」政策を収束に向かわしめた動きについて若干補足しておこう。前述の通り国軍も「対決」政策には深く関与していたものの、折からの経済的困窮と財政難、国際的孤立、戦局そのものの困難（マ駐留英軍は独立戦争の相手オランダ軍と異なり装備・補給が万全だった）、さらにはこの政策に乗じたPKIの勢力拡大によって、国軍の内部には「対決」政策に対する危機感が増大していた。その国軍の中心人物がKOSTRAD司令官のスハルト（Soeharto）少将であった。スハルトは、早くも1964年中からマレーシアとの和解工作を秘密裡に進めており、自らが実権を掌握した66年3月以降は、政府間交渉に舞台を移してマレーシアとの国交回復に合意する。国内ではPKIを非合法化し、国軍があらゆる面で支配権を確立すると共に、西側諸国と太いパイプを持つ経済人を多数登用し、西側からの援助を仰ぎつつ資本主義経済体制による経済再建を図った。外交面ではスカルノの側近だったスバンドリオを降ろして——彼はその後29年間、獄中生活を送る——駐ソ大使だったマリクを外相に起用し、国連とその諸機関にも復帰し、中国との関係を凍結し、西側諸国

---

46) ［山影進 1991：94-98］、［Jorgensen-Dahl 1982: 36-38］,［Anwar 1994: 50-55］を参照。但し、アンワールは同案の起草について、フィフィールド（Russell F. Fifield）の研究を引きつつタナットの役割にも言及しているが、同案はインドネシアとタイの協同作業の成果であると述べ（p.55）、実は、起草したのはもっぱらマリク（Adam Malik）のアシスタントだったとしている（pp. 50-51）。

47) ASEANウェブサイト中Historyのページ（http://www.asean.org/asean/about-asean/history.）および"Founding Fathers of ASEAN," *The Brunei Times*, Aug 9, 2011, asiaone.com（Singapore）を参照。（http://news.asiaone.com/News/Latest%2BNews/Asia/Story/A1Story20110809-293603.html）

とりわけアメリカとの関係を改善したのであった。

インドネシアはマレーシアとの関係改善を進める過程で、何らかの新しい地域協力機構設立の必要性を考えるようになった。その構想は、公式的にはマリクを中心として作られていったが、1964年前半頃、既に国軍内でも同様のことが検討されていた[48]。地域協力機構への参加は国軍の利益とも合致していたのである。新機構の設立にあたってインドネシアの提案内容はタナットの設立案に大きく生かされ、それは基本的にマフィリンド設立を謳ったマニラ共同宣言に依拠していたが、一方で非同盟のカンボジアやビルマにも参加を呼び掛けた点で画期的であった。後者の点は結果的に徒労に終わったものの、マニラ共同宣言の精神が受け継がれ、それはやがてASEAN設立宣言にも「外国軍基地の一時的性格」の一項が盛り込まれることになる。この点は次章に詳述する。

第三に、最も重要なこととして、ASAがフィリピンのサバ領有権主張によって機能不全に陥り、マフィリンドも結果的に瓦解したにもかかわらず、関係諸国は新たな地域協力機構の創設という選択をしたことである。その最大の理由は、タナットにせよマリクにせよ（インドネシア国軍にせよ）、あるいは他の3カ国にせよ、地域協力機構の設立を地域安全保障という文脈で捉えていたことであった。しかし、1966年12月にタナットが新機構の設立原案を関係各国に提示した後、67年5月にマリクが関係各国を訪問して外相会議開催の合意を取り付け、シンガポールの参加も正式に決まると、現実問題として「安全保障」をどう位置付けるかは議論の焦点となった。安全保障と一口に言っても各国の思惑はそれぞれに異なっていたからである。結局、新地域機構――67年8月5～7日の外相会議で、その正式名称はASEANと決まった――の設立宣言において安全保障に関する言及は、外国軍基地に関する1項を除いて慎重に避けられた。

ASEANは、ASAとマフィリンドの経験が基盤となって創設された。しかし、ガザリ・シャフィー（Tan Sri M. Ghazalie Shafie）が後年、「ASEANは『対決』という苦い経験の産物」[49]と回想したように、そこに到達する道のりは決して穏やかではなかった。また、ここまでに述べてきたように、ASAとマフィリンドが

---

48) 陸軍将校司令大学校（SESKOAD）が1964年4月に刊行した報告書に新地域協力機構に関する提言がある。[Anwar 1994: 29, 42-43, 124-126]。

49) ASEAN創設にも深く関わったマレーシア外務次官（当時＝後に外相）の言。[Leifer 1989: 2]。

同一の直線上にあったわけでもなく、あるいはどちら一方が直線的にASEANに結び付いたわけでもない。その紆余曲折ぶりとそれが意味するところを次章で整理してみたい。

第3章　東南アジア地域主義の生成と発展

はじめに

　前章に見たように、東南アジアにおいては1950年代末から60年代初めにかけて域内諸国のみによる地域協力が開始された。しかし、1961年8月、この地域におけるそのような最初の地域協力機構であるASAに参加したのは、マラヤ、フィリピン、タイという、いわゆる西側寄りの3カ国のみだった。このことが示唆するのは、(華夷秩序的な垂直的関係ではなく)各国が同等の立場で水平的関係を持つ地域協力というアイディア自体は、最初は西側寄りの国ぐにによってのみ真に理解され共通認識になったのではないかという点である。要するに筆者は、政治経済体制が西側寄り(政治体制は議会制民主主義を、経済体制は資本主義経済を志向)であることに加え、欧州や北大西洋地域で勃興した地域協力とその概念に対する理解度、あるいはそれを具体的にイメージできるか否かの差異が地域協力への参加時期に差が付いたのではないかと考えるのである。このような仮説は、後述するように1990年代のASEAN拡大の過程にも適用可能であると考える。

　実際、たとえばASA設立につながる地域協力の呼びかけを行なったマラヤ初代首相のトゥンク・アブドゥル・ラーマンは、地域協力のモデルを北欧評議会(Nordic Council)に、またフィリピン政府も同じく北欧評議会や米州機構(Organization of American States: OAS)に範を求めていたという[1]。タイで地域協力参加に積極的役割を果たしたのはフランス留学の経験があり、駐米大使から外相に転じたタナット・コーマンだった。逆の見方をすれば、新興勢力のチャンピオンを自認していたスカルノ、あるいはカンボジアのシアヌーク(Norodom Sihanouk)などは、東南アジア域内だけの地域協力よりも、むしろ「アジア・アフリカ諸国の連帯」といった考え方(アイディア)に、より共感を覚えていたと言うことができそうである[2]。

---

1) [Jorgensen-Dahl 1982: 19, 244 n46, n47].
2) [Gordon 1966: 171 n24]. また[Anwar 1994: 21]は、スカルノはそもそも西イリアン問題以来、西側諸国に不信感をもっていたと言っている.

そう考えてみるとして、ここで二つの疑問が浮かぶ。一つは、地域協力というアイディアが東南アジアの地域的文脈で内部化、あるいは土着化していく過程があったのではないかという疑問だ。地域協力が外来の、要するに東南アジアに起源をもつアイディアではなかったにしても、この地域で地域協力が成立したことは事実である。しかし、言うまでもなく、北欧評議会に範を求めたから、あるいはEECの結成に影響を受けたからといって、東南アジアの地域協力がそれらと全く同じ形をとったわけではない。もう一つは、インドネシアやカンボジア、ビルマなどの、当初は地域協力に対して冷淡であったか無関心であった国ぐにも、後に――国によっては30年後に――参加していくようになるが、それはなぜだったのかという疑問である。まずは、第一の疑問、「欧米発の地域協力というアイディアの内部化ないし土着化」の過程について見ていこう。

1. アイディアの土着化（内部化）

「東南アジア」という地域の呼称および概念を、実質的にであれ便宜的にであれ内外に定着させたのは、たとえばマウントバッテン（Lord Louis Mountbatten）であり、ダレスであったかもしれない。では、この地理的範囲に属する国ぐにの中で、それを重視した最初は誰だったのか。一般的には、マラヤの首相兼外相を務めていたトゥンク・アブドゥル・ラーマンであり、彼を支えた外務高官たちであったと理解してよいだろう。

トゥンクは1958年2月にセイロン独立10周年記念式典に出席した際、「そう遠くない将来」、東南アジア諸国の指導者に地域の団結を創出するための会合を召集したいと呼び掛けた[3]。また彼は自らの回想録の中で、同年3月にクアラルンプールで開催されたECAFE総会の様子に触れ、政治体制やイデオロギーの違いを超えた参加各国間の友情の精神を称えている[4]。独立（1957年8月）後、間もなかったマラヤは、基本的には旧宗主国との協調路線を継続して英連邦に加盟し、英国との防衛協定（Anglo-Malayan Defence Agreement: AMDA）を結んだ。それゆえマラヤは間接的にSEATOとも繋がっていたことにもなるが、前章で述べたように、ラーマン政権は英米からの参加の打診があったにもかかわらず

---

3) *Straits Times*, 5 February 1958, quoted in [Jorgensen-Dahl 1982: 14-15].
4) ［ラーマン 1987：109］.

SEATOへの加盟は慎重に避けていた[5]。大国主導型の地域協力よりもむしろ近隣諸国との協力を模索し始めるのである。

1959年1月、トゥンクはフィリピンを公式訪問してカルロス・ガルシア（Carlos Garcia）大統領と会談し、「東南アジア友好経済条約」（Southeast Asian Friendship and Economic Treaty: SEAFET）の締結を提案した[6]。ガルシアは、「アメリカズ・ボーイ」と揶揄されていたラモン・マグサイサイ（Ramon Magsaysay）が飛行機事故で急死した後の残任期間を担当していたが、当時、高まりつつあった国内のナショナリズムを受けて、「フィリピン人第一主義」（Filipino First）を打ち出さざるを得ないような状況に置かれていた。ガルシアもまた、自由主義陣営の枠内においてではあったが、域内諸国のみによる地域協力を推進したいとの考えをもっていた。両首脳は、何らかの制度的な地域協力関係を構築する必要性を相互に確認したのである。また、タイも、サリット（Sarit Thanarat）軍事政権が急速に親米路線に傾いていた中で、中立諸国から敵視されないように、内外に対する自己イメージ改善のためにも近隣諸国との協力関係を求めていた。

結果的に、ASAにはこの3カ国のみが参加することとなった。その経緯や活動内容[7]について改めて詳しく論ずることはしないが、ASAは、①外相・外務省主導の、②欧州の地域機構とは異なり、基本条約をもたない法的拘束力の希薄な、③経済・文化分野の協力を掲げながらもEECのような機能的協力に特化したわけでもない、④反共を国是とする国ぐにが集合したにしては政治色を表に出すことも（敢えて）しなかった、という特徴を持つ、良く言えば包括的な協力を目指す、悪く言うと目的の曖昧な地域機構として発足した。山影進が指摘するように、地域機構の設立そのものよりも、むしろ重要だったことは、それまで日常的な接触の殆どなかった東南アジア新興独立諸国の間に開始された意思疎通と相互理解に

---

5) 第2章の注33を参照（[FRUS 1955-1957, Vol XXII: 784]）。
6) トゥンク自身は、フィリピンを初訪問したのは1960年のことだと回想している［ラーマン1987：113］が、[Jorgensen-Dahl 1982: 16]は、1959年1月当時の『マニラ・ブレティン』（Manila Bulletin）紙を資料にトゥンクの訪比について記述しているので、ラーマンの回想録の方は彼の記憶違いであろう。ASAの結成についても、同上箇所で「三国（の外相）がクアラルンプールに集まり」などと記してある（実際にはバンコクであった）。
7) その経緯と協力の内容詳細については、[Gordon 1966: 162-187]、[Haas (ed.) 1974: 1231-1233, 1259-1260]、[Jorgensen-Dahl 1982: 14-23]、［山影進1991：23-51］などを参照。

不可欠なコミュニケーションであった[8]。要するに、ここに一つの新たな政治的対話の空間が生まれたことになる。と同時に、この3カ国間の交渉の過程において、東南アジアという地域の呼称あるいは概念も、石川登の言うように、「何ものかが、かつては存在しなかったにもかかわらず、あたかも昔から存在するように想起される状態」に、つまり自然化（naturalized）したのだといえるだろう[9]。

しかし、ASAはさしたる活動実績も残せぬまま「開店休業」状態に陥った。後に成立するASEANとの関係で重要なことも多々あるが、そのことは後述するとして、もう一つの重要なアイディアに触れてみたい。それは、トゥンクが半島部の独立を達成してから間もなく着手することになる旧英領の北ボルネオ（サバ）、サラワク、シンガポール、ブルネイの糾合、すなわち「マレーシア」結成の構想である。

一般的にみれば、ASAに始まりマフィリンド、ASEANと——決して直線的にではないが——続いた地域協力の試みはあくまで政府間協力で、超国家的組織を創ろうという動きではなかった。それはASEAN創設後57年が経った2024年8月現在でもそうである。一方、マレーシアの結成は、連邦という形をとってはいるがクアラルンプールに中央政府を置く主権国家の拡大である。両者の形成原理が根本的に異なることは言うまでもない。しかし、トゥンクの地域協力志向の背景には、ひとえに独立マラヤの生存と繁栄を確保したいという強い意思があった。近隣諸国との関係緊密化によりマラヤにとって安全な国際的環境を確保したいという動機と、マラヤの一層の発展を保障するために拡大マラヤとしてのマレーシアを結成するという考えは明らかに連動していた。1959年のトゥンクとガルシアの会談以来、馬・比両国にタイが絡んで地域協力構想が徐々に具体化していく一方で、トゥンクは1961年5月、マレーシア結成構想を公の場で口にする[10]。そしてその7月末にASAが成立した。この両者が無関係であったとは言

---

8) ［山影進1991：39］。

9) ［石川登2000：230］。

10) 但し、リー・クァンユーの回想録によれば、トゥンクは、マラヤとシンガポールの統合にはエスニック・バランスの点からずっと消極的であったという。シンガポールの華人系人口とのバランスを取れるようにと、マレー系の多い北ボルネオ、サラワク、ブルネイを含めた大連合構想をリーに示唆してきたのは英国高等弁務官のセルカーク卿（Lord Selkirk）らであり、1961年5月、リーはこれを文書にまとめて、トゥンクよりもむしろ副首相のラザク（Tun Abdul Razak）に届けるよう外相のイスマイル（Tun Ismail bin Abdul Rahman）に手渡したという。また、リーは、同構想をトゥンクに伝えた

い切れない。そこで筆者は、この一連の地域協力とマレーシア結成の構想をアイディア論争[11]として捉えるのである。

2．アイディア論争とその解釈

　英国と防衛協定を結ぶマラヤ、SEATO加盟国フィリピンとタイというASA加盟国の顔ぶれに対し、カンボジアやビルマなどの非同盟・中立諸国、そして、その「雄」を自認し、当時、急速に親中国に傾いていたスカルノのインドネシアがこれに同調しなかった一義的な理由は、表面的には政治的思想の相違だった。しかし、「西側寄り」のASAには参加しなかったスカルノは、その発足から約2年後、マカパガル・フィリピン大統領の「大マレー国家連合」案には賛意を示す。SEATOを激しく非難しながらその加盟国のフィリピン——しかもマカパガルは自他共に認める親米派——と一時的にとはいえ共同歩調をとったことは前章にも述べた。一方のマカパガルは、サバ領有権を主張しながら、インドネシア、マラヤを取り込む形で国家連合案を提案する。当初は地域協力に対して冷淡であったか無関心であった国ぐにも、後に参加していくようになったのはなぜだったのか、という本章の冒頭に掲げた第二の疑問にも答える形で、マレーシア結成をめぐる紛争とマフィリンドの顛末について考察してみたい。

　まず、スカルノの主張について見てみよう。それは極めて一貫性に乏しかった。そもそもインドネシア政府は、トゥンクがマレーシア結成構想を公表した直後、これに対して何ら反対を示さなかった。たしかにスカルノは、1962年半ばまでは西イリアンの帰属問題に忙殺されていた。また、同問題との関連でいっても、旧蘭領東インドの版図に含まれていた西イリアンの併合と、サバ、サラワク等旧英領の糾合によるマレーシア結成は原理的には同じであり、だからこそ、スカルノも当初は静観を決め込んでいたのである。スカルノ政権が、マレーシア結成は新植民地主義・新帝国主義の象徴だと攻撃して「対決」を打ち出すのは、1962年6月にマカパガルが英国に対してサバ領有権主張を表明し、同年12月にブルネイで、いわゆるアザハリ（A. M. Azahari, 1928~2002）の叛乱が起きた後の1963年

　　のは英連邦関係相のダンカン・サンディズ（Duncan E. Sandys）であると述べている［リー 2000（下）: 255-256］。
11)「アイディア論争」という表現は、[大矢根聡 2002：16-19]から拝借した。

1月から2月のことだった[12]。スカルノの主張の背景には、マレーシア結成反対の大義云々以前に、マラヤあるいはトゥンク個人に対する彼の妬みにも似た感情[13]や、地域大国としての立場を無視されたという憤り[14]、あるいはマレー半島の対岸に位置するスマトラのマラヤに対する親近感がインドネシアの分裂を招くとの危惧[15]があったとされる。

　マカパガルのサバ領有権主張にしても、前章で述べたように無理があった。主張の根拠は、19世紀末にフィリピン南部スールーのスルタンが英北ボルネオ会社の前身と借地契約を結んだというものだったからである。マレーシア結成の構想は、スカルノやマカパガルにとって深層心理的に、独立間もない自国の生存に関わる問題だと感じられたのであろう。しかし、どちらかといえば、事の本質は、トゥンクの提案によって流動化する可能性のあった地域秩序の再編において誰が主導権を取るかという問題にほかならなかった。その証拠に、まずマカパガルが英国に対してフィリピンへのサバの帰属を認めさせようとしたがうまくいかず、いかないとみるや直後の1962年7月、上記の「大マレー国家連合案」を発表する。実は、当初これにインドネシアは入っていなかった。しかし、サバ問題でスカルノと共闘できる可能性が生じるとみると、マカパガルはインドネシアを包摂した形に「連合案」を修正した。しかし、同案の実現する可能性が低いことが次第に明らかになると、今度はスカルノがトゥンクに対してマラヤ、フィリピン、インドネシア3カ国間の地域協力を提案する。一方でASAは、1963年4月の閣僚会議開催を最後に、サバ問題が暗礁に乗り上げたため機能を停止する。ASAは完全に

---

12) [Anwar 1994: 23] および [Aandstad 1999: Chap. 3]。この叛乱は、当時ブルネイ人民党を率いていたアザハリら、マレーシア結成に反対する勢力（概して左派的勢力）が起こした武装叛乱である。1962年12月から数か月にわたって続いたが、駐留英軍によって鎮圧された。しかし、これがインドネシアのマレーシア対決政策の端緒を開く出来事となり、そして、ブルネイのサルタンのマレーシア連邦不参加という決断に影響を与えたとされる。近年になって、このブルネイ叛乱に関する非常に詳細な研究が発表されたことは大変興味深い。See Kathleen Harry, *The Brunei Rebellion of 1962* (PhD Thesis submitted to Faculty of Law, Education, Business, and Arts, Charles Darwin University, 2015.) https://ris.cdu.edu.au/ws/portalfiles/portal/22703258/Thesis_CDU_55418_Harry_K.pdf

13) トゥンクは、マレーシア連邦構想に対してスカルノが「新植民地主義」との激しい批判を展開したことについて、「心底で彼のは憤りではなく、純粋の嫉妬であると見抜いていた。(中略) マラヤが独立以来築いてきた繁栄と進歩に対する嫉妬だった」と述懐している ([ラーマン 1987：130])。

14) [Anwar 1994: 26]。

15) Donald Hindley, "Indonesia's Confrontation with Malaysia: A Search for Motives," *Asian Survey* 4(4), June 1964, 904-13, quoted in [Anwar 1994: 25]。

表3-1 島嶼部東南アジアにおけるアイディア論争（1961～1963年）

アイディア（提案年月または時期）	主な提案者	構成主体（想定ないし結果）	主たる目的と背景要因
マレーシア連邦（1961年5月）	ラーマン（リー・クァンユー）	半島部マラヤ＋サバ＋サラワク＋ブルネイ＋シンガポール	[目的]旧英領統合、半島部マラヤの安全保障確保。 [要因]民族自決、反共産主義。英国による統合案。シンガポールの連邦参加要求。
サバ領有権主張（1962年6月）	マカパガル	フィリピン＋サバ	[目的]比国内世論の動員、提唱者の国内基盤強化。 [要因]植民地化以前の領土併合、対西側ナショナリズム。
大マレー国家連合（1）（1962年7月）	マカパガル	フィリピン＆サバ＆サラワク＆ブルネイ＆半島部マラヤ＆シンガポール	[目的]サバ領有権主張の隠れ蓑、マラヤ懐柔。 [要因]サバ領有権主張、マレーシア結成阻止。
マレーシア対決／粉砕（1963年1月～9月）	スカルノ	サバ、サラワク、ブルネイ、シンガポール	[目的]左記領土における民族自決、マ連邦結成阻止。 [要因]反植民地・反帝国主義、インドネシア国内統治体制の強化・世論の動員。
大マレー国家連合（2）（1963年3～4月）	マカパガル	フィリピン＆サバ＆サラワク＆ブルネイ＆半島部マラヤ＆シンガポール＆インドネシア	[目的]サバ領有権主張の隠れ蓑、マラヤ懐柔、イ取り込み。 [要因]サバ領有権主張、マレーシア結成阻止。
マフィリンド（1963年7～8月）	スカルノ マカパガル ラーマン	インドネシア＆フィリピン＆マラヤ（→マレーシア[半島部マラヤ＋サバ＋サラワク＋シンガポール]へ拡大途上）	[目的]マレー種族の連帯強化、経済・文化その他領域での協力。 [要因]民族自決、反植民地・反帝国主義。

注：表中、「＋」は構成主体間の領土的統合を示し、「＆」は緩やかな連携を示す。「、」で区切られた前後は各々が独立主体となる。
出典：各種文献・資料をもとに筆者作成。(出典)[高埜健2009：123-132]および各種資料をもとに筆者作成。

背景に押しやられたのであった[16]。これもまた前章に述べたように、マカパガルの呼びかけに応えて 3 カ国は 1963 年 6 月に外相会議を、7 月末から 8 月初めにかけて首脳会議を、いずれもマニラで開催する。この首脳会議で 3 カ国首脳は「マニラ協約」に署名し、3 カ国間に定期的な協議のための機関を設立すると決定した。それが、「マフィリンド」という名称で呼ばれることになった。

こうした一連の事柄は、全てアイディアの論争と見ると非常に理解がしやすい。最終的にどのアイディアが生き残っていくかは、結局のところ、それが関係主体間において間主観的理解（intersubjective understanding）[17] を形成しうるかによるわけである。これらのアイディアを一覧にしてみると、表3-1のようになる。

これらは、いずれも島嶼部東南アジアにおける秩序形成の試みであったと解釈することができる。ASA が、いわば西欧に起源をもつ地域協力というアイディアの西側寄り諸国による理解と実践だったことは既に述べた。しかし、それは、3 カ国以上への空間的広がりをもてなかった。と言うよりむしろ結果的に域内諸国間の紛争が広がるのを阻止する役割を果たした。ところが、マラヤのマレーシアへの拡大と、それに対するフィリピンのサバ領有権主張は、石川登の言う、前近代的な政治システムを特徴とした空間に近代国家という異種の権力形態がもち込まれ、そして、それが定着していく過程でもあった。「英明なる王の威光によって伸縮するぼやけた帯域であった政治空間が、国家機構の最周縁部、すなわち国境線によって規定される」[18] 過程で、空間にまつわる二つ（あるいは、三つ）の異なる認識が衝突を起こしたのである。

それにしても、前頁の表からも明らかなように、3 カ国首脳がマフィリンド結成合意に達した 1963 年 8 月初旬の時点では、もちろんマレーシア結成は既定路線として進められてはいたが、技術的には、サバもサラワクもマレーシアに統合される必然性は何らなかったのである。実際ブルネイは参加を止めて 1984 年 1 月まで英保護国の地位に留まるし、一旦は参加したシンガポールもその 2 年後の 1965 年には分離独立を余儀なくされる。サバとサラワクでさえ各々が、もしくは

---

16) [Jorgensen-Dahl 1982: 26]。
17) この場合、域内諸国（マラヤ，フィリピン，インドネシア）の間に、「ありうべき地域秩序」の共通理解が形成されていたか否かが重要だったことになる。
18) [石川登 2000：251]。

合併して独立し、後に主権国家としてマフィリンドないし他の地域協力に参加する可能性だって皆無とはいえなかった。先に、マフィリンドとマレーシアの形成原理は異なると述べたが、この時点までは、政府間地域協力と領域国家（主権国家）の境界線すら必ずしも明確ではなかった、と見るべきだろう。したがって、マカパガルがサバのフィリピン帰属を主張し、スカルノがボルネオ住民の（マレーシア参加か否かの）意思を尊重せよと強硬に主張したのも、当時の地域情勢に鑑みるならば、全く馬鹿げた話だと一笑に付してしまえることでもなかったのである。

だからこそ改めて考察してみるべきなのは、

① ASAには参加しなかったインドネシアがなぜマフィリンドには参加したのか。
② スカルノとマカパガルがマレーシア結成に強硬に反対する中で、なぜトゥンクはマニラ首脳会談には参加し、マフィリンド設立には合意したのか。
③ サバ、サラワク、シンガポールは、当初なぜ各々が独立する道を選ばずマレーシア結成に参加したのか。すなわち、1963年9月の時点において、なぜ島嶼部東南アジアが、「マラヤ＋サバ＋サラワク＋シンガポール」としてのマレーシア、英保護国ブルネイ、そしてフィリピン、インドネシアの各国家という形でひとまず落ち着いたのか。

という一連の疑問である。

①に関していえば、マフィリンド創設のプロセスは、インドネシアにとって二つの意味で重要だった。一つは、それがマレーシア結成反対でフィリピンと共闘できる場であったことである。スカルノがフィリピンのサバ領有を支持していた証拠はどこにもなく、彼もサバがフィリピンに帰属するのは非現実的とみていたものと思われる[19]。その点でインドネシアとフィリピンは呉越同舟だった。もう一つは、マカパガルが「マレー系種族の大同団結」を掲げたことで、インドネシア

---

19) スカルノがマカパガルを支持した形跡があったとすれば、1963年7〜8月のマニラ首脳会議において、マニラ協約の第12項、フィリピンがサバの領有権を「国際法と紛争の平和的解決の原則に則って主張することを（3カ国は）妨げない」との文言を承認した、ということくらいである（[Haas (ed.) 1974: 1262-1263]）。

としては、そこに加わらない理由がなくなったことである。

　そのことは、②なぜトゥンクがマフィリンドに参加したのか、を説明する理由でもある。マレー系とはいえスペイン人や中国系との混血が進んだ、いわば、必ずしも「純血」ではない、またムスリムではなくカトリックが大半を占めるフィリピンから「マレー系」を大義に掲げる提案がなされたとあっては、自らを主流と認めるインドネシア、マラヤのマレー系としては、これに反応せざるを得ない。また、スカルノがトゥンクに3カ国間の「地域協力」を提案したことで、もともと地域協力志向のあったトゥンクとしてはこれに乗りやすかったのだと考えられる。同時に彼自身も、相互に国家主権を損なわない枠組みの中でスカルノとマカパガルを懐柔できると考えたのである。

　見方を変えれば、このマフィリンド結成合意の過程で「地域協力というアイディア」の内部化ないし土着化が一層進んだといえる。それは、地域協力の基盤となる理念が、ASAにおける「平和、自由、社会正義および経済的安寧（の促進）」といったごく一般的な原則から、「人種的・文化的紐帯」、「1955年バンドン会議の精神」あるいは反植民地主義といった、より土着的色彩の濃い要素を前面に押し出したことによく現れている。また、マニラ宣言（および共同声明）の中で「ムシャワラー」(Mushawarah)という「協議」を意味するマレー語を用いたことにも、そこに地域固有の論理を統合しようとの試みがみられた。

　さて、③については、第一に、マレーシアに参加することとなったシンガポール、サバ、サラワクの3地域各々の論理があった。シンガポールにとって独立はマラヤとの統合以外に果たしえない大願であった[20]。また、シンガポールにおける住民投票、サバおよびサラワクにおける住民の意識調査の結果、各地域内でマレーシア参加に賛成多数が得られていた[21]。第二に、域内および英国を含む国際社会において、特定の宗主国の旧版図が新興独立国の領土となるべきだという暗黙の共通理解が存在していた（この点は、既に指摘したように、実はスカルノも理解していた）。また、これも前章で述べたように、アメリカもマレーシア問題は

---

[20] 共産主義化の可能性が日に日に高まる中で、マラヤとの統合を実現しなければシンガポールの独立はあり得なかったことを、リー・クァンユーは自らの回想録［リー 2000（上）］の多数の箇所で強調している。

[21] シンガポールの住民投票については、［リー 2000（上）：295-308］、サバ、サラワクの住民意識調査については、［ラーマン 1987：128-130、135-139］、［山影進 1991：57-58］などを参照。

基本的に英国および英連邦内の問題という態度を取っていた。すなわち、島嶼部東南アジアがあるべき姿について、域内外に、植民地の独立に関する大まかなコンセンサス——これを間主観的理解と呼ぼう——が出来上がっていたのである。

1963年9月16日、予定より2週間ほど遅れたもののマレーシアは成立した。ところが、インドネシアとフィリピンがあくまでこれを承認しない姿勢を貫くと、マレーシアは翌17日、両国と国交を断絶した。せっかく設立が合意されたマフィリンドは空中分解した。そして、インドネシアの「対決」政策は公式的には66年初めまで続く。しかし対決政策の継続は、主として国民の政治的動員のためであり、スカルノの、いわゆるナサコム（NASAKOM）と名付けられた挙国体制、すなわち「指導民主主義」体制維持のためだった。その結果インドネシアは国際的孤立を深めていく。国連を脱退するとスカルノは、「ジャカルタ＝プノンペン＝ハノイ＝北京＝平壌枢軸」を打ち出すなどますます急進的になっていき、非同盟運動の中ですら過激で拡張主義的と見做されていった。インドネシアの対決政策は次第に——マレーシア結成遅延を目的に共闘していたフィリピンさえからも——支持を失っていくのであった。

3．インドネシアの「学習」と地域主義の離陸

しかしながら、この一連の過程において、スカルノが横槍ともいえるマレーシア対決政策を打ち出すことによって、むしろ地域国際関係に新たな局面が生じた。その最大の変化は、地域大国のインドネシアが「地域協力をめぐるゲーム」に参加するようになったことである。逆説的ながら、そこにスカルノ（およびスバンドリオ）も一定の役割を果たしたと見てしかるべきである。換言すれば、スカルノ（個人が、というよりもインドネシア）が、東南アジア域内諸国による地域協力というアイディアをこのマフィリンド創設に至る過程で「学習」したのである。

既に指摘したように、スカルノにとって対決政策にこだわることは、主として国内政治との関係で重要だった。自らの権力基盤とする国軍と共産党の双方が、全く異なる理由からではあったが、対決政策を支持していたことは、彼にとって好都合だった。しかし、国軍とPKIの国内闘争は、次第にスカルノのコントロールが効かない状況に発展していく。その結末は1965年10月1日未明の、国軍の一部若手将校とPKIの共謀による反国軍主流派・スカルノ担ぎ出しクーデタ未

遂、通称「9.30事件」(インドネシア語では Gestapu) の勃発であった。

事件後半世紀以上が経過しても未だ謎に包まれた部分の多い 9.30 について本書で詳しく触れる余裕はない。但し、この事件後の地域国際関係の展開とのかかわりで極めて重要だったのは、これを収拾し、その後スカルノに代わって実権を掌握するスハルト (Soeharto) 少将・戦略予備軍司令部 (KOSTRAD) 司令官が中心となってマレーシア紛争を終息に向かわしめたことである。インドネシアにおいては、地域協力のアイディアは国軍を中心として「学習」され、活かされることとなったのである。

そのような状況下、1964 年 4 月という早い時期に陸軍将校司令大学校 (SESKOAD) において「インドネシアの自由で活動的な外交政策」と題する研究報告書が作成され、その中で、対決政策の終息、マレーシアとの関係改善、新しい地域協力機構の設立が言及されていた[22]。

実際には 9.30 後、インドネシアの対決政策の終結から 67 年 8 月の ASEAN 結成に至るまで、まだ紆余曲折は 2 年余り続いた。インドネシアとしても、実質的に政権が交代したからといって、政策をいきなり 180 度転換することはできなかった。第一に、国軍自らが対マレーシア戦争から引くわけにいかなかった。国内には、非合法化された共産党員以外にも多数のスカルノ支持派・シンパが残っていたし、またスカルノ自身、実権を奪われてなおスハルトに対して頑強な抵抗を続けていた。マレーシア側も、インドネシアやフィリピンに対する不信感をそう簡単には拭いきれなかった。しかし、インドネシアのマレーシア対決政策が次第に終息に向かうのと並行して、東南アジア域内ではさまざまな新しい動きが起きていた。いみじくもスハルトが自らの政権を「新体制」(Orde Bahru ／ New Order) と位置づけたように、時代はもはやスカルノ型の強烈な反帝国主義ナショナリズムを求めなくなっていたのである。

何よりもアメリカのヴェトナム介入が本格化していったこの時期、冷戦の影響がますます色濃くなっていた。そのような情勢下、ASA 加盟国だったフィリピン、タイおよび拡大マラヤのマレーシアとそこから分離独立したシンガポールも全て反共だったことに加えて、いまやインドネシアが、非同盟主義は保ちつつ

---

22) [Anwar 1994: 29, 42-43, 124-126].

も反共に転じた。タイおよび島嶼部東南アジアは総じて反共の国内・対外政策を採るという共通項をもつこととなった。一方では経済開発の時代を迎えようとしていた。フィリピンではマカパガルに替わってマルコスが大統領に就任し、開発への意欲を訴えた。マレーシアからやむを得ず分離独立したシンガポールの首相リー・クァンユー（Lee Kuan Yew）も、自国の生存のためには繁栄を築くしかないと腹を括っていた。インドネシアのスハルト新政権も破綻した国家経済の再建を自らの中心課題に据えた[23]。いわば開発主義とも呼ぶべき新しい穏健なナショナリズムが、この地域の共通的な思想として台頭しつつあった。

インドネシアにおける政変と政権交代をその最大の要因として、それが可能にしたマレーシアとの関係改善、また、フィリピン新政権の成立とマレーシアとの関係改善、それらの過程におけるタイの仲介、さらに、人種バランス的にも対外イメージ的にもマレーシアを不安定化させることのない独立シンガポールの成立といった諸要因が相互作用を起こし、新たな地域協力への道標が明確になってきた。前出の表3-1に倣って、早くは1964年から、最終的には67年8月に至るまでに域内で出された地域協力のアイディア一覧をまとめてみると、次頁の表3-2のようになる。

この表を見れば一目瞭然だが、マフィリンドの拡大やASAの再活性化という選択肢も含め、「対決後」のすべての地域協力のアイディアには、構成主体としてインドネシアが入っている。もちろん、国軍を中心として既にインドネシア自身が地域協力への参加に積極的になっていたこともある。しかし、それだけでなく、早くも1965年後半には周辺諸国の側にも、インドネシア抜きでの地域協力は現実問題として困難であり不毛であること、そして同国はもはやスカルノ時代のような地域不安定化の要因にはならないとの共通理解ができていたことがわかる。但し、スカルノが失脚し、マレーシア対決政策も終息に向かう過程にあり、それまでの政策を大転換して西側諸国との友好関係を打ち出したインドネシアにおいて、またその国軍にあってなお基本的に強い非同盟志向が見られていたことは注目に値しよう。また、国軍自らが地域安全保障の中核を担うとの強い役割意識も表れていた[24]。

23）[Anwar 1994: 37]．
24）たとえば、[Jorgensen-Dahl 1982: 34-35] を参照。

表3-2 東南アジア地域協力のアイディア一覧（1964～1967年）

アイディア（提案年月または時期）	主な提案者	構成主体あるいは態様（想定ないし結果）	主たる目的と背景要因
拡大マフィリンド（1964年4月）	インドネシア陸軍将校司令大学校（SESKOAD）	インドネシア＆マレーシア＆フィリピン＆タイ＆ビルマ	[目的]共産主義の脅威（特に中国）への対処、Iの地域協力コミットメント． [要因]IのM対決終結の模索と近隣諸国との友好関係への政策転換．
ASAの再活性化（1965年9月～66年8月［実質的には67年5月］）	タナット、メンデス（P外相）、ラーマン、マルコス	ASA加盟国＆インドネシア（66年8月、ASA第3回閣僚会議、於バンコク）	[目的]インドネシアの地域協力参加の可能性の模索． [要因]M・P関係改善、Iの対決政策終結のシグナル．
「新地域機構」（1966年5月）	イスマイル（M内相兼外相代理）	マレーシア＆フィリピン＆タイ＆インドネシア	[目的]Iの地域協力への取り込み． [要因]MとI、Pの関係改善．
東南アジア国家連合創設案（1966年7～8月）	アルジョダマール・インドネシア陸軍准将	I＆M＆P＆T＆ビルマによるConfederation（国家連合）。S、ラオス、カンボジア、ヴェトナム、ブルネイにも門戸開放。	[目的]I中心の地域安全保障体制。I国軍による発展途上世界での主導権獲得． [要因]IのM対決政策終結。共産主義は排除しつつ、植民地主義・帝国主義に対抗する新興国の糾合．
東南アジア地域防衛協力構想（1966年11～12月）	パンガベアン・インドネシア陸軍中将（およびモコギンタ・インドネシア陸軍中将）	東南アジア全域	[目的]I国軍が中心となる対中地域防衛協力体制。真の非同盟勢力の確立． [要因]西側諸国の東南アジア（発展途上世界）からの退却、力の空白に中国が進出するとの脅威観．
東南アジア地域協力連合（SEAARC）（1966年12月）	タナット（およびインドネシア政府）	インドネシア＆タイ＆マレーシア＆フィリピン	[目的]地域の安定確保と防衛含む安全保障協力。外国軍基地の一時的性格。対中ブロック形成． [要因]民族自決、反植民地・反帝国主義、反共産主義．

アイディア(提案年月または時期)	主な提案者	構成主体あるいは態様(想定ないし結果)	主たる目的と背景要因
東南アジア地域協力機構案(1967年3〜4月)	マリク(主にメディアを通じて)	インドネシア&マレーシア&フィリピン&タイ&ビルマ&カンボジア	[目的] Iを含む新機構設立という以外詳細不明. [要因] M(特にラーマン)のASA再活性化案への対抗.
東南アジア諸国連合(ASEAN)(1967年8月)	マリク、タナット、ラザク、ラモス、ラジャラトナム	インドネシア&タイ&マレーシア&フィリピン&シンガポール	[目的] 相互主権の承認と相互不可侵(国家安全保障の枠組み)、経済・文化協力. [要因] 民族自決、反植民地・反帝国主義、反共産主義.

注 : 表中、「&」は構成主体間の緩やかな連携を示す。「、」で区切られた前後は各々が独立主体となる。アルファベットは以下の国名を表す。I＝インドネシア、M＝マレーシア、P＝フィリピン、S＝シンガポール、T＝タイ
出典 : 各種文献・資料をもとに筆者作成。

さて、周辺諸国においても概ねインドネシアを含む新機構の設立に合意が形成されていたものの、問題となったのは、1966年12月に出された東南アジア地域協力連合(Southeast Asian Association for Regional Cooperation: SEAARC)案に含まれた「外国軍基地の一時的性格」という一項であった。この文言はマフィリンド設立を謳ったマニラ宣言にも盛り込まれていたが、新たな地域協力機構の設立宣言に含めるか否かについて、関係国間で大議論になったのである。インドネシアは当然ながら積極的推進派であり、タナット外相がSEAARC案を起草したタイも賛成だったが、英米と防衛協定を結び国内にそれらの軍事基地を置くマレーシア、シンガポールおよびフィリピンは反対だった。特にフィリピンは、新地域協力機構の設立会議の席上においてなおナルシソ・ラモス(Narciso Ramos)外務長官が強硬に反対したとされる。

しかし、そのように激論を戦わせたことも、それまではあまり互いに接することのなかった5カ国間の相互理解を大いに深めたに違いない。1967年8月5日、主としてマリクとタナットが主導権を取った外交努力が実を結び、インドネシア、タイ、マレーシア、フィリピンおよびシンガポール5カ国の外相(外務長官)はバンコク郊外で一堂に会した。4日間という長時間をかけた後、インドネシア草案にあった「集団防衛の取り決めが大国の特定の利益に役立つために用いられ

るべきではない」という、明らかに SEATO を指す部分の文言は削除し[25]、また、「受入国の明示的な同意のもとに（基地は存続可）」との文言を入れ、返還期限にも言及しないという妥協が成立し[26]、8 日、ASEAN 設立宣言（バンコク宣言）に調印がなされたのである。

「外国軍基地」の一項を含め、設立宣言は、加盟各国の地域協力に関する意向や希望を最大限取り入れる形で修正され、採択された。その中には、シンガポールやフィリピンが、むしろ前面に出すべしと主張した経済（および社会）協力も含まれた。ASEAN は、形式的には年次閣僚（外相）会議を開催することをはじめとして ASA を踏襲し、そこに非同盟主義の精神を注入することで、マフィリンドの継承者としての側面も持ち合わせることとなった[27]。

このようにして誕生した ASEAN であるが、国際社会の舞台で華々しく活躍するようになるまでには、それから四半世紀以上を要することになる。ときは 1960 年代の終わり、ヴェトナム戦争真っ盛りであった。ピーク時（1968 年）には 54 万超の米軍兵士がインドシナ半島に駐留し、フィリピンとタイに米軍基地が置かれ、マレーシア、シンガポールには英軍が駐留していた。ASEAN 加盟各国はいずれも中国やソ連の影響および実質的な支援を受けた土着の共産勢力によるゲリラ活動に悩まされていたし、共産ゲリラの温床たる都市貧困層・農民層は国民の大半を占めていた。東南アジア地域全体が、まだまだ不安定で脆弱な状況にあった。東南アジア国際関係の情景に ASEAN が徐々に存在感を示し始める背景としては、やはりヴェトナム戦争の終結が大きかった。ヴェトナム戦争終結は ASEAN 加盟各国に、それまで依存してきたアメリカにはもはや頼っていられないという焦燥感と同時に、ヴェトナム、ラオス、カンボジアという域内 3 カ国が相次いで共産党（社会主義政党）一党独裁体制となったことに対する脅威感を植え付けたのである。

以上に見てきたように、東南アジア地域協力の試行錯誤は、ASA の結成からマレーシア紛争を挟んでマフィリンド構想が持ち上がり、最終的に ASEAN に結実した。この間、域内の政府あるいは軍関係者から様々なアイディア出された過程

---

25) [Jorgensen-Dahl 1982: 38].
26) [山影進 1991：98, 105]。
27) [Leifer 1989: 24-25].

は、「コンペ」さながらの状態であり、ASEANはその中で勝ち残ったものである。ではそのASEANが、1970年代半ばのヴェトナム戦争終結の頃の東南アジアにおいて、いかに台頭してくることになったのかを続く第4章において述べていきたい。

第4章　地域国際関係における ASEAN の台頭
―― ヴェトナム戦争の終結と「アメリカ離れ」の顛末

はじめに

　ASEAN が創設された 1967 年 8 月当時の国際環境にあっては、加盟諸国は弱小の新興国に過ぎず、そのような 5 カ国が集まって地域協力機構を作ったからといって、何ができるわけでもなかった。いきおい ASEAN の対外的姿勢は消極的であり、問題回避的であり、隣接地域であるインドシナ半島での戦争の早期終結を訴えつつも、なるべくそこから距離を置くように努めていた[1]。

　ところが、ヴェトナム戦争が終結に近づくと、ASEAN は「ポスト・ヴェトナム」を見越して自ら積極的に地域秩序の構築に関わる意思を示すようになる。もちろん、それを可能にしたのは米中和解がもたらしたアジア国際関係の地殻変動とも呼ぶべき大変化であった。インドシナ諸国はかねて ASEAN を「SEATO の手先」と呼んで激しく非難したが、もとより ASEAN は SEATO とは違って集団防衛を目的として創設されたものではない。ASEAN が軍事同盟を組んで 5 カ国の軍事力を結集させたとしても、ソ連や中国はおろか北ヴェトナム（ヴェトナム民主共和国）にすら対抗し得ないことは明白だった。ASEAN はあくまでも平和的な方法で国家建設・国民統合 ―― その点では、インドシナ諸国も同様の課題に直面していた ―― に取り組み、相互協力を推進していく体制を整えたのである。

　しかし、1973 年 1 月のパリ和平協定を経てヴェトナム戦争が完全に終結するまでは、ASEAN に参加したアメリカの二つの同盟国、すなわちタイとフィリピンの対外政策が対米中心であったのは、やむを得ないことでもあった。両国共に国内に米軍の出撃・補給・艦船等修理のための基地を置き、さらには南ヴェトナム（ヴェトナム共和国）政府の要請に従ってヴェトナム戦争に派兵していたのである。

　タイのタノーム（Thanom Kittikachorn）軍事政権がヴェトナム派兵を決定した

---

1) やや時代は下るが、1972 年 7 月に ASEAN 外相が発表した地域情勢に関する声明を参照。"The ASEAN Foreign Ministers Meeting to Discuss International Developments Affecting the Region", Manila, 13-14 July 1972, [ASEAN Secretariat 1988: 151].

最大の理由は、当時国内でも深刻な問題であった共産主義勢力の伸張を阻止することであったが、同時に、アメリカからの経済・軍事援助の供与、また米軍の国内駐留に伴う経済的効果への期待があった。1967年9月に開始されたタイのヴェトナム派兵は、表向きは「志願兵部隊」とされたが実際には「女王のコブラ」や「ブラック・パンサー」と呼ばれたタイ陸軍の精鋭部隊が含まれていた。第一陣2,207名に続き、1969年1月と2月に第二陣が送られ、最大時には総勢約12,000名に上った。また、タイは、ウドーン、ナコーン・パトムなど国内7か所の空軍基地の使用をアメリカに許可した。B-52爆撃機による北ヴェトナムへの攻撃の約8割はこれらの基地から出撃した。それだけでなく、ラオス人パイロットの訓練、ラオスおよびヴェトナムにおける救援活動・偵察活動を行うための拠点にもなっていた。タノーム政権は、米軍がタイ国内で最大限自由に行動できるよう保証した[2]。

　一方のフィリピンでも、上院議長時代にはヴェトナム派兵反対の急先鋒を務めていたマルコスが1965年末に大統領に就任すると、翌66年6月、民生部隊(Philippine Civic Action Group: PHILCAG)の派遣という形を取って事実上の派兵法案を成立させた。PHILCAGの規模は最大時には2,300名に上り、その派遣期間は66年8月から69年12月まで3年余にわたった。ヴェトナム派兵は、マカパガルとマルコスの一騎打ちとなった大統領選でも、いわば国論を二分する一大争点だったのだが、マルコスの派兵反対のポーズには政治的意図が隠されていた。マルコスと米政府との間に、アメリカからの軍事・経済援助および米軍のインドシナ駐留に伴うフィリピン人の雇用増加に関する密約が交わされたと言われている[3]。マルコスは66年9月の訪米時に米議会両院合同会議で演説し、「共産主義の伸張から自由と平和を守る」と派兵を正当化してみせた。

　さて、本章で明らかにしたいのは、このようにヴェトナム戦争中は軍事的にのみならず政治的・経済的にも大きくアメリカに依存していた2つの同盟国が、戦争が終結に向かうのを契機として、どのように対米関係を見直し、調整していったのかを比較・検討することである。それはまた、ASEANという地域協力機構によって模索され始めた地域秩序形成の動きとどのように整合し、あるいは矛盾したのか。換言すれば、冷戦構造の支配する戦後アジア国際秩序が1960年代後半

---

2) [Surachart 1988: 117-131], [Randolph 1986: 49-81].
3) [Abueva 1970: 61-62], [Bell (Olsen (ed.) 1993: 160-161].

から70年代前半にかけて大きく変動する中で、東南アジアの弱小国が試みた生存戦略を描写することである。

1. アメリカのアジア政策の転換

アメリカにとってヴェトナム戦争とは、インドシナ地域における自由主義あるいは中立主義政権の政治的独立と安全を、共産主義勢力の侵略から、アジア太平洋地域の自由主義同盟諸国との協力によって保障するための戦いだった。それはたとえタテマエであっても、そのような大義が存在した以上、そして国内外から戦争継続への支持を取り付けるためにも、米国政府としては軍事的コミットメントを単独で担うことは極力避け、同盟諸国からの派兵を――南ヴェトナム政府からの要請という形で――要請したのであった。しかし、インドシナに駐留する54万米軍撤退の決定は、同様に同盟諸国から派遣された軍隊の撤収および域内の米軍事施設の大幅な縮小をも意味した。このことはアメリカとその同盟国との関係にも多大の影響を及ぼすこととなった。

(1) SEATOの役割の終焉

インドシナにおけるアメリカと域内同盟諸国の軍事介入は、SEATOの（すなわちマニラ条約に基づいた）集団安全保障行動ではなかったが、韓国を除けば派兵した国ぐにはほぼSEATO加盟国――オーストラリア、ニュージーランド、フィリピン、タイ――であり、SEATOはヴェトナムにおけるアメリカの戦争努力と密接な関係にあったと見做された[4]。実際、パリで和平交渉が進行すると同時に米軍撤退の日程が現実のものになると、1972年6月にキャンベラで開かれた第17回理事会（年次閣僚会議）を最後に、SEATOの役割も大きく後退したのである。

翌1973年9月の第18回理事会（於ニューヨーク）では、前年まで発表されていた最終共同声明ではなく、ごく簡単な新聞発表が出されたのみであった。その中で特に興味深いのは、「SEATOの軍事的役割を低下させ、(東南アジア)域内加盟国であるフィリピンとタイの安定と発展の促進に寄与するため、両国の国家建

---

4) [Buszynski 1983: 95-140].

設プログラムを支援することに重点を移す」ことに理事会が合意し、そのために
バンコクに置かれた SEATO 事務局の任務は文民スタッフに一本化されること
になったという決定である[5]。東南アジアにおけるアメリカの共産主義封じ込め
政策は完全に失敗し、SEATO は集団安保という当初の存在意義を失った。フィ
リピンとタイに対しては、いわゆるニクソン・ドクトリン（ニクソン［Richard M.
Nixon］大統領による 1969 年 7 月 25 日のグアムでの記者会見）[6]に沿った――核
の傘は提供しつつ同盟国・友好国の自助努力を支援するという――政策にシフト
したのである。

ニクソン政権は、アメリカの威信と誇りを辛うじて保ちながら戦争を終結させ
るために、戦争のヴェトナム化（Vietnamization）というレトリックを用いたが、
その本来の意味は、大陸部東南アジアから米軍が撤退する代わりに対同盟国援助
を増大させるというものであるはずだった。

(2) アメリカの対同盟国援助

しかし、実際には、対同盟国援助の増大は難航した。その理由は、第一にアメ
リカ経済が深刻な国際収支赤字に見舞われ、ドル危機に直面していたことであ
る。経済状況の悪化と共に、国内問題を優先して対外援助を縮小すべきとの声が
高まった。対外援助の増大は一層のドル海外流出につながり、ドルの価値を一層
下落させるとも指摘された。第二に、このような背景の下、議会、特に上院で援助
増大への反対が次第に強硬になっていったことである。特に二国間の軍事援助の
供与に関しては、アメリカが再び直接軍事介入する呼び水になる恐れがあるとし
て、フルブライト（J. William Fulbright）上院外交委員長を中心に根強い反対キャ
ンペーンが展開された。1970 年から 73 年までのアメリカ対外援助をめぐる議会
での予算審議および立法化は極めて困難な道のりをたどったのである[7]。

ニクソンは、援助の必要性を訴えるために、どれだけ「ヴェトナム化」が成功
裡に進展しているか、どれだけ米軍の撤退が順調に進み、米兵の死傷者数が低下

---

5) "Press Statement issued at the Conclusion of the 18th Annual Meeting of the SEATO Council, New York, September 28, 1973," in [Stebbins and Adams (eds.) 1976: 376-377].
6) "Informal Remarks in Guam with Newsmen, July 25, 1969," [PPP (Nixon) 1971: 544-556]. See also The American Presidency Project (web) http://www.presidency.ucsb.edu/ws/?pid=2140
7) ［川口融 1980：81-98］。

表4-1 アメリカの東アジア諸国に対する軍事援助（1970〜1978年）

（単位：百万ドル、純額ベース）

国名／年度	1970	1971	1972	1973	1974	1975	1976	1977	1978
フィリピン	67.1（3カ年計）			50.4	27.0	36.3	48.0	38.1	37.3
タ　　イ	110.0	110.0	123.0	63.7	37.2	42.5	103.9	47.2	38.6
インドネシア	75.9（3カ年計）			20.3	19.7	21.0	66.9	40.8	58.1
南ヴェトナム	1,577.0	1,946.0	2,603.0	3,349.4	941.9	625.1	0.0	0.0	0.0
韓　　国	1,775.6（3カ年計）			384.4	168.5	144.7	323.7	155.0	276.8

注：内訳として、軍事援助計画（Military Assistance Program: MAP）による贈与、対外軍備品信用売却、役務基金（service-funded）、過剰在庫からの振替、が含まれる。

出典：Bureau of Census, US Department of Commerce, *Statistical Abstract of the United States*, 1969-1980各年版より筆者作成。

しているかを再三説明しなければならなかった。また、援助はアメリカが単独で負担すべきものではなく、西側自由主義陣営の責任分担において供与される多国間援助であると訴えた。しかし、米軍が4月にカンボジアに侵攻作戦を強行した1970年は、対外援助予算審議が約半年にわたって滞り、ようやく12月31日になって総額10億ドルの追加援助予算が議会を通過する有様だった。しかも、そのうち武器売却信用供与をラオスおよびタイに駐留する米地上軍のためには使用できないとする「クーパー＝チャーチ修正」や、ラオスおよびカンボジア政府に軍事的支援を行うための「自由主義諸国の軍隊」のために使用することは禁ずるという「フルブライト修正」の内容を殆ど受け入れざるを得なかった[8]。南ヴェトナム向け援助については、当初ニクソン自身は1億ドルを予定していたが、6,500万ドルに下方修正した形で要求せざるを得なかった[9]。

　ここで、アメリカの東アジア諸国に対する援助実績がどのように推移したのかを見てみよう。上の表4-1に明らかなように、アメリカは1975年までに南ヴェトナムに対して巨額の援助を供与してきた。一方、同盟国であるフィリピンとタイに対する援助は、同盟国ではないインドネシアと比較してもさほど多くないことがわかる。これはアメリカが、スハルト（Soeharto）政権成立後のインドネシア

---

8) ［Randolph 1986: 158-159］、［川口融 1980：94-95］。
9) "Special Message to the Congress Proposing Supplemental Foreign Assistance Appropriations, November 18, 1970," ［PPP (Nixon) 1971: 1077］.

を重視してきたことの証左である[10]。

また、次の表4-2を表4-1と比較してみると、ニクソンの当初の意図とは異なり、経済援助よりもむしろ相変わらず軍事援助額の方が多かったことがわかる。付け加えるならば、1970年代初頭までは東・東南アジア地域に傾斜的に配分されていたアメリカの援助は、1973〜74年を境に中東・南アジア地域へと重点がシフトしていった。戦略的地域としての東南アジアへのアメリカの関心は薄れていった結果、戦略的価値が認められない地域への援助は激減したのである。戦争のヴェトナム化と並行して1968年5月からパリにおいて開始されていた和平交渉は、73年1月、戦争に関わった全当事者による和平協定への正式調印をもって終了した。そして、アメリカがこれだけ巨額の援助を注ぎ込んできた南ヴェトナム国家は、そのわずか2年余り後に消滅するのである。

表4-2 対外援助法及びそれ以前の関連法下におけるアメリカのアジア諸国への経済援助（1953〜1961年、1968〜1978年）

MSAによる対外援助法による援助 (USAID)　　　　　　　　　　（単位：百万ドル、純額ベース）

国名／年度	1953-1961	1968	1969	1970	1971	1972	1973	1974	1975	1976	1977	1978
フィリピン	244.0	9.2	5.1	8.0	11.3	30.5	85.7	44.5	56.3	54.0	35.0	53.0
タ　イ	253.2	43.3	30.5	23.3	15.9	17.5	21.1	7.1	4.1	13.0	13.0	8.0
インドネシア	120.4	35.2	55.7	54.8	76.1	114.7	122.4	78.7	43.4	50.0	42.0	74.0
南ヴェトナム	1,469.9	303.9	249.2	308.4	371.4	386.8	313.4	384.3	191.3	2.0	0.0	1.0
韓　　国	2,062.4	61.2	43.2	30.7	45.7	30.0	27.2	27.3	20.3	6.0	(Z)	0.0

注：(Z)は500,000ドル以下を指す。
　　経済援助とは、対外援助法 (Foreign Assistance Act of 1961, amended 1973) に基づいて拠出された経済援助分を指す。国際開発局 (AID) およびその前身による経済・技術援助の1953年から1961年までの経済援助実施機関は、
　　1953年8月〜：対外活動庁 (Foreign Operations Administration: FOA)
　　1955年6月〜：国際協力局 (International Cooperation Agency: ICA)
　　1961年11月〜：国際開発局 (Agency for International Development: AID) である。
出典：Bureau of Census, US Department of Commerce, *Statistical Abstract of the United States*, 1969-1980各年版より筆者作成。

---

10) [PPP (Nixon) 1971: 1088].

2．タイの安全保障政策と対米関係の調整

　南ヴェトナムの最終的な崩壊は、ニクソン・ドクトリンが有効に機能しなかったためなのか、そもそもサイゴン政府には「自助努力」を行う能力が欠落していたのか、ハノイの軍事的・政治的能力がサイゴンのそれを遥かに上回っていたのか[11]。そのことをここで詳細に論ずる余裕はないが、アメリカのインドシナ軍事介入を積極的に支援したタイは、もしかすると南ヴェトナムと同じような運命をたどることになりかねなかったにもかかわらず、アメリカがインドシナから次第に撤退していく中で、どのような対外政策によってその危機を切り抜けたのか。このことを検証してみる意義はあるだろう。

(1) ヴェトナム化政策とタイ

　タイはアメリカの戦争努力を積極的に支援してきたが、次第に対米不信感を募らせていった。その理由は、1969年、ニクソンがグアム・ドクトリン発表（7月）に先立つ5月14日のテレビ演説[12]で米軍の撤退を含む「8項目提案」を示し、6月にミッドウェイでサイゴン政府のグエン・バン・チュー（Nguyen Van Thieu）大統領と会談して南ヴェトナム駐留米軍のうち25,000名の撤退を一方的に発表したことだった。タイ政府に対しては事前の協議も通告もなかった。アメリカはタイに対して62年の「ラスク・タナット合意」を根拠にタイの安全を守ると約束しており、「ドクトリン」発表時のグアムでも、またその後の東南アジア歴訪においても、特にタイに対するコミットメントは不変であると繰り返し強調した[13]。しかし、「アメリカは早晩、東南アジアを放棄する」とタイは感じ始めていた。

　1969年末になると米タイ関係の緊張はさらに高まった。1964～65年頃に取り決められたとされる、タイ領内にパテト・ラオ（ラオス共産軍）あるいは北ヴェトナム軍が攻撃を仕掛けてきた場合には米地上軍が直接介入しうるという「秘密協定」の存在をめぐって、フルブライトを中心とする米上院外交委員会がニクソ

---

11) 南ヴェトナムの崩壊は必然的なものではなく、アメリカの過剰介入から一転しての突然の援助打ち切りに責任があったとする議論もある。[Joes 1989] を参照。
12) "Address to the Nation on Vietnam, May 14, 1969," [PPP (Nixon) 1971: 369-375].
13) "Remarks at a Welcoming Ceremony in Bangkok, Thailand, July 28, 1969," [PPP (Nixon) 1971: 577-578].

ン政権を追求し始めたのである。上院外交委の激しい突き上げに対し、ニクソン政権としては、「第二のヴェトナム」となる可能性のある国に関与する意思のないことを明白にしなければならなかった。米国防長官レアード(Melvin R. Laird)は当初、協定の存在そのものを否定していたが、最終的には、その協定に対して自分は責任を負っていないと述べたことで、協定の存在を認めることとなった。さらには協定の中身を上院外交委のメンバーに公表したことによって、タイとしては結果的に協定の内容も反故にされた形となり、面目を潰されたのである[14]。

アメリカのヴェトナム介入に際して過剰なほどの対米依存を続けていたタイにとっては、いわゆる竹の外交と呼ばれる伝統的な柔軟外交への回帰を促す契機となった[15]。東南アジア地域で唯一、欧米列強による植民地化を免れてきたタイの基本的な外交姿勢は、ある特定の大国が自国に対する支配的影響力を単独で及ぼさないようにすること、すなわち域内における大国間の勢力均衡を保つことであった。その必要を人一倍感じていた外相のタナットは、北京との関係正常化を模索し始める。しかし、戦略的要衝に置かれた小国として、また国家建設に多大の資源と労力を必要としていた新興国として、タイが対米関係を自ら主体的に調整していくことには多くの限界があった。

(2) 対米関係のディレンマと1971年クーデタ

アメリカの戦略的観点からは、ラオスへの、また1970年3月のシアヌーク(Norodom Sihanouk)追放以後のカンボジアへの空爆を続行するためには、タイの空軍施設の重要性は依然として低下していなかった。タイ側でも、国軍最高司令官で首相兼国防相のタノーム、陸軍司令官で副首相兼内務相のプラパート(Phrapart Charusathien)を中心とする軍事政権指導者層において、自国の安全保障にとって緊密な対米関係はやはり死活的であるとの考え方が支配的だった。一方、タナット外相は、より長期的な観点からタイの国益を考え、予見しうる将来の米軍撤退はもはや所与の変数であると見做し、域内戦略環境の変化に適応しうる対外政策を構築しようと試みていた。それ故に政権内部に対立が生じる余地

---

14) [Randolph 1986: 132-136], [Thompson 1975: 120-121].
15) スラチャートは、タノーム政権崩壊の遠因は外交に柔軟性が欠けていたことであったと指摘している。[Surachart 1988: 162-167].

は十分にあったのである。

　1969年7月のニクソン訪タイ直後、タナットはヴェトナムに派遣していた12,000名のタイ国軍部隊の撤退を打ち出した。ニクソン・ドクトリンの趣意——同盟諸国は自国の安全に自ら責任を負う——に沿うならば、国外に派遣していた軍隊は国内の共産主義勢力対策に必要だからというのがその論理であった（実際、1972年末までに全軍撤退完了した）。同時にタナットは、国内に駐留していた約48,000米軍の漸次撤退についても交渉を開始した。1969年8月から70年8月にかけて行われた二次にわたる交渉の結果、撤退は予定通りに進み、1971年5月の時点でタイ国内に駐留していた米軍兵士は32,000にまで削減された。但し、この撤退は、規模的に言えばさほど大きなものではなかった。タイがアメリカに対して自主外交をして見せたという姿勢と、内外にそのような対外イメージを示すことができたという政治的意味合いの方が大きかった[16]。

　タナットは一方で前述の通り、中国との関係改善に乗り出した。再び事前の協議も連絡もなくニクソンの訪中計画が1971年7月に発表されたことは、日本だけでなくタイにとっても大きな衝撃をもたらしたのであって、これがタイに対中政策を転換させる決定的要因となった。北京政府も71年後半に入ると、タイ国内の駐留米軍は早晩撤退すると見越してタイとの関係改善に意欲を示し始め、平和五原則に則ってタイの内政には干渉しないとの意向を表明した。ところが71年11月17日、タノーム、プラパートら軍部首脳が王室と国体の護持を唱えて「革命」を発動、憲法を停止して議会を解散させた[17]。その結果、外相のタナットは閣外に去ることとなり、対中関係改善は暫く頓挫する。タナットが主導した相対的なアメリカ離れ・対中接近の政策が軍事政権首脳部の不興を買い、それが「革命」の一部背景にもなったのである。

　実際、事実上のクーデタであったこの「革命」後、タノームは国防政策と外交政策の一体化を唱えて自ら外相も兼務し、対外路線を再び右旋回させた。米軍の南ヴェトナムからの撤退は進められていたが、ラオスとカンボジアにおける戦闘は激化していた。タイにとって、ヴェトナムとの間で緩衝地帯となるこの両国の持つ戦略的利益は死活的であり、砲兵部隊を派遣するなど再び積極的にアメリカに

---

16) ［Randolph 1986: 140-141］, ［Thompson 1975: 123］.
17) 1971年の「革命」（クーデタ）について詳しくは、［村嶋英治 1987：155-157］。

協力したのである。南ヴェトナムから撤退した米空軍の主力部隊はタイ国内の基地へ移管され、1972年半ばまでに駐留米軍兵士の数は再び45,000に戻り、戦闘機も600を数えた[18]。

(3) 1973年10月学生革命とその後の米タイ関係

　ホワイトハウス、特にキッシンジャー（Henry A. Kissinger）大統領補佐官は、タイに展開した米空軍の削減には反対していた。それがインドシナ共産勢力の攻勢激化に対して唯一抑止効果を持つと同時に、同盟国の信頼を確保する手段であると考えていたからである。しかし、そのような思惑に相反して、米軍がタイからも早晩撤退せざるを得ないような状況がアメリカ・タイの双方に国内において進行していた。ペンタゴン（米国防総省）はそれ以前からキッシンジャーと対立する傾向にあり、タイに駐留する米軍の効率化すなわち削減を主張していたのだが、1973年7月に「フルブライト＝エイケン修正」が米議会を通過、同年8月15日以降は、南北ヴェトナム、ラオスおよびカンボジアの領土・領空・領海における米軍の直接・間接の戦闘行動に対する予算配分が禁じられることとなった。米軍がタイに駐留を続ける法的根拠は失われたのである。

　一方、タイのタノーム政権は、1972年2月のニクソン訪中、また同年後半からのパリ和平交渉の実質的な進展と73年1月の和平協定調印といった情勢変化を目の当たりにして、再びアメリカとの関係強化に向けて動き出したものの、もはや遅きに失していた。逆に対中関係の改善を含む対外政策全般の見直しをするにも至らなかった。国内では、政権指導者たちの思惑に反して軍事政権批判が日増しに高まり、その声は国内からの米軍撤退の要求とも結びついていった。しかし、タノームらはその深刻さを理解しきれていなかった。

　1973年10月5～6日にバンコク市内で始まった左派学生組織「タイ全国学生センター」（National Student Center of Thailand: NSCT）[19]率いる「民主的恒久憲法」制定を求める抗議運動は参加者30万人を超える大規模なものとなり、同14日、軍・警察との武力衝突に発展した。少なくとも65～66名の死者、900余名に上る負傷者が出る惨事に至った。その結果、ラーマ9世プーミポンアドゥンラヤ

---

18)［Randolph 1986: 155］.
19) 詳しくは、［Surachart 1988: 168-169］を参照。

デート(Bhumipol Adulyadej)国王(以下、プーミポン国王と略称)はタノーム、プラパートらの国外退去を求め、長期にわたって陰に陽にタイ政治を支配してきた軍事政権は崩壊した。この「学生革命」直後、国王は自ら文民であるサンヤー(Sanya Thammasak)を後任の暫定首相に任命した。この新政権の下、1974年10月に公布された新憲法の規定により、現役の軍人が政治に直接介入する法的基盤は失われ、タイは制度上、議会制民主主義への道を進むことが可能になった[20]。

そして、サンヤー、セニー(Seni Pramoj)、ククリット(Kukrit Pramoj)と1973年から76年まで3代続いた文民政権の時代には、学生を中心とするリベラル、さらには左派勢力の影響力増大もあり、対外関係の面でも大きな転換が見られた。「アメリカ帝国主義」を糾弾する学生らによる反米抗議行動が激化したことも影響して米軍撤退のペースは加速化し、ついにククリット首相は1975年3月、1年間を期限として米軍の完全撤退をアメリカ政府に要求した。同年5月にはシャム(タイランド)湾沖でカンボジア共産勢力(クメール・ルージュ)に拿捕されたアメリカの貨物船マヤゲス号の奪還作戦をめぐって、米空軍および海兵隊がタイ政府の承諾なしに国内の空軍基地を使用したことがタイの主権侵害の問題に発展し[21]、米軍撤退への圧力はさらに高まった。一方で、中断していた中国との関係改善も進められ、1975年7月1日、ククリット首相が北京を訪れて中国との外交関係を樹立したのである。

しかし、この文民政権の時代は、軍部および官僚エリートにとっては、「悪夢」だった[22]。特に政治介入への巻き返しを狙っていた軍部は、1975年4月にプノンペン、サイゴンで親米政権が相次いで斃れ、12月にはラオスで王政が廃止されると、一段と危機感を募らせて団結を強めたのである。75年半ば以降のタイ国内はテロ行為が横行するなど、一種の危機的状況に陥っていた。そこへ76年10月6日、左派学生グループと、警察・軍そして右派学生組織との衝突――「血の日曜日」として人びとの記憶に刻まれる――事件が起きるのである。同日内に混乱を収拾した軍部が再び政権奪取に成功し、3年間にわたった文民政権の時代に幕が下ろされた。プーミポン国王は、軍部の後押しを受けた超保守派の最高裁判事ターニ

---

20)[村嶋英治 1987:157-158]。
21)[Randolph 1986: 179-186]。
22)[Chai-Anan 1982: 23]。

ン（Thanin Kravichien）を首相に任命したが、ターニン政権は必ずしも軍部の利益を代表するものではなく、翌77年10月、再び軍事クーデタが発動され、タイは軍部主導の政治体制へと戻っていくのである[23]。

さて、この間、駐留米軍の撤退は既定のコースに乗せられており、交渉の過程で1976年3月20日とされていた撤退期限は4カ月ほど先延ばしになったものの、アメリカ大使ホワイトハウス（Charles Whitehouse）が「我々は望まれていないところに居続けることはしない」と述べたように、最終的に撤退を余儀なくされた[24]。アメリカにとってタイの重要性は、インドシナからの撤退と共に低下していたのである。73年10月の学生革命に際してアメリカが何ら反応しなかったことは、むしろほぼ同時期に起きた第四次中東戦争と石油危機への対応が急務となったこと、さらに国内においてウォーターゲート事件が急展開し始めたことによって、インドシナおよびタイへの関心はもはや薄れてしまったことをよく表していた[25]。76年7月20日までに予定通り270人の軍事顧問団を残して米軍の撤退は完了し、同時に米軍が使用していた軍事施設も全て閉鎖された。

3．マルコス政権と在比米軍基地問題

　もう一つの域内同盟国フィリピンにおいても、ニクソン・ドクトリン以降のアメリカとの関係再調整は対外政策上の最重要課題となり、それは内政にも大きな影響を及ぼした。地理的にはインドシナの戦火からは離れていたが、国内の二大軍事施設、スービック湾海軍基地とクラーク・フィールド空軍基地は米海空軍の作戦・補給基地の役割を果たしていた。また国内情勢を見ても、共産主義勢力を中心とする反政府活動の激化、あるいは左派勢力の影響を少なからず受けたナショナリズムの高まりに直面していたという点では、フィリピンもまたタイと同じような状況にあった。

(1) ヴェトナム問題とマルコス戒厳令政権

　1966年から69年にかけて民生部隊（PHILCAG）の名目で工兵部隊を派遣して

---

23)　[村嶋英治1986：1159-162]。
24)　"We Don't Stay Where We Are Not Wanted," *Far Eastern Economic Review*, April 2, 1976, pp.10-11.
25)　[Surachart 1988: 170]。

いたマルコス政権は、67〜68年頃から、それまでの極めて積極的な対米協力姿勢を徐々に軌道修正していった。66年9月の訪米後、10月にマニラでヴェトナム派兵国首脳会議を開催した頃までのマルコスは、いわば得意の絶頂にあり、アメリカとの強固な信頼関係を国内外に誇示し、それを背景に東南アジア域内でも指導力を発揮せんと腕を撫していた。ところが、1967年7月にPHILCAGの激励を兼ねて南ヴェトナムを訪問した際、マルコスは同国の実情を目の当たりにし、また、68年3月のテト攻勢後にジョンソン（Lyndon B. Johnson）大統領が退陣の意向を明らかにすると、対米協力の方向性に疑問を覚えたのである[26]。

1969年、マルコスはベテラン外交官のロムロ（Carlos P. Romulo）を外務長官に起用し、「新開発外交」[27]を掲げて民族主義的な姿勢を打ち出し、外交関係の多角化、対米依存の軽減を目指すと共に、社会主義諸国との関係改善をも模索し始めた。このことは、フィリピンにとっては大胆な方向転換であったと言ってよい。議会制民主主義、教育制度、英語が旧宗主国アメリカの残した遺産であることが象徴するように、アメリカとの関係は常に「特殊な関係（Special Relationship）」であり続けてきた。日・韓・台（1972年まで）と並ぶアメリカとの二国間防衛条約（米比相互安全保障条約、1951年）の締約国であり、軍事基地協定、軍事援助協定（共に1947年締結）、さらにはSEATO条約による多国間安全保障体制にも参加してきたフィリピンにとって対外関係といえばアメリカとの関係を指すと言っても過言ではなく、1950年代には「アジア人のためのアジア」というスローガンさえ国内で論争の的となるほどであった[28]。

しかし、そんなフィリピンにおいても1960年代に入ると、ヴェトナム戦争の激化に呼応した左派知識人や学生を中心とする反政府運動が勢いを増していた。さらに69年12月には穏健路線だった親ソ派共産党から毛沢東主義（原理主義）派が分派し、その軍事部門として新人民軍（New People's Army）が組織され、国内各地でゲリラ活動を展開するようになる[29]。マルコスが大統領再選を果たすのは

---

26) [Buss 1977: 51]．
27) Carlos P. Romulo, "An Innovative Approach to Our Foreign Relations," a pamphlet issued by the Department of Foreign Affairs, Manila, the Philippines, January 2, 1969.
28) [Constantino and Constantino 1978: 280-283]．
29) [Van Der Kroef 1973: 29-58]．

ちょうどその頃だったが、空前の金権選挙と国民の批判が激化する一方、マルコスとロペス家、アキノ家、スムロン家など伝統的な政治経済エリート一族との権力闘争も一段と激しくなっていた。誘拐事件や爆弾テロが横行するなど、1970年代初頭のフィリピンの政情は極めて不安定な状況にあった。「新開発外交」のスローガンは、ある意味では、国内に高まりつつあったナショナリズムを反映したものであり、マルコスが「上から」それを先取りするような試みでもあった。

　1972年9月、大統領布告1081号[30]によって全土に戒厳令が敷かれた。政権2期目も終盤に近付いたマルコスが、三選を禁止した憲法の下で自らの権力を永続化するための非常手段であった。しかし、そのことに留まらず、マルコス自身が「新社会」(Ang Bagong Lipunan) 建設のための「中心からの革命」と位置付けたこの合法的クーデタ[31]は、ある意味で、植民地以来のアメリカが残した政治体制への訣別と、従属的な対米関係からの脱却を模索するという意味も併せ持つものだった。戒厳令布告後の政治体制は、従来、政権担当者にとって半ばタブー視されてきた反米的要素を含むナショナリズムを内包することにもなった。しかし、また別の見方をすれば、戒厳令体制は東南アジアにおいてアメリカのプレゼンスが次第に低下していく中で、ニクソン・ドクトリンが域内諸国に要請した「自助努力」の具体的な対応であったと見ることもできる。

(2) 戒厳令体制下の米軍基地問題

　1960年代半ば以降、ヴェトナム戦争との関連でフィリピン国内の反米的気運を高めてきたのは、米軍基地のステイタスの問題であった。前述のようにマルコスは1966年9月に訪米したが、その際、基地貸与期間を99年間から25年間に短縮すると定めた59年10月の「ボーレン＝セラーノ合意」に従って、改定基地協定に調印した。しかし、基地に対する主権や裁判権の問題など、米兵の行動が作戦行動外において制限される可能性のある条項については合意を見ていなかっ

---

30) "Statement of President Ferdinand E. Marcos on the Proclamation of Martial Law in the Philippines (Proclamation No.1081)," in [Pinpin (ed.) 1973: xxxi-xliv].
31) [Marcos 1978]。ここで「合法的」と表現したのは、マルコスの戒厳令発動がアメリカ憲法を範とした1935年フィリピン憲法第7条第10項の第2パラグラフに規定された大統領の権限に基づく合法的な行動だったからである。"Statement of the President," [Pinpin (ed.) 1973: xxxii]。

た[32]。域内からの米軍撤退がいよいよ現実のものになると、マルコスは、この基地問題を焦点として対米関係の再調整に乗り出すのであった。

　1975年4月から5月にかけてのインドシナ情勢の急変を受けて、マルコスはアメリカとの安全保障関係の全面的見直しを打ち出した。アメリカからはハビーブ（Philip Habib）国務次官、マンスフィールド上院議員が相次いで訪比し、フィリピン防衛に対するコミットメントを繰り返し強調したが、マルコスは7月7日、「主権国家としての尊厳を守るために（基地の）治外法権的性格にピリオドを打った上で、アメリカがアジアにおける効果的な軍事プレゼンスを維持しうる新たな条件（のための交渉）に入る用意がある」と言明した[33]（発言内カッコは筆者が補足）。また、この頃クークリット・タイ首相が訪比したが、その時の共同声明で両国首脳がASEAN設立宣言前文に盛り込まれた「外国軍基地の一時的性格」を再確認していることは大変興味深いと言えるだろう。

　一方、アメリカ政府は、戒厳令を敷いたマルコスをどのように見ていたかといえば、国務省は慎重で、「基本的に内政問題」として不干渉ないし黙認の立場をとっていた。ペンタゴンはむしろ歓迎で、「軍事上の観点からフィリピンの安定に関心がある」として軍事援助の増額を提案した。ウォーターゲート事件で退陣したニクソンの後継フォード（Gerald R. Ford）大統領は1975年12月に訪比し、マルコス政権の「現実主義的な政策を支持し、対比援助を継続する」と約束した[34]。フォードは、議会制民主主義というアメリカの遺産である政治的価値を擁護するよりも、在比基地の持つ現実的な戦略的価値を優先したのだ。但し、ヴェトナム戦争終結の見通しは、アメリカが基地を維持する直接の目的を失わせることになり、このことは、基地問題という長年の懸案に関して有利に交渉を進めたいマルコス政権にとって、アメリカを同じ交渉のテーブルに着かせるのに絶好の機会を提供した。このフォード訪比時、米比両政府は、基地協定の改定交渉開始に合意したのである。

---

32) 1976年の基地問題交渉以前の基地協定にまつわる問題については、[Romualdez 1980]、[Paez 1985: 3-23] を参照。

33) Marcos, "The End of a Past" (speech delivered 7 July 1975, Manila) quoted in [Romualdez 1980: 122-124].

34) "Joint Communique Following Discussion with President Marcos of the Philippines, December 7, 1975," [PPP (Ford) 1975: 1947].

1976年4月、基地協定改定交渉は正式に開始した。交渉は中断と再開を繰り返したが、フィリピン側の主張が強硬だったことに加え、前述の通り同年7月20日にタイから米軍が完全撤退したことも影響し、8月末に交渉は決裂した。その後フィリピン側は主としてロムロ外務長官、アメリカ側はキッシンジャー国務長官との間で非公式交渉が重ねられたが、結局フォード政権期に交渉は決着しなかった。カーター（James E. Carter）政権発足後の78年5月に訪比した副大統領モンデール（Walter F. Mondale）が提示した4原則[35]を基に交渉が再開された。同年12月31日、両国政府は改定協定に合意、明けて1979年1月7日に協定への正式調印の運びとなった。

　新協定の骨子は、モンデール提案の4項目に2項目を加えた以下の6点となった[36]。

　①基地に対してはフィリピンが主権を有する（基地に比国旗を掲揚する）
　②各基地にはフィリピン人司令官を設置する
　③米軍の作戦行動には支障がないことが保証される
　④協定を5年ごとに見直す
　⑤基地における米軍使用範囲を大幅に縮小する
　⑥基地周辺警備をフィリピン軍に移管する。

併せて向こう5会計年度にわたって基地使用料を含む総額5億ドルの軍事援助・借款の供与が約束された。

　しかし、その結果、タイの場合とは異なりフィリピンに米軍基地は残り、米軍の駐留も続くこととなった。マルコスは戒厳令体制の下で内政のみならず外交についても政策決定上フリーハンドを得ており、それは、従来外交問題に対して根強かった議会とりわけ上院の影響力を排除し得ることを意味した。しかし、対米関係は、当初宣言したように「全面的に見直す」には至らなかった。特に改定協定における「支障なき米軍の作戦行動」を保証したことは、理論的・技術的には核

---

35) 4原則に関する両国政府の合意については、"Joint Statement by the President of the Philippines (Marcos) and the Vice President (Mondale), Manila May 4, 1978,"［U.S. Department of State 1983: 1085］。

36) "Exchange of Notes Amending the Philippine-US Military Bases Agreement of 1947, 7 January 1979,"［Paez 1985: 422-424］、"Agreement Regarding Delineation of Facilities and Responsibilities 7 January 1979,"［Romualdez 1980: 600-609］。

兵器の導入をも可能にすることを意味した。また、カーター政権は、登場した当初から旗印に掲げてきた「人権外交」を犠牲にしつつも[37]——フィリピンを人権侵害が著しい国の一つと見做していたからである——在比基地の維持を主要目標と定めて「実」を取ったのだ。だとすれば、マルコスは基地に比国旗を掲げて基地にフィリピン人兵士を配置してみせるだけの「主権」という「名」を取ったに過ぎなかった。

4．ASEANにおける政治協力の進展

　さて、先述したようにタイはアメリカとの関係再構築を模索する過程において中国との関係改善に乗り出したが、フィリピンも同様に対中接近を果たし、両国共に1975年4月に対中国交を樹立した。そして、この両国が対外関係上もう一つの選択肢として重視し始めていたのがASEAN地域協力であった。しかし、70年代前半の時点では、当時ほぼ唯一の活動であった年次閣僚（外相）会議（Annual Ministerial Meeting: AMM）を積み重ねて、辛うじて71年11月の特別外相会議で発表した「自由・平和・中立地帯宣言」（Zone of Peace, Freedom and Neutrality = ZOPFAN = Declaration）[38]が多少の注目を集めたくらいで、国際舞台における存在感は未だ皆無に等しかった。ZOPFANとは、上述した「設立宣言」の外国軍基地に関する言及部分を敷衍する形で、東南アジアを諸大国の草刈り場にしないとの姿勢を内外に示すものだった。しかし、本書の序章にも述べた通り、東南アジアとはそもそも外部からの影響力が浸透しやすい地域であり、それを排除することなど不可能であった。むしろ域外大国の影響力を互いに競わせて中立化させるという戦略を想定していたのだが、当時はASEANにはそんな力はあるはずもなかった[39]。

---

37) たとえばカーターは1979年4月7日の記者会見で、在比基地協定と人権問題の関連を問われた際、「アメリカ型の基準に照らして人権問題で不快感を覚えることはあっても、それがこの協定合意を妨げるものではないと考えている」と答えている。"Reply by the President to a Question Asked at a News Conference, Washington D.C., April 7, 1979," [PPP (Carter) 1981: 626].

38) "Zone of Peace, Freedom and Neutrality Declaration," Adopted by the Foreign Ministers at the Special ASEAN Foreign Ministers Meeting in Kuala Lumpur, Malaysia on 27 November, 1971. [ASEAN Secretariat 1985: 34-35].

39) そうしたASEANの考えは、1990年代に入ってASEAN地域フォーラム（ASEAN Regional Forum）を創設する際に基本的な考え方となった。詳しくは、たとえばMichael Leifer, "Truth about the

(1) アメリカと ASEAN

　ニクソン政権時代のアメリカでは、時折 ASEAN に言及されることはあっても、むしろインドシナ介入への協力要請に見られたようなタイやフィリピンとの二国間関係と――たとえその 2 カ国が加盟していても―― ASEAN は別物という位置づけだった。アメリカにとって ASEAN は決して扱いやすい相手ではなかった。対米関係の上では、タイやフィリピンと対極的な位置づけにあるといえるインドネシア、そのインドネシアと同じく非同盟路線を取りつつも英国を中心とする 5 カ国防衛協定 (Five Power Defence Arrangements: FPDA) の加盟国であるマレーシアとシンガポールが加盟国である。「外国基地は一時的なもの」と公言して憚らず中立主義を標榜する ASEAN には、インドネシアの非同盟中立路線が強く影響していると認識していた。

　しかし、フォード政権下では、アメリカの ASEAN に対する評価と期待は急速に高まった。それは、1975 年 12 月にフォードがアジア諸国歴訪の帰路ハワイで発表した「新太平洋ドクトリン」[40]にも表れていた。これは基本的にニクソン・ドクトリンの路線を踏襲したものであるが、ASEAN 関係でいくつか注目すべき言及が見られる。アメリカのアジア太平洋における安全保障上の利益との関連で ASEAN5 カ国をアメリカの友好国と位置づけ、各国が「国家的強靭性 (national resilience) と外交によって独立を維持している」と評価している点である。フォードは、このアジア歴訪の際、「我々の友好国はアメリカがこの地域の問題に積極的に関与し続けることを望んでいることがわかった」と述べ、アメリカにその関与継続の意思ありというところを表明したのである。

　フォード政権を境に、それ以後アメリカの対東南アジア政策は ASEAN を中心に展開されることとなった[41]。一方で、集団安保機構から社会経済分野におけ

　　 Balance of Power," [Chin and Suryadinata (comps. and eds.) 2005: 154] を参照。
40) "Address at the Hawaii University, December 7, 1975," [PPP (Ford) 1975: 1950-1955].
41) たとえば、カーター政権期においては ASEAN を「倒れなかったドミノ」と位置づけ、また 1979 年から国務長官が ASEAN 拡大外相会議 (Post Ministerial Conference: ASEAN-PMC＝閣僚会議後会議) に定例参加することとなった。この頃のアメリカの東南アジア政策をよく表したものとして、たとえばニューソム (David D. Newsom) 国務次官 (のちにフィリピン、インドネシア大使を歴任) の声明 "Address by the Undersecretary of State for Political Affairs Before the Far East Council on Trade and Industry, New York, October 2, 1978," あるいはヴァンス (Cyrus R. Vance) 国務長官の声明 "Statement by the Secretary of State Before the ASEAN Foreign Ministers Conference, Bali,

る協力に重点を移したSEATOも、フォードのアジア歴訪に先立つ1975年9月23日の理事会において、77年6月をもって解散することが決定していた[42]。こうしたことも手伝って70年代末にはASEANはアメリカが東南アジアに関与し続けるための殆ど唯一の受け皿となっていた。大陸部からの完全撤退が既定路線にあったアメリカにとって、タイとの友好関係の維持も含め、東南アジア域内に自国のプレゼンスを留めておくことが可能になったのもASEANとの関係があったからこそである。その意味ではASEANという地域協力の枠組みは──域外諸国との「対話」関係も含め──加盟各国とアメリカの双方にとって、ポスト・ヴェトナムの東南アジア地域秩序を再編するための国際的環境を提供したのである。

(2) バリ首脳会議と東南アジア友好協力条約

しかし、フォード政権登場以前のアメリカと同様ASEAN加盟各国自身も、少なくとも1975年前半まではASEANへの参加が従来の各国の対外政策に大きな影響を及ぼしていたとは思っていなかった。ZOPFAN宣言発表に際しても、たとえばタイにとっては71年11月といえば前述の通りタノーム゠プラパートがクーデタを起こしてちょうど外交政策を再び右旋回させたときだった。この時ASEAN特別外相会議に出席したタナットは、実際には外相ではなく「国家最高評議会特使」という資格で宣言に署名している。軍事政権の中枢から外されていたタナットが署名した宣言など、タイの対外政策に何ら影響を及ぼすものではなかった。付け加えるならば、中立地帯宣言の中身も加盟国間の妥協の産物にほかならず、その文言は、「創造的な曖昧さの表現」[43]と表現されるほどのものであった。会議の共同声明[44]の中では首脳会議の開催について言及されたが、その後、何ら具体的な進展はないままだった。ライファー（Michael Leifer）によれば、同共同声明の第7項「マニラでの首脳会議開催」という部分が他の加盟国には快く

Indonesia, July 2, 1979." 共に [U.S. Department of State 1983: 930-936] などを参照。
42) この間の経緯は、[Buszynski 1983: 182-218] に詳しい。
43) [Leifer 1989: 58]。
44) Joint Press Statement Special ASEAN Foreign Ministers Meeting To Issue The Declaration Of Zone Of Peace, Freedom And Neutrality, Kuala Lumpur, 25-26 November 1971. [ASEAN Secretariat 1988]; see also ASEAN Secretariat Website: http://www.asean.org/

受け入れられず、それが首脳会議開催遅延の原因となっていたという[45]。

1972年から75年末にかけても、中国との国交正常化に対する見解の相違や東ティモール問題に関する国連総会決議をめぐる足並みの乱れなどにより、ASEANの内部も必ずしも順調というわけでもなかった。したがって75年4月のインドシナ諸国の社会主義化こそがASEAN5カ国に政治的団結を強く促す要因となったのであり、懸案の――というよりは殆ど棚上げになっていた――首脳会議開催がにわかに現実の課題として浮上したのである。

1976年2月9～10日にASEAN5カ国外相がタイのパタヤに集まって準備会合[46]を行った後、同23～24日、5カ国首脳――インドネシア・スハルト大統領、マレーシア・フセイン・オン（Hussein Onn）首相、フィリピン・マルコス大統領、シンガポール・リー・クァンユー首相、そしてタイのククリット首相――はインドネシア・バリ島で初めて一堂に会した。そこで採択された二つの文書、「ASEAN協和宣言」[47]と「東南アジア友好協力条約」（TAC）[48]には初めてASEANの政治協力が明文化された。妥協の産物と言われたZOPFAN宣言も両文書の基礎としての位置づけを与えられた。特に注目すべきなのは、TACにおいてASEAN非加盟国を含む東南アジア全域を対象とした国家間の行動規範および紛争の平和的解決のための制度を構築しようと試みている点である。それまで法的拘束力の弱い宣言や声明という形式を好んできたASEANが初めて条約という形を採用したことも注目に値する。これらのことが意味するのは、ASEANがインドシナ諸国、とりわけヴェトナムに対して、いわば暫定協定を提示したということであり、将来におけるインドシナ諸国（およびビルマ）に対するASEAN加盟への道を開いた（門戸を開放した）ということだった。

東南アジア域内では、ほどなくカンボジアにおけるポル・ポト（Pol Pot）政権の大虐殺（1976～78年末）とヴェトナム軍のカンボジア軍事侵攻、さらには中国のヴェトナム「懲罰」戦争へと、ベネディクト・アンダーソンが「世界史的意義を

---

45) [Leifer 1989: 59].
46) 準備会合（外相会議）の新聞発表は、Press Release The First Pre-ASEAN Summit Ministerial Meeting Pattaya, 10 February 1976 (ASEAN Secretariat Website [http://www.asean.org/])
47) Declaration of ASEAN Concord, Bali, 24 February 1976 (ASEAN Secretariat Website)
48) Treaty of Amity and Cooperation in Southeast Asia, Bali, 24 February 1976 (ASEAN Secretariat Website)

もっている」[49]と表現したアジア社会主義諸国間の——イデオロギーに基づくのではなく剥き出しの国益を懸けた——抗争が展開されていく。それ以後の情勢へのASEAN（およびその加盟諸国）との関係は次章に譲るが、アジア国際関係の大きな変動の中で、ASEANは次第にその存在意義と役割を増していき、またその一主役としてアジア国際関係の変動を演出する立場にもなっていくのである。

5．ヴェトナム戦争後におけるASEANの存在意義

　以上、本章においては、ヴェトナム戦争が終結に向かう1970年代前半のアメリカとその域内同盟国2カ国との関係の変化を見てきた。南ヴェトナムの消滅が雄弁に物語るように、内戦状態に陥ったような国に対しては、アメリカがいかに巨額の軍事・経済援助を注ぎ込み、自ら近代的な兵器と装備で直接介入したとしても、有効に作用しないことが明白になった。むしろ、国民に支持された政府が国家建設をしっかりとやること——21世紀の今日よく使われる言葉としては「ガヴァナンス」（governance）の能力と適切性——こそが重要であると明らかになったと言えよう。

(1) ナショナリズムの役割と限界

　1960年代末から70年代前半にかけて世界的に隆盛を極めた反戦・平和（反米）運動はタイとフィリピンでも多分に漏れず盛んであった。タイではそれがいよいよ反軍事政権運動にエスカレートし、1973年の学生革命のような事態を引き起こした。しかし、タイでもそうだがフィリピンでも、そうした反米的要素を含むナショナリズムを政権担当者・支配エリートがある程度、巧妙に政治運営に取り込んでいくことによって国家体制を維持することに成功した面もある。

　その理由の一つは、政権担当者や支配エリート層の思想信条の底流にも反植民地主義・反帝国主義的ナショナリズムが根強く存在するからにほかならない。特にタイにとって、政権の担い手が軍人と文民とを問わず、一義的に重要なのは王国の存続である。その目的にとってはアメリカの軍事プレゼンスさえ二義的な重要性しかなくなれば、国内の米軍を撤退させることすら可能になった。しかし、

49）［アンダーソン（白石訳）1987：10］。

米軍を全て追い出して良かったのかというディレンマは、特にタイ軍部には強く残った。対するフィリピンにおけるマルコスの戒厳令体制もまた、アメリカの植民地であったという歴史をも含む「過去」との決別を宣言したかに見せかけておきながら、国内の米軍基地に対する「主権」を明記しただけで基地は存続するという矛盾した結果を残した。

　しかし、そのような状況下において、誕生から約10年を経ていたASEANという地域協力機構は、この2カ国を含む加盟5カ国全てに対し、非同盟・反帝国主義の色合いを装わせつつも資本主義経済を基盤とする国家体制を維持し、相互不可侵・相互内政不干渉を約束する枠組みとして、次第に重要性を高めてきた。それが加盟諸国にとっては各々国家建設に邁進できる環境を提供してくれることになったのである。特に1976年のバリ首脳会議の成功は、混迷する地域情勢に直面した加盟各国に自信をもたらした。ニクソン・ドクトリンが要請した「自助努力」は、アメリカが直接介入した南ヴェトナムやカンボジアでは失敗に終わったが、その周辺諸国、特に島嶼部東南アジアにおいて ── 皮肉にもアメリカが予期しなかった形で ── 徐々に実を結び始めていたと言えるだろう。

(2) 多国間主義の慣行と課題

　一方、ASEANが活動の歴史の中で獲得し、その後、1980年代以降の協力の積み重ねにおいて発展させていったのが多国間主義（multilateralism）の慣行であった。ここでは、ひとまず多国間主義とは何かについて、ラギー（John Gerald Ruggie）に従って、「三カ国以上に共有された不可分の価値を基盤に設定された特定のルールが、全参加国に無差別的に適用され、その結果として生じる権利・義務・利益が平等に分配される」[50] というルールであると定義しておきたい。

　東南アジア地域において多国間主義が定着した要因としては、次の3点が指摘できる。すなわち第一に、域内各国が互いを、ほぼ同等の中小規模の開発途上国と見做す力関係にあるという相互認識である。第二に、域内の脅威は各国内の政治的・経済的・社会的不安定化要素（脆弱性）にあるという共通認識が、これもまた各国にあること。そして第三に、欧米列強による植民地化と日本軍政という

---

50) [Ruggie (ed.) 1993: 4].

共通の歴史的経験、新興独立国という共通性、国民統合と経済建設という共通の現代的課題を持ったことによって、互いを「運命共同体」視し得るアイデンティティを共有していること、である。

さらに、東南アジアで多国間主義の慣行が比較的短期間に、また順調に根付いてきた背景には、域内各国がそもそも多元的社会構造と政治体制を持っていたという事情がある。マレーシアやシンガポールに典型的な多極共存型政治体制[51]、あるいはエスニック・ポリティクスの要素は域内各国に多かれ少なかれ見られるし、多様なエスニック集団を一つの国民に統合していくことが独立後の各国の課題であったのは、既に本書第1章にも繰り返し述べた通りである。要するに、東南アジア各国の指導者たちは、当初より多元的な社会を統治・管理する（せざるを得ない）環境に置かれてきたということである。このことは、国家間協力という領域においても、多極共存型の協力体制を築くことを相対的に容易にしたと考えられる[52]。

以上のように、東南アジアには多国間主義が機能しやすい諸条件が存在していたと仮定しておこう。では、実際1970年代以降、具体的にはどのような多国間協力をASEANは実践してきたのか。まずは、ASEANが「多」のメリットを生かして域外国に対する「多対一」の集団交渉を行ってきたこと（対日合成ゴム交渉、対豪航空交渉等）、そして、そうした域外諸国との間で「対話国」（Dialogue Partners）制度を構築し、日豪のみならず米加NZ、さらには欧州経済共同体（EEC）代表がASEANの定期閣僚（外相）会議に参加し、いわゆる拡大外相会議（正式には閣僚会議後会議 Post-Ministerial Conference: PMC）が制度化されるに至った。このPMCが母体となって1994年、多国間安全保障対話の枠組みであるASEAN地域フォーラム（ASEAN Regional Forum: ARF）が設立された。これは「多対多」の対話の枠組みである。2024年8月現在、その参加国は、10カ国体制となったASEANと上記の6域外対話国に加えて、韓国、中国、ロシア、パプアニューギニア、インド、モンゴル、北朝鮮、パキスタン、東ティモール、バングラデシュ、スリランカの計26カ国とEU代表となっている。

また、ASEANは1980年代、もっぱらカンボジア問題（1978年のヴェトナム軍

51）［金子芳樹 2001：79-176］を参照。
52）［山影進 1997：329］を参照。

カンボジア侵攻と爾来約10年にわたる軍事占領)への共同対処によって一躍、国際的舞台での活躍を示すこととなった。ASEAN代表(特に外相と外務官僚)は域内各地で、またニューヨーク(国連本部)や東京、パリにおいて公式・非公式の会合を頻繁に重ねた。カンボジア紛争当事各派やグエン・コ・タク(Nguyen Co Thach)外相らヴェトナム政府代表との接触も増大した。結果的にカンボジア問題へのASEANの関与は、その後のASEAN拡大への道を開いたと言える。そして、常に「ASEANの立場」を確保する必要に迫られた各国代表は、好むと好まざるにかかわらず、多国間協議によるコンセンサスづくりを継続せざるを得なかった。このようにして、1980年代から90年代にかけてASEANの多国間主義は、東南アジアにおける広域的な秩序形成の一端を担うまでに成長したのである。

　もちろん、東南アジアの弱小国の集まりであるASEANが国際場裡においてできることは極めて限られている[53]。ASEANが中心となって広域秩序形成にあたるというASEAN中心性(ASEAN Centrality)なる概念は、大国間国際政治の前にはあまりにナイーヴとしか言いようがない。それは、ASEANが表面的に装っているほど一枚岩では決してなく、いわゆるASEANディバイド(ASEAN内格差)が深刻だからである。このディバイドは、新旧の加盟国間に見られるだけでなく、各国における世代間、政府と市民社会、エリートと貧困層などの社会階層間でも顕著である。21世紀に入ってもASEANが広義の東アジアにおける広域秩序形成の担い手であることに疑いの余地はないが、米中対立などの大国間政治が国際環境の決定的主要因となれば、ASEANが脇に追いやられるという恐れは常に付きまとうと言えるだろう。

---

53) See [Ikenberry and Tsuchiyama 2002: 75].

第5章　東アジア地域主義とは何か

はじめに——「アジア危機」がもたらした「東アジア協力」

　前章までに ASEAN を中心とする東南アジアにおける地域協力を扱ってきたが、この第5章においては、それを拡大・再定義した「広義の東アジア」における地域協力が主題となる。しかし、その中心は、あくまで東南アジア諸国である。いわば、東南アジア諸国が中心となる広域秩序形成の場としての東アジアについて論じるわけだが、前章の終わりにおいても、その限界について触れている通り、東南アジア諸国すなわち ASEAN という地域協力機構が、拡大東アジアにおいてできることにも、また限界がある。しかし、それでもなお、広域ないし拡大東アジアにおける秩序形成に乗り出したのが東南アジア諸国、その中心となってきたのが ASEAN である、ということを筆者は強調したいのである。

　さて、第1章において「東アジア」という地域概念の変遷とそれが意味するところを概観した。まさに既成事実的に「東アジア」協力の核となった ASEAN＋3 は 1997 年 12 月、クアラルンプールでの ASEAN 非公式首脳会議に日中韓 3 カ国の首脳が呼ばれて参加する形で始動した[1]。この ASEAN＋3 が 1999 年 11 月のマニラ会議で発表したのが「東アジア協力に関する共同声明」[2] であった。この会議は、「＋3」として初の公式文書を発表した点で画期的であり、このマニラ会議から「＋3」は「定例化」されることになるが、実際には前年の 1998 年 12 月のハノイでも「＋3」の首脳会議は開かれており、99 年マニラ会議は公式文書で第 2 回と数えられている。爾来 2007 年 11 月の第 11 回首脳会議まで連続して開かれた。2008 年は世界的金融危機に見舞われて開催できず、2009 年 10 月にタイのリゾート地

---

1) 以下、特別にことわりのない限り ASEAN 関係の会議・公式文書等についての情報はすべて ASEAN 事務局公式ウェブサイト（http://www.aseansec.org/）および日本外務省ウェブサイト「各国・地域情勢＞アジア」（http://www.mofa.go.jp/mofaj/area/asia.html）の項を参照している。煩雑になるため、なるべく個々の情報に関していちいち url を示すことはしない。また声明文等の日本語訳は基本的に外務省の仮訳に依拠している。

2) ASEAN＋3 が公式に「東アジア」という言葉を使い始めたのは、このときからである。原文は、Joint Statement on East Asia Cooperation 28 November 1999, at the Third Informal ASEAN Summit, Manila, The Philippines.

ホアヒンで第 12 回首脳会議が開かれ、それ以降は年 1 回開催され、2023 年 9 月のジャカルタ会議で 26 回を数えている。

　さて、前記の 1999 年マニラ会議における「東アジア協力」共同声明では、理由づけも何もなく「東アジア＝ ASEAN ＋日中韓」であることを既成事実視している。一応、声明前文で、東アジアにおける相互作用の進展によって、「お互いの協力と共同作業の機会が増えた」との認識を示し、「グローバリゼーションと情報化の時代における地域的相互依存とその進展」に留意しつつ「対話を促進し共同努力を深める」ことの必要性が述べられている。このことは、菊池努が指摘するように、通貨危機のような経済のグローバル化に伴う負の側面（「破壊」）に備え、自らを守るための地域的な自助制度構築の必要性をアジア諸国が強く認識したことを如実に表すものであった[3]。

　付け加えるならば、この文書の作成に（日中韓 3 カ国よりも）ASEAN の意向が強く働いたことは疑いの余地がない。なぜならば、アジア危機に直面した ASEAN は、地域機構としてまったく「役立たず」なことが明らかになったからである。第 1 章にも紹介したように、ASEAN-ISIS の中心的な政策アドヴァイザーたちは、『ASEAN を再発明する（Reinventing ASEAN）』（2001 年刊）のなかで、「アジア危機に際して ASEAN は、死にこそしなかったものの、その信頼性は大きく揺らいだ」[4]と苦々しい想いを綴っている。要するに実質的な東アジア協力の始動とは、当初は少なくともアジア危機に関連づけられた部分が大であった。加盟国の多くが苦境に陥った ASEAN が、日中というアジアの大国を引き入れることによって、加盟諸国の持続的経済成長を可能にしつつ「東アジアにおける経済危機の再発を防ぐため不可欠なセーフガード」（上記共同声明、「経済・社会分野」第 1 項）を築こうとした、言い換えればグローバル化の荒波が ASEAN にもろに襲いかかるのを緩衝する防波堤を構築しようとの試みだったと言ってよいだろう。

1．東アジア協力の始動

　ところが、新世紀に入ると「東アジア」は、「危機再発のセーフガード」というレベルを大きく超えて動き出した。2001 年 11 月の第 5 回ブルネイ会議では、

---

3) ［菊池努 2005：46］。
4) ［Tay, Estanislao and Soesastro（eds.）: 3］。

1998年ハノイ会議で韓国の金大中 (Kim Dae-jung) 大統領が提案して設置された、域内の民間有識者によって構成される「東アジア・ヴィジョン・グループ」(East Asia Vision Group: EAVG) の報告書[5]が提出された。続いて2002年11月の第6回プノンペン会議では、2000年11月の第4回シンガポール会議で設置された、各国政府官僚から構成される「東アジア・スタディ・グループ」(East Asia Study Group: EASG) の最終報告書[6]も出された。そして、両者ともに——少なくとも1999年のマニラ声明では出ていなかった——「東アジア共同体」(an East Asia community)[7]という言葉を多用しているのである。

では、これらの報告書に描かれている「東アジア共同体」とは何か。そもそも何を以て「ASEAN＋日中韓＝東アジア」を「共同体」として統合するというのだろうか。

EAVG報告書は、その名も「東アジア共同体に向けて」である。「なぜ東アジア共同体か」という理由づけについては、次の3点を挙げている。東アジア諸国は、(1)地理的に近接しており、多くの歴史的経験、規範や価値を共有しており、(2)豊富な経済的資源と人材（労働力、経営者、天然資源、資本、技術力）に恵まれている。それゆえに、(3)進展するグローバル化と折り合いをつけ、また地域の共通利益を代弁するためのまとまりを保つ必要がある、ということになる。そして、そこから導き出される地域統合の指針原則 (Guiding Principles) は以下の8点となる。すなわち、①共通のアイデンティティ、②触媒としての経済協力、③人的資源の開発、④官民の相互協力、⑤国際的規範の遵守、⑥地域的文脈の重視、⑦進歩的（補完的）な制度化、⑧グローバル・システムとの調和、である。

EAVGは、東アジア諸国がこれらのことを地域の統合原理として、(1)経済、(2)金融、(3)政治・安全保障、(4)環境・エネルギー、(5)社会・文化・教育の5分野で協力強化することを提言している。より具体的には、東アジア・ビジネス評

---

5) "Towards an East Asian Community: Region of Peace, Prosperity and Progress," East Asia Vision Group Report 2001. 日本外務省のウェブサイトにあるPDFファイルを参照 (http://www.mofa.go.jp/region/asia-paci/report2001.pdf)。

6) Final Report of the East Asia Study Group, 4 November 2002, Phnom Penh, Cambodia. こちらもEAVG報告書同様、外務省のウェブサイトにPDF形式のファイルで全文（英文）が置いてある。http://www.mofa.go.jp/region/asia-paci/asean/pmv0211/report.pdf

7) 但し、共同体を表すcommunityの語が小文字のcで始まっていることに注意。要するに共同体のあり方については、未だ必ずしも関係各国のコンセンサスがあるわけではない。

議会、東アジア自由貿易地域(EAFTA)、東アジア投資情報ネットワーク、東アジア投資地域(EAIA)、「トランス東アジア情報スーパーハイウェイ」などの域内ITインフラ、東アジア通貨基金(EAMF)、東アジア首脳会議(EAS)、東アジア環境大臣会議、東アジア教育基金などを創設・設置するという、実に57にものぼるアイディアが提示された。

EASGは、上記EAVGの提言を受けて、より具体的で実現可能なアジェンダに焦点を当て、優先順位の高い17の短期的措置と9つの中長期的措置を選び出した。前者には上記のビジネス評議会、投資情報ネットワーク、域内シンクタンクのネットワークなどの創設・設置が、後者にはEAFTAやEAIA、EASなどの創設・設置が含まれている。中でもEASG報告書の最大の焦点は、EASの創設に関する議論であった。EAVG報告のなかでは、「ASEAN＋3を段階的にEASに進化させてゆくべき」ことが勧告されていた。EASG報告もこれを受けて、「現存する協力の枠組みを深化・拡大するための実践的方法と手段を追究することが自らに課された使命」であると認識してはいた。しかし――既に「ASEAN＋6」として発足したEASが5回を終えた2010年時点においてすら、もはや「いまさら」の感はあったが――、この2002年の時点ではEASGのなかで、EASの加盟国をどうするか、加盟国を決める基準は何か、という議論は進行中だったのである。

その後2005年に発足するEASについては第3節で再び論ずるとして、次節では、以上のような地域の「統合原理」をいわば理念型として理解するにしても、現実の東アジア地域(ひとまずASEAN＋3諸国とするとして)において、果たしてそれは有用なのか、うまく作用するのか、ということを検証してみたい。

2．統合と分裂を内包する東アジア

EASG報告は、ASEAN＋3諸国の集合としての東アジアを、世界のGDP(国内総生産)の23％、外貨準備高の40％、人口の約3分の1を占める一大経済地域と表現する。それゆえに、北米、欧州とならぶ世界経済の牽引車としての東アジア地域統合の一層の必要性を高らかに謳うのである。しかし、いかなる地域であっても、全てのベクトルが統合に向かうということはあり得ない。統合もあれば分裂もしくは拡散(以下、分裂・拡散と併記する)の双方にベクトルが向かうのが普通である。では、ASEAN＋3を基盤とする東アジアにおいて、地域統合を促進

もしくは阻害する要因は何であるのか。つまり現実の東アジアに照らしてみて、東アジア共同体の創設というのは予見可能な将来、実現可能性があるのかどうなのか。以下、本節ではこのことを検証していきたい。

(1) 統合のベクトル

　東アジア統合の推進力は改めていうまでもなく経済である。東アジアは、いわば経済的栄光と挫折の経験を共有したことによって地域としての一体性を獲得してきた。挫折する以前の四半世紀以上にわたって「奇跡」を起こしてきた東アジア諸国・地域の実質 GDP（国内総生産）成長率は、バラつきはあるものの概ね 5～7％、特に 1985 年プラザ合意以降の約 10 年間の成長率は高く、タイのように平均 9％という国すらあった。また、1990 年代以降は中国の成長が目覚しく、同国は多くの国が危機に見舞われた後も平均して年 9％以上という高成長を続けてきた[8]。一方、危機に見舞われた国や地域も 1999 年から 2000 年にかけては「V 字型」と呼ばれる急速な回復を示した。2005 年ないし 2006 年の ASEAN＋3 諸国の成長率と一人あたり GDP は表 5-1 の通りである。これら 13 カ国だけでもその平均成長率は 6％超となるが、これに台湾、香港、インドなどを加えたアジア地域全体では約 9.8％となり、これはユーロ圏の 2.8％、北米地域（米加）の 2.9％はもとより、他の発展途上地域、中南米 5.5％、中東欧 6.3％、ロシア 6.7％、アフリカ 5.6％と比べても断トツに高い成長率なのである[9]。アジアはまさに世界経済の牽引車となった。

　もちろん域内各国が高い経済成長率を誇り、国民所得が増大し生活水準が上昇していくからといって、それだけで地域全体に「共同体」と呼べるほどの一体性が生まれるわけではない。また、経済水準（あるいは所得）格差の面からみて、日本、ブルネイ、シンガポール、韓国を第 1、ASEAN4（マレーシア、タイ、インドネシア、フィリピン）および中国を第 2、後発 ASEAN 加盟国（CLMV＝カンボジ

---

8) 「中国情報局」ウェブサイト中、「経済資料」(http://searchina.ne.jp/business/002.html)
および「BRICs辞典」ウェブサイト中、「中国の実質経済成長率（GDP 成長率）推移」(http://www.brics-jp.com/china/gdp.html) を参照。

9) 数字はいずれも 2006 年のもの。出所は、外務省経済局調査室「主要経済指標（日本及び海外）」2007 年 12 月 12 日。http://www.mofa.go.jp/mofaj/area/ecodata/pdfs/k_shihyo.pdf
前掲、表 5-1 の出所に同じ。

表5-1 ASEAN＋3諸国の実質GDP成長率と一人あたりGDP（2005/2006年）

国　　名	実質GDP成長率(％)	ひとりあたりGDP(米ドル)
ブルネイ	0.4 (2005)	約30,000 (2005)※
カンボジア	10.4 (2006)	454 (2005)
インドネシア	5.5 (2006)	1,663 (2006)
ラオス	7.5 (2006推定)	606 (2006推定)
マレーシア	5.3 (2005)	5,017 (2005)
ミャンマー	5.0 (2005)	230 (2005推定)
フィリピン	5.4 (2006)	1,470 (2006)
シンガポール	7.9 (2006)	29,474 (2006)
タイ	5.0 (2006)	3,179 (2006)
ヴェトナム	8.2 (2006)	715 (2006推定)
中国	10.7 (2006)	約2,000 (2006)
日本	2.2 (2006)	38,410 (2006)
韓国	5.0 (2006)	18,372 (2006)

出所：日本外務省ウェブサイト中「＞各国・地域情勢＞アジア」(2008年1月8日参照)
http://www.mofa.go.jp/mofaj/area/asia.html
日本のデータは、外務省経済局調査室「主要経済指標（日本及び海外）」2007年12月12日。
http://www.mofa.go.jp/mofaj/area/ecodata/pdfs/k_shihyo.pdf (2008年1月8日現在)
※ブルネイドル(B$1≒¥77)のデータを米ドル(US$1≒¥110)に換算（2008年1月8日現在）。

ア、ラオス、ミャンマー、ヴェトナム）[10]を第3グループとする三層構造が明らかである。とてもではないが13カ国をひとつの経済地域、まして共同体と見做すにはほど遠い、という評価が妥当ではないだろうか。

　しかし、各国は個々別々に発展を遂げてきたわけではない。これだけの長期にわたる持続的成長が可能だったのは、日本など先進諸国の資本と技術が域内の豊富な自然資源と低コストで優秀な労働力と結びついて競争力の高い輸出品の生産を可能にし、それを巨大なアメリカ市場（より小さな規模でヨーロッパ市場）が無尽蔵に吸収したからである。そして、1990年代半ばから労働力の部分に中国が本格的に参入するに至り、東アジア全体は地域ごと巨大な工場のようになった。しかも近年、輸出品は繊維など軽工業品にとどまらず、主力はむしろ電器・電子

---

10) CLMV諸国の経済については、[天川直子編2006] を参照。

機械中心へと「ハイテク化」している[11]。また、危機に陥った域内各国も、通貨を大幅に切り下げ、緊急支援策の受け入れにあたって構造改革を進め（ざるを得なかっ）たことで、結果的に輸出競争力を回復させたのである[12]。

さらには、直接投資（FDI）の構造も変わった。すなわち、日本など先進諸国からだけでなく、アジアNIEsからの投資もASEAN・中国、CLMV諸国（あるいはインド）へと向かっている。さらには、一部ASEAN先発国や中国の企業がCLMV諸国へと進出している。FDIは、資本だけでなく技術、労働力、土地などの生産要素を相互に補完する相互依存を深める役割をも果たしてきた[13]。いわゆる雁行型発展とか重層的追跡と言われるような産業発展の伝播プロセスがこの地域に形成されたのである。これが持続してこなかったならば、中国（やインド）の年率10％を超える成長率はもとより、近年、カンボジア、ラオス、ヴェトナムにおいても7％から10％——ミャンマーでさえも5％！——に及ぶこれだけの高度成長が実現している理由を説明できないのではないか。

CLMV諸国の本格的発展はまだ先のことであろうが、世界経済への本格的参入を果たした中国が東アジアを大きく変えてきたことは疑いの余地なく、今後も東アジア協力の成否は中国の動向に左右されることは間違いない。では、統合の方向に向いているベクトルは経済分野だけか。近年の動向をみると、「経済面では統合、安全保障・政治分野では分裂・拡散」という単純な議論はできない。中国は少なくとも21世紀の初頭においては、平和勢力として東アジアにコミットする意思を表明しており、その表れの一つが2003年10月の東南アジア友好協力条約（Treaty of Amity and Cooperation in Southeast Asia: TAC）への調印であったと言える。

(2) 分裂・拡散のベクトル

とはいえ実際、天児慧が指摘するように、東アジアにおいては地域協力メカニズムが経済に偏っていることは否めない。その他にも東アジアはヨーロッパと比

---

11) ［谷川浩也2004］を参照。但し、谷川は、特にアメリカの莫大な経常収支赤字を主要な理由として、過去20〜30年の東アジア経済躍進を可能にした基本的パラダイムは長期的には持続困難であると指摘している。
12) ［浦田秀次郎2004：7］。
13) ［NIRA・EAsia研究チーム編著 (2001)：4］。

べて、(1)地域統合の制度化のレベルが低く、(2)国家規模、経済発展段階、政治体制、社会・文化生活、価値観・民族・宗教などで極めて多様であり、(3)地域統合が相変わらず国民国家の枠組みの存在を前提としており、(4)地域統合の全体像が未だ不透明な状態である、といった特徴があると言える[14]。要するに、実は東アジアが分裂・拡散に向かう要因は、逆(＝統合)に向かうより遥かに多いのであり、前項で述べたような経済の持続的発展と域内の生産・投資ネットワーク化の進展が阻害もしくは分断されるか、非常に遅延するような事態が生じると、地域としての一体性は脆くも崩れ去る可能性があると言える。

上記の特徴に照らして、東アジアを分裂・拡散させる要因は大きく分ければ──細かく見ていけば際限ないが──以下の4つであると思われる。

①大国間の潜在的対立関係もしくは主導権（ないし覇権）争いが表面化することである。域内におけるその筆頭は日中関係であるが、軍事的対立に至る（台湾をめぐってなど）可能性も含む米中の対立が顕在化した場合、域内に及ぶその影響は最大の懸念材料となろう。ヴェトナムや地域大国であるインドネシアと中国との潜在的（伝統的）対立、ないし両国のもつ対中脅威感が顕在化することなどもここに含まれよう。

②域内のいくつかの国における政情・社会不安の増大である。これを抱える国が域内の投資環境を悪化させる。政情不安といえば、通常、政変やクーデタ、テロなどが想起されようが、社会不安という意味では自然災害や環境汚染もここに含まれよう。

③各国経済政策の不備や限界がもたらす成長の鈍化や域内生産・投資ネットワークの分断・停滞という事態も考え得る。突出する中国の発展がもたらす様々な不均衡を是正するための域内為替調整や政策調整が地域全体のなかで求められる[15]。

こうしたことに加え、④地域全体の統合の流れに背を向けるかのような国ぐにの存在と行動である。具体的には北朝鮮とミャンマーのことである。特にミャンマーについては次節において少し詳しく論じてみたい。

それにしても、結局はここでも鍵となるのは中国であろう。東アジアを統合に

---

14) ［天児慧 2005：28］。
15) ［谷川浩也 2004］参照。

向かわしめるのも分裂・拡散に向かわしめるのも中国の動向にかかっているといえる。前記①については、日本、アメリカ、あるいはインドネシア、ヴェトナムのいずれとも（さらにはインドとも）潜在的対立要因を抱えているのは中国であり、②と③についても、中国の国内要因——21世紀の現在においてさほど大きな政情不安は見られないとしても——が地域全体に与える影響は大きい。また④についても、北朝鮮・ミャンマー両国に対して影響力を行使できる国は中国の他にはない。但し、前項でも指摘したように中国自身は、表面的にはあくまでも平和裡に東アジアに関与する姿勢を崩しておらず、米国に対しては脅威感を抱きつつも対話と協調を重視し、日本とは敢えて主導権争いをせず、また周辺諸国を運命共同体と見做してさえいる[16]。また、たしかに、中国の急速な経済的台頭によってASEAN諸国との競合が生じ、その結果ASEAN諸国の競争力が低下し、世界市場におけるASEANのシェアを中国が侵食したことも事実であった。しかし、中国はASEANとの自由貿易地域（FTA）創設を提案し、両者の棲み分けを可能にすることで共存共栄の道を探っている[17]。プラスマイナスはあるが、当面、中国は東アジアの統合にとって促進要因になりこそすれ、阻害要因にはならないと言えよう。

3．東アジア統合を疎外するミャンマー問題

さて、北朝鮮とミャンマーという東アジア地域統合に背を向けるかのような国ぐにが地域を不安定化させるとすれば、もちろん直接的にはこれらの国に原因と責任がある。しかし間接的には、やはりこれも中国ファクターの一部であると言える。そうした意味からは北朝鮮についても取り上げるべきであろうが、北朝鮮は当面、東アジア地域協力への参加意思なし——ARF（ASEAN地域フォーラム）には参加し続けているようだが——と見做すのが妥当であろう。しかし、仮にもASEAN加盟国のミャンマーは、単に「異端児」と片付けられない。あくまで東アジア協力の推進力（driving force）であることに拘るASEANの一員としてのミャンマーの存在が、域内外での軋轢を生んでいるのである。また、先に触れたように同国にも外国投資が徐々にではあるが入り始め、年率5％という相対的な高成

---

16) ［天児慧 2005：32-33］を参照。
17) ［浦田秀次郎、日本経済研究センター編（2004）：37-62］を参照。

長を達成してはいる。しかし、表5-1でみたように、一人あたりGDPは（推定値ではあるが）230米ドルと域内では断トツで最低、要するに最貧国（ないし後発開発途上国＝LLDC）である。しかも、同じLLDCのカンボジア、ラオス2分の1、3分の1でしかない。

　では、東アジア地域協力ないし統合との関連でミャンマーの何が問題なのか。紙幅の関係もあるので、ここでは3点だけ、なるべく簡潔に指摘しておきたい。

　第一は、1988年以来の軍政継続とあからさまな人権抑圧である。軍事政権（国家法秩序回復評議会SLORC＝1997年に国家平和開発評議会SPDCと改称）は、周知のとおり1990年総選挙で圧勝した国民民主連盟（National League of Democracy: NLD）への政権移譲を拒否した。のみならず代表のアウンサンスーチー（Aung San Suu Kyi）を約20年間にわたり断続的に自宅軟禁に置いたまま、強制的に政治活動を停止させてきた。また、2003年5月以来、SPDCは制憲国民会議を招集してきたが、2004年10月、民主化プロセスを進めてきた穏健派のキンニュン（Khin Nyunt）首相を更迭、翌2005年7月には汚職容疑で何と懲役44年の刑に処した。旧キンニュン派諜報畑の軍人38名も有罪判決を受けたが、その刑は懲役20年から100年超という異常さである[18]。なお、2006年2月にはウィンアウン（Win Aung）前外相（在職1998～2004年）も汚職容疑で7年の実刑判決を受けた。

　さらに異常というか不可解なのは、突如として2005年11月に発表された首都移転である。旧首都ヤンゴン（ラングーン）の北600kmに位置するピィンマナ県のネーピードーという、それまで何もなかった土地に新首都を建設し始め、2006年3月までに概ね政府機関を移転したのである[19]。そうした中、反政府運動も徐々に盛り上がり、2007年9月に僧侶を中心とする全国的なデモが発生し、ヤンゴン市内で日本人ジャーナリスト1名の死亡を含む多数の死傷者を出した。

---

18) "Burma ex-PM guilty of corruption," *BBC News* (web), July 22, 2005.
　http://news.bbc.co.uk/2/hi/asia-pacific/4708435.stm

19) Kylie Morris, "Burma begins move to new capital," *BBC News* (web), November 6, 2005.
　http://news.bbc.co.uk/2/hi/asia-pacific/4412502.stm
　"Burma confirms capital to move," *BBC News* (web), November 7, 2005.
　http://news.bbc.co.uk/2/hi/asia-pacific/4413728.stm
　Kate McGeown, "Burma's confusing capital move," *BBC News* (web), November 8, 2005.
　http://news.bbc.co.uk/2/hi/asia-pacific/4416960.stm

2005年頃からたびたび爆弾騒ぎなどが起き、不穏な情勢が続いている。2008年には、新首都ネーピードーでも爆弾騒ぎが起きていた。

　第二は、こうしたミャンマーの状況に対する国際社会からの圧力である。圧力が日増しに増大するなかで、盟友のASEAN諸国としても、もはや「内政不干渉」などと鷹揚に構えていられなくなった。2000年10月から、マレーシア人で国連事務総長特使のラザリ・イスマイル（Razali Ismail）が、軍政当局側とNLD側（アウンサンスーチー）の仲介者となって両者の対話を促進しようと働きかけ、実際にそれなりに成果を上げていたが、2005年から06年にかけてはラザリでさえも入国を拒否されるようになった。以前より遅々として進まぬ民主化に業を煮やしていたラザリは2006年1月3日、ついに国連特使を辞任する[20]。ASEANも2001年から年次閣僚（外相）会議共同声明およびARF議長声明において、「ミャンマーの国民的和解を評価し、支持を繰り返し表明する」といった文言を盛り込むようになった。

　これが2003年になると、「民主化への平和的移行に導くような国民和解の努力および関係各勢力間の対話の再開を促す」（プノンペン外相会議共同声明・ARF議長声明、下線筆者）との強い調子に変わる。翌2004年には、「ミャンマーで進行中の国民会議における全ての社会階層の関与の必要性を強調し、民主主義への迅速な意向のための努力継続を激励する」（ジャカルタ外相会議・ARF議長声明、同上）と、さらに踏み込んだ表現をするようになる。2005年以降の外相会議共同声明およびARF議長声明には、「ミャンマー情勢の展開」が独立項目として立てられ、毎年同国の情勢に対する憂慮と民主化プロセスの早期実現が求められるに至った。2005年のヴィエンチャンASEAN外相会議では、ニャンウィン（Nyan Win）外相がミャンマーの次期（2006/07年）議長国（国名アルファベット順の持ち回り）辞退を申し出た。ASEAN40年の歴史でも異例のことであった。

　また、2005年12月には国連安保理でも非公式ながらミャンマー問題が討議された[21]。ミャンマーが国際の平和と安全にとって脅威であるかどうかについては

---

20) "United Nations' Burma envoy quits," *BBC News* (web), January 8, 2006.
　　http://news.bbc.co.uk/2/hi/asia-pacific/4592842.stm
21) Susannah Price, "UN stages rare Burma discussion," *BBC News* (web), December 17, 2005.
　　http://news.bbc.co.uk/2/hi/asia-pacific/4537004.stm

意見が分かれたが、AIDS の急速な蔓延、子どもの栄養失調、医療・教育の不備など国内情勢の悪化には安保理全体が懸念を表明した。特に英米は、麻薬密輸・難民問題（少数民族に対する迫害の結果）を国際平和・安保への脅威として安保理アジェンダとすべきだと主張したのである。

　第三に、ミャンマー問題とは、前述したように間接的な中国要因でもあることだ。ますます国際的孤立を深めるミャンマー最大の支援者は中国である。中国は、2007 年 1 月に安保理でミャンマー非難決議が出された際、これに拒否権を行使した。またアンダマン海からインド洋に抜ける戦略的拠点をミャンマーに確保しているだけでなく、武器輸出をはじめとしてミャンマーにとっての最大の貿易相手国である（ミャンマー国内で使われている工業製品のほとんどすべてが中国製）。また、アラカン海岸から雲南省まで 2,380 kmに及ぶパイプラインを建設して天然ガスを買い付けている。すなわち、重要な投資先かつエネルギー供給先でもある。ミャンマーはいまや完全な中国の影響圏の一部なのである。

　とはいえ、中国もミャンマーに若干、距離を置きつつあった。2006 年 2 月にソーウィン（Soe Win）首相が訪中した際、中国の温家宝（Wen Jiabao）首相はミャンマーの人権問題は「内政問題」だと片づけてみせたが、同時にミャンマー国内の華僑に対する「より緩やかな扱い」をソーウィンに求めたという。両国の間に微妙な問題——特にビルマ人の伝統的な反華僑感情のくすぶり——があることを伺わせた。また、上述した 2007 年 9 月の全国的デモ発生の際も、中国は基本的に沈黙を守っていた。2008 年の北京オリンピック開催を控え、国際社会がミャンマー軍事独裁政権を支援していると中国に批判の眼を向けるのを避けたいからではないかと言われた。一方、デモ発生後に訪中したニャンウィン外相に対して唐家璇（Tan Jiaxuan）外交顧問・元外相は、ミャンマー国内の安定をできるだけ早く回復し、必要な民主化プロセスを進めるべきだと助言しているのである[22]。

　こうした中国の姿勢は歓迎すべきものであろう。他のいかなる国よりも中国がミャンマーに対して圧力を掛けることが効果的だからである。とはいえ、現状ではミャンマーが東アジア地域統合はおろか、そもそも時代に完全に逆行していることは誰の目にも明らかである。当面は漸進的な事態の改善しか望めないと

---

22) See [Michael Bristow 2007].

すれば（あるいは望めないからこそ）、2005年からカンボジア、ラオスとともにASEMにも加盟させたように、ASEAN主導の広域秩序形成プロセスにミャンマーを取り込んでいくしか、ミャンマーに国際社会と折り合いをつけさせていく道はないであろう。

　しかし、その後の事態はさらなる悪化の一途を辿った。2015年と2020年の総選挙でNLDが大勝し、ようやくミャンマーにも民主政治が根付くと思われた矢先の2021年2月、国軍が突如クーデタを起こして、スーチー国家顧問らNLD指導者を拘束、全権を掌握したのである。2025年1月現在も未だその状態が続いている。ミャンマー国軍は国際社会からの非難と圧力をものともせず、国内の民主化デモを弾圧し、民間人に対しても発砲を辞さず、多数の死傷者を出している。ASEANは再三にわたって民主勢力と国軍の調停役を務めようとしたが、ミャンマー側から外相会議へのボイコットを言い渡されるなど、両者の溝は広がる一方となった。

4．東アジア協力「牽引車」ASEANの微妙な役割

　ミャンマー問題の解決のためにも、東アジア協力の重要性は軽視されるべきではない。様々な問題を抱える東アジアではあるが、地域統合は主として経済的側面において進んできたし、また一層の統合が進展すると期待できるのも当面は経済分野である。ミャンマーさえも域内で最も成長著しい中国の影響力の下で一定の成長を続けてゆくならば、1980年代から1990年代にかけてフィリピン、韓国、台湾、タイ、インドネシア、カンボジア等で民主化の進展がみられたように、いずれ同様の変化を経験していくことも考えられるからである。しかし、本書では主に2021年クーデタ以前の状況に関して述べることとする。

　実は、東アジア協力の推進母体たるASEAN＋3がミャンマー問題をどのように扱ってきたのかといえば、実はそれまでの議長声明をみる限り、全く言及していない。そこに中国の意向が強く働いていることは想像に難くないが、ASEAN＋3全体としてもミャンマー（特定の国）の状況によって東アジア協力を頓挫させたくないとの総意を形成してきたと言えよう。ASEANは、ARFやASEMのように西側諸国が集まる場ではミャンマー問題に真剣に取り組む姿勢を示し、アジア諸国の場だけでは全く言及しないという、ある意味で二重基準を取ってきた

わけだが、このことは、東アジア協力における ASEAN の役割とその限界を端的に表している一例だと言えるだろう。

(1) 東アジア首脳会議の発足

さて、次に東アジア首脳会議が発足する経緯について見ていこう。2004 年 11 月 29 日にラオスのヴィエンチャンで開かれた第 8 回 ASEAN＋3 首脳会議は、「ASEAN＋3 協力を強化する」(Strengthening ASEAN+3 Cooperation) と題した議長声明のなかで、翌 2005 年のマレーシアにおける東アジア首脳会議 (East Asia Summit: EAS) 開催決定を発表した。また同声明の同じ項で、首脳会議は、EAS の概念と様式について 2005 年 5 月の (ASEM 外相京都会議の際に開く) ASEAN＋3 外相会議で討論するとの日本提案を支持した、と述べられている。つまり 2004 年のヴィエンチャンの時点では EAS を開催することは決定したものの、参加国を含め、その内容はまだ固まっていなかった。果たして参加国については、あくまで ASEAN＋3 を東アジア協力の基盤としたい中国と、アメリカが一時オブザーバー参加を望んでいたこともあって（結局は第 3 回までの時点ではオブザーバーとしてすら参加していないが）オーストラリア、ニュージーランド (NZ) の参加を希望する日本との間で暫くは綱引きが続いた。

2005 年 5 月の京都会議とこれに先立って開かれた 4 月の ASEAN 外相非公式会議（セブ）において、EAS 参加国の資格は以下のように定められた。すなわち、①東南アジア友好協力条約（TAC）の締結国であるか締結の意思があること、②ASEAN の完全対話国であること（「部分的対話国」というステイタスもあるため──筆者注）、③ ASEAN と実質的な関係があること、の 3 点である。紆余曲折はあったが、7 月のヴィエンチャンでの定例外相会議を経て、参加国は ASEAN＋3 および豪州、インド、NZ の 16 カ国となることが決まった。豪・NZ のみならずインドの参加についても「東アジア」の名称から疑問の声が出なかったわけではないが、ASEAN 地域と経済その他の面でますます関係を深めていることから（ASEAN・インド対話、ASEAN・インド首脳会議も定例化した）、また、人口・面積の上で突出する中国とのバランスを取るという戦略的見地からも、インドの参加は歓迎された。また、第 1 節で述べたように、「東アジア」が世界経済の成長センターを意味するのなら、そこにインドが加わることに何ら疑問の余地はな

かったと言えよう。

　2005年12月12日、クアラルンプールにおいて、「一つのヴィジョン、一つのアイデンティティ、一つの共同体」というスローガンのもと、第11回ASEAN首脳会議が開幕し、これに続いて第9回ASEAN＋3首脳会議が、そして第1回EASが開催された。たしかにEAS開催は歴史的快挙であったかもしれない。しかし、この時の会議では通常出されるASEAN首脳会議の議長声明に加えて、「第9回ASEAN＋3首脳会議議長声明」、「ASEAN＋3首脳会議に関するクアラルンプール宣言」、「第1回EASに関するASEAN首脳会議議長声明」、「EASに関するクアラルンプール宣言」など多数の文書が出された（この傾向は以後も続く）。この煩雑さと重複、いわばリダンダンシー（冗長性）こそが、EASの位置づけがいかに不明確であるか、また、いかに東アジア協力そのものが既成事実の積み重ねによって形成されてきたかを如実に物語っている。

　そもそもEASは、EAVG報告書による提言では、「将来の東アジア共同体構築のための中長期的措置の一つとして」ASEAN＋3が「進化」するものと想定されていた。しかし現実には、ASEAN＋3はそのまま残され、EASは別のフォーマット（ASEAN＋6）として設置された。また、その協力内容も、政治・安全保障、経済、社会・文化と多岐にわたっているが、一連のASEAN関係会議で取り上げる協力内容（もしくは協力「目標」）と大きな違いは見られない。要するに、EAS独自の協力分野というのが特にあるわけではない。しかも、長期的目標としての「東アジア共同体」形成のための主要な手段はASEAN＋3のプロセスであると明確に述べている（ASEAN＋3首脳会議議長声明）。ではEASとはいったい何なのであろうか？

　2006年末にセブで開催予定だった第2回EAS（および一連のASEAN関連首脳会議）は、「台風接近のため」という理由で異例の延期となったが、1カ月後の2007年1月に無事、同地で開催された。この時の首脳会議全体のスローガンは「気づかい分かち合う一つの共同体」（One Caring Sharing Community）であった[23]。第12回ASEAN首脳会議については、それまで2020年までとの目標を掲げてい

23）第2回EASを含む「第12回ASEAN首脳会議」の公式ウェブサイトは、The Official Site of 12th ASEAN Summit, Cebu, Philippines, http://www.12thaseansummit.org.ph/maintemplate3.asp
　ASEAN共同体のCommunityの語は大文字で始まっていることに留意。

た「ASEAN 共同体」(an ASEAN Community)を 2015 年までに前倒し創設すると決意表明し、また、「ASEAN 憲章制定のための指針」を採択した。これらは地域機構 ASEAN にとっては一つの前進ではあった。しかし、EAS については、貧困撲滅、エネルギー安全保障、教育、金融、鳥インフルエンザ、防災その他の分野における具体的協力項目が示された——それらの多くは日本が提案したものでもあった——が、いわば協力の枠組みだけができているところへ、では何が実際できるのかと、アジェンダ設定をしてみたという印象は免れない。EAS は、まさにアドホックな協力の積み重ねを既成事実的に制度化してゆくという「ASEANウェイ」によって設置・運営されていることが早くも明確になった。

(2) ASEAN ＋3 か、ASEAN ＋6 か

その意味で EAS は、むしろ「ASEAN ＋6」と呼んだ方がよい性質の、すなわち、"もう一つの" ASEAN 主導の広域地域協力の枠組みであると解釈した方がよさそうである。2007 年 11 月には第 3 回 EAS を含む一連の ASEAN 首脳会議がシンガポールで開催された[24]。この時のスローガンは「動態的なアジアの中心にある一つの ASEAN」(One ASEAN at the Heart of Dynamic Asia)である。「一つの ASEAN」(One ASEAN)には、「統一された」(a united / an integrated)というニュアンスが含まれていると言える。そのテーマを体現するかのように、11 月 20 日、ASEAN は地域機構の基本文書である「ASEAN 憲章」[25]を採択した。13 章 55 条、4 付属文書からなるその憲章の内容に特段の目新しさはないが、従来の ASEAN 加盟国の行動原則(全会一致、相互内政不干渉など)に加えて、民主主義や人権などの普遍的な価値・規範を明文化して盛り込んだところが画期的ではある。ASEAN 共同体の実現に向けた大きな一歩前進というところであろうか。

しかし、第 3 回 EAS はというと、中心議題となったのは(第 2 回のエネルギー安全保障に続き)「エネルギー、環境、気候変動と持続的開発」であった。関連文書として「気候変動、エネルギー、環境に関するシンガポール宣言」が採択された。

---

24) 第 3 回 EAS を含む「第 13 回 ASEAN 首脳会議」の公式ウェブサイトは、13th ASEAN Summit http://www.13thaseansummit.org.sg/asean/index.php/web

25) Charter of the Association of Southeast Asian Nations の PDF 文書は以下にある。
http://www.aseansec.org/21069.pdf

たしかに温暖化対策は東アジアのみならず世界全体における喫緊の課題ではあるが、EASがこれを取り上げる必然性は果たしてあったのか。ちょうど1カ月後の12月にインドネシアのバリ島で気候変動に関する国連枠組条約の第13回締約国会議（COP13）が行われる予定であったため、タイムリーな議題設定をしたというだけのことではないのか。とはいうものの、それまでASEAN＋3およびEASの場では取り上げなかったミャンマー情勢についてもさすがに触れ――これについては日本の福田康夫首相も憂慮を表明した――、議長声明では、国連特別顧問ガンバリ（Ibrahim Gambari）の果たす役割を強力に支持するとまで言及された[26]。

それにしても、この一連のASEAN関連首脳会議が開催された11月18～22日の5日間に、通常行われるASEAN首脳会議、ASEAN＋3首脳会議、EAS、ASEAN＋1（日中韓印の4カ国それぞれとの）首脳会議のほか、「ASEAN・EU記念首脳会議」（22日）まで開かれた。これは、ASEANとEUの対話関係開始から30周年、ASEAN結成40周年、欧州経済共同体（EEC）の設立を決めたローマ条約調印50周年を同時に記念するというものであった。さすがにASEAN・EU首脳会議までASEMと別枠で定例化されることはないようだが、この会議の開催は、少なくとも議長国シンガポールおよびリー・シェンロン（Lee Hsien Loong）首相にとってはEASよりも特別な感慨があったのではないかと筆者には思われた。要するにEASは早くも一連のASEAN関連首脳会議のなかに、良く言えば定着、悪く言えば埋没し、ASEAN＋3との位置づけを明確に区別しようとすればするほど、EASの存在意義が薄れていく印象を拭えない。それでなくともASEANは、とにかく何でもかんでもやりたがりすぎる。

一方、相変わらず東アジア協力の基盤になると想定されているのはASEAN＋3であった。第11回首脳会議は創設10周年を記念して、「東アジア協力に関する第二声明――ASEAN＋3協力の基礎に立脚して」を採択した。「第二声明」とは、1999年の「東アジア協力に関する共同声明」の続編を意味すると同時に、「第二の十年期（decade）」に向けた協力推進の意思表明をも意味しているのであろう。同声明に示された目標・目的を達成するため、併せて「ASEAN＋3の協働計画（Cooperation Work Plan）2007～2017年」も採択されたが、同文書は過去10年の

---

26) ミャンマー問題については、ASEAN首脳だけの非公式夕食会で討議がなされ、その内容は「ミャンマーに関するASEAN議長声明」という文書として残された。

協力の歩みを振り返り、今後の10年における具体的な協力項目——いつも通り政治・安保から経済・社会に至るまでの包括的かつ多数の項目——を提示した。これを見る限り、あくまでも東アジア協力の、そして究極的な目標としての東アジア共同体の構築の基盤になるのはASEAN＋3であることが関係各国の間でも基本的に合意されているかに思われる。となると、EASは今後どのような方向へ進むのであろうか。また、将来「東アジア共同体」はどのような形で構築されてゆくのであろうか。

5．東アジア地域主義の可能性と内実

ASEAN結成以来、地域協力の積み重ねによって地域主義を創出・醸成し、さらにそれをバックボーンに地域協力を積み重ねてきたように、広域／拡大東アジアもまた——「東アジア」を表看板に掲げたマハティールのEAEG/C構想がなし崩し的に有耶無耶にされていった[27]なかで——「自らを東アジアと呼ばない（方が良いと判断した）東アジア諸国のグルーピング（ASEAN＋3）」ができ、それが結果的に東アジア協力の中心となってきた。地域概念としてではなく、地域協力の対象としての「東アジア」は、既成事実の積み重ねによって創られてきたような地域なのである。だから、そこへインドやオーストラリアが入ってきても、多少の違和感はあるかもしれないが、これらを排除する動きには繋がらないし、排除する理由もない。では、「域外」とみなされうるEASの参加国は、どのように考えているのだろうか。たとえばインド外務省（Ministry of External Affairs）はEAS加盟国であることの理由づけについて次のように述べている[28]。

東アジアは過去20年の間、動態的で急速に発展する地域であり続けてきた。この地域に位置する国ぐには、インドの世界経済との関わりが顕著に拡大する可能性に注目するとき、インドにとって自然なパートナーである。インドは地域および国際問題に関し、また東アジアの戦略的重要性の問題に関し、開かれた生産的

---

[27] その経緯については、坪内隆彦氏のウェブサイト「アジアの声」中、「ASEAN＋3に至る経緯」（http://www.asia2020.jp/eaeg/eaeg2.htm）に詳しかったのだが、このサイトは既に閉鎖されている。

[28] Ministry of External Affairs > Regional Organization > East Asia Summit（http://meaindia.nic.in/ 2010年2月16日参照）

な意見交換をしている。インドのASEANとの貿易は1990年の24億ドル（インド貿易総額の5.7%）から2005年には233億ドル（9.7%）へと伸びた。ASEANは今日インドの最大の貿易相手である。2006年のEAS参加16カ国との貿易は801億ドルに達する。ASEANとはまた、インドASEAN自由貿易協定の締結に向けて活発な交渉を行っている。

第1回EASに参加したインド首相マンモハン・シン（Manmohan Singh）は、「この地域の国ぐにを相互に結び付ける広範な自由貿易取り決め（FTA）網の存在によって実質的なアジア経済共同体が形成されつつある」と述べ、その初期段階となるのが「汎アジア的FTA（a Pan-Asian FTA）」であろうと示唆した[29]。当然、インドはその中に含まれることになるし、インドが「東アジア」の首脳会議に参加することは、ますます強まるその経済的な結び付きから、極めて自然なこととして捉えているのである。

以上のことからもわかるように、東アジアとは、発展する経済の相互関係によって構成される地域であり、その範囲はときと場合によって変わるのである。

異なる観点から青木保は、これまで東アジアの地域統合が経済によってリードされてきたことは認めつつも、経済というものには浮沈があり、またそれが格差を生む要因でもあるとして、経済優先の東アジア統合における「危うさ」を指摘する。青木は、むしろ日中韓およびASEAN諸国における、現代文化の相互浸透が文化的共同体の基盤となりうる、と主張する[30]。「危うさ」が依然存在することについては、1997年通貨経済危機が証明したように、異論を挟む余地はない。しかし、現代ポップ文化の相互浸透は、やはりアジア諸国の都市中間層の台頭という経済・社会的背景がなければ成り立たない議論であろう。経済発展の恩恵を受けて可処分所得が増大した結果、日本のアニメや、韓国や台湾・香港テレビドラマや映画のVCD／DVD、あるいはK-popやJ-popなどの音楽CD、配信サービスのサブスクリプション、そしてそれらを視聴するための機器（スマートフォンも！）を買って楽しめるようになったのである。むしろそれは生活水準や生活様式における同質性の高まりと捉える方が実情に適っている。過去30年以上にわ

29）同上。
30）［青木保、進藤榮一 2008：64］。

たる未曽有の経済発展がそれを可能にしたのである。仮にも共同体が形成されていくならば、そのことこそが（アジア全域でもアジア太平洋でもなく）「東アジア」が対象地域となる所以であろう。

したがって、1997年以降2000年代初めまでの東アジアにおける協力が、経済危機からの脱出のための協力という側面が強かったとすれば、今後、本格的な共同体形成に向かうために各国は、より積極的な方向性を見出してゆく必要があろう。たしかに、共通理念や価値観など存在しなくとも、あくまで実利優先の考えに基づいて多様な領域において機能的協力を行っていくことは可能であろう。しかし、より長期にわたる「共同体」の形成ということになると、少なくとも理念におけるある種の方向性を持たせていく必要がある[31]。そして、東アジアの地域主義は経済的側面中心というだけでよいかといえば、実際には、やはり経済と表裏一体となる安全保障の側面を考えてゆかねばならない[32]。そもそも地域主義の分析には、政治、安全保障、経済、文化などの争点領域を総合的・多次元的に分析することが重要であり、特に近年の地域主義研究においてはそのようなアプローチが強調される[33]。

本章第1節でも紹介したように、2001年に「東アジア・ヴィジョン・グループ」（EAVG）が、そして2002年に東アジア・スタディ・グループ（EASG）が東アジア共同体創設の理由づけとして述べたのは、以下の3点であった。すなわち、東アジア諸国の、(1)地理的な近接性、(2)豊富な資源と人材、(3)グローバル化に対抗するための団結による共通利益の確保、の3点であった。そして、そこから導き出される8つの地域統合の指針原則（Guiding Principles）があった（第1節参照）。この指針に従って東アジア諸国は、経済、金融をはじめ5分野での協力を強化すべきとの提言がなされていた。しかし、これらの指針や提言はいわば「公式文書」の部類に属するものである。「共通のアイデンティティ」もお題目としては

---

31) [CEAC 2004：10]。
32) 筆者は、経済・社会分野における地域統合が政治・外交・安全保障分野への統合に波及・発展するという、いわゆる新機能主義的仮説に与するわけではない。地域主義のバックボーンたる共通理念・価値には経済発展と安全保障の両面があるということである。
33) [山本武彦編2005：14]は社会構成主義（コンストラクティヴィズム）的な地域主義への接近方法をこのように説明している。[Dent 2008: 3]も東アジア研究には多角的・学際的アプローチが必要であることを強調している。

良いが、果たして東アジア域内の人びとが「(東)アジア人」意識を共有するに至っているかどうかは、未だ大いに議論の余地がある。これらの公式的な文言を、いわば東アジア地域の実態もしくは内実に照らしてみるとどうなるのか。東アジア地域の特徴として EAVG が指摘した3点を"解題"してみれば以下のようになるのではないか。またこれら3点は互いに密接に関係し合っており、互いの相互作用がさらに各々の特徴を強めるという相乗効果をもたらしている。

(1) 地理的近接性と域内移動の容易性

まずは「地理的近接性」であるが、実際、筆者自身の経験からも、1980年代半ば以降くらいから、東アジア諸国・地域は互いに本当に身近になったと実感している。それは、現代の「ヒト」の国境を越える移動が交通手段の発達によって、いわゆる「安・近・短」になったということである。「モノ」と「カネ」(および「情報」)の移動に付随して、かつては多大の困難を伴った「ヒト」の越境移動も飛躍的に容易になったのである。そこには当然、東アジア各国の顕著な経済成長が労働力や観光客、あるいは留学生などとしての「ヒト」を惹きつける誘因となってきたわけだが、今やその「ヒト」の越境の流れも極めて多様化している[34]。

たとえば1980年代から90年代初めにかけて顕著だったのは、フィリピン、タイ、中国などから日本への(合法・非合法の)「出稼ぎ」であった。しかし、それは一般的な途上国から先進国への労働力移動の中に位置づけられる現象であり、同時期には多くの労働者が欧米豪(やオイルマネーで潤う中東)にも渡った。ところが1990年代半ば以降は、上記に加えて中国や ASEAN 諸国から、いわゆるアジア NIEs (新興工業経済群) への移動が、また同じ ASEAN 域内におけるフィリピン、インドネシア、タイからシンガポール・マレーシアへの移動が急増した。90年代後半から今世紀にかけては、開放された「世界の工場」中国をめがけて陸路で越境する周辺インドシナ諸国 (ヴェトナム、ラオス、ミャンマー) からの労働力移動が相次いでいる[35]。また、ミャンマー、ラオスやカンボジアからはタイやマ

---

34) 東アジア域内および域外とのヒトの移動については、平野健一郎「アジアにおける地域性…」[山本武彦編 2005：54-60]、[Dent 2008: 237-250] を参照。なお、ヒトの越境移動がもたらす負の側面としての犯罪やテロなどについては本書では扱っていない。そうした問題について詳しくは、たとえば、高原明生、田村慶子、佐藤幸人編『越境』(現代アジア研究-1) 慶應義塾大学出版会、2008年、を参照。
35) [畢 2008] を参照。

レーシアへの流入も顕著である。要するに、所得格差のある国や地域間ではどこでも労働力移動が起きると同時に、その賃金格差を利用する高所得側（必ずしも「先進国」ではなくとも）の資本・財・サービスが低所得側の国に進出する。1990年代から韓国、香港、シンガポールなどの資本が後発のASEAN諸国および中国にも進出し始め、今やNIEsおよび先発ASEAN諸国のみならず中国の資本も、隣接するインドシナ諸国をまさに席巻する勢いで進出している。

　この「ヒト」（およびモノとカネ）の移動の自由度（というか緩さ）を急上昇させたのは一義的に域内各国・地域の経済発展であるが、同時に、その経済発展によって可能になった域内各国の空港、港湾施設、幹線道路など交通インフラ整備の進展が決定的に重要である。さらに、1980年代後半以降、域内全体で政治的民主化が相対的に進んだことも、各国の社会的流動性を高めることに大きく寄与した。忘れてはならないのは、各国の政治的民主化もまた、経済発展がもたらした一つの帰結だということである[36]。

(2) アメリカ発日本経由の科学技術の伝播とリバース・イノベーション

　第二にEAVGが東アジアにおける共同体創設を可能とした根拠は、「豊富な経済的資源と人材（労働力、経営者、天然資源、資本、技術力）に恵まれている」ことであった。その内実はどうであろうか。「人材」の面でいうならば、よく東アジア経済発展の要因として「低廉で良質の労働力」、「勤勉な国民性」あるいは「労働倫理（の高さ）」などが挙げられる。しかし、労働力とは最初からそうなのではなく、成果を伴って初めて「良質」にも「勤勉」にもなるし、「人材」にもなりうるものではないだろうか。

　いったい域内各国の人びとは、何を求めて域内を越境移動することも厭わず、何を作り、そして何を生み出したのであろうか。それは、端的に述べれば、アメリカに始まり日本を経由して東アジア全域（実際には世界中）に広まった科学技術がもたらす「快適で便利な生活」にほかならないだろう[37]。日本は別として、長

---

36) この点については議論が分かれるところだが、筆者は各国の経済発展が（新）中間層の形成を促し、それが民主化の原動力となっていったという考え方に与するものである。

37) この点、[CEAS2005: 12-13]、[Beeson 2007: 185-197]、またAndrew Macintyre and Barry Naughton, "The Decline of a Japan-Led Model of the East Asian Economy," in [Pempel (ed.) 2005: 77-100] を参照。

らく植民地や半植民地状態に、また戦後の独立後も長らく低開発状態に置かれて[38]、いくら働いても豊かになれなかった人びとが、「勤勉に働くことが豊かさに繋がる」と実感できるようになった、そのような生活様式が当たり前になり始めたのは、実は過去30年ほどの間に過ぎない。「快適で便利」な生活の最たるものは自家用車（二輪車を含む）の所有であり、電化生活であり、上下水道が整備されて公衆衛生の行き届いた健康的な生活である。1960年代初頭の日本がそうであったように、東アジアの人びとは働きに働いて、冷蔵庫、洗濯機、テレビ、冷暖房機、さらにはパソコン、携帯電話、音楽やビデオの再生機器などを手に入れ、子弟には高等教育を受けさせ、医療や保健へのアクセスを高め、はたまた国内・海外旅行を楽しむようになったのである。

　また、当初は高価だった欧米や日本企業ブランドの製品は「メイド・イン・アジア」化して現地生産されるか近隣諸国から輸入され、さらには先進国企業と現地企業の合弁による現地製の廉価製品が周辺諸国へ、さらには先進国にも輸出されるようになるという逆転現象、いわゆるリバース・イノベーション[39]が起きているのが21世紀の今日である。インドネシアのトヨタ・アストラモーターで開発された「キジャン（Kijan）」、三菱自動車の技術を転用したマレーシアの「プロトン・サガ（Proton Saga）」、あるいは、中国「ハイアール」（海爾／Haier）社の家電製品等は、こうした範疇に入ると言えよう。さらには、そのような製品の普及が相対的に所得の低い階層の人びとにも「快適で便利な生活」を提供するようになり、ますます域内の人びとの生活水準・生活様式を同質化していったのである。

(3) 富の総量の圧倒的な増加とそれを維持発展させる安全保障

　前記(1)、(2)の結果でもあり、また、さらに域内の時間的・空間的距離を縮め、同質な生活水準・生活様式を再生産するのが、東アジア地域に蓄積された、今や世界的に見ても莫大な量の富である。要するに、東アジアでは過去30年間に空前のスケールで生産・消費・貯蓄活動が行われたのである。それは、次頁の表5-2と表5-3を参照してもらえば容易にわかるであろう。表5-2では、2010年時

---

38) この点は東アジアの地域主義を考える際に重要な要素である。多賀秀敏「東アジアの地域主義に関する一考察」［山本武彦編 2005：90］、Pempel, "Introduction,"［Pempel (ed.) 2005: 6-7］などを参照。
39) リバース・イノベーションについては、さしあたり［福田佳之 2011］を参照。

点の東アジア13カ国・地域（概ねASEAN+3の範囲に同じ）の名目GDP総額を、北米および欧州のそれと比較している。統計には推定値も含まれ、また購買力の問題もあるので、厳密な比較ではなくあくまで目安に過ぎないが、北米自由貿易地域（NAFTA）3カ国のGDP総額が約17兆1,400億ドル、EU27カ国の約16兆2,200億ドルであるところ、東アジアは約14兆8,500億ドルであり、前二者に匹敵する規模である。ここにEASのメンバーでもあるインドとオセアニア2カ国を加えれば、北米、欧州のどちらをも凌駕する規模となるのである。

表5-2 地域別名目GDP（国内総生産）総額と外貨準備高の比較（2010年）

（単位＝100万ドル）

地域	東アジア	インド	オセアニア	北米	欧州
名目GDP総額	14,847,885	1,592,674	1,257,113	17,138,349	16,222,201
外貨準備高 （うち日本） （うち中国）	5,566,532 1,096,185) 2,866,080)	282,517	50,757	298,654	300,242

東アジア：日本＋中国＋台湾＋香港＋韓国＋ASEAN8カ国（ブルネイとミャンマーを除く）
インド：名目GDP総額は2010年早期推計値
オセアニア：オーストラリア（2009年）、ニュージーランド（2009年）
北米：アメリカ合衆国、カナダ、メキシコ
欧州：EU加盟27カ国

［出典］JETRO「各国・地域データ比較」を用いて筆者作成。
　　　（http://www.jetro.go.jp/world/search/compare/）

表5-3 東アジア10カ国・地域の名目GDP総額の比較（1990年、2000年、2010年）

（単位＝100万ドル）

地域／年	1990年	2000年	2010年	1990～2010年 伸び率（％）
東アジア10カ国	4,123,523	7,150,833	14,314,310	247.13
インド	324,889	467,788	1,722,359	430.13
オセアニア2カ国	371,362	452,598	1,376,658	270.70

（東アジア＝日本、中国＋香港、韓国、インドネシア、シンガポール、タイ、フィリピン、マレーシア、ヴェトナムの9カ国1地域。

［出　所］国際貿易投資研究所「国際比較統計データベース」Ⅳ-001　世界各国のGDP（上位60）（財）国際貿易投資研究所『国際比較統計』2011年10月26日（http://www.iti.or.jp/stat/4-001.pdf）をもとに筆者作成。

［原資料］IMF；International Financial Statistics（IFS）（2011年10月号）、台湾：金融統計月報（2011年9月号）

また、驚くべきは外貨準備高の巨額なことである。もちろん GDP と同様、その大半を占めるのは日本と中国だが、その総額（5兆5,600億ドル）は北米・欧州のそれぞれ18倍以上であり、世界全体の外貨準備高が約7兆ドルであるから、その8割方が東アジアに集中していることになる。

　表5-3においては、過去20年間に東アジアの GDP 総額がどのくらい増大したかを示しているが、東アジア10カ国合計の伸び率は247％（規模としては3.5倍）である。オーストラリア、ニュージーランド2カ国もこの間270％以上（3.7倍）の伸びをみせたが、インドに至っては何と430％（5.3倍）の伸び率を示している。北米と EU の同時期の GDP 総額の伸びがそれぞれ約2.6倍と2.3倍[40]であったことに鑑みると、表5-2と同様、東アジア10カ国にオセアニア2カ国とインドという、ほぼ東アジア首脳会議の原加盟国を合計すると、これはとてつもない経済成長の地域が形成されているということを意味する。

　このようにしてみると、東アジアとは、地理的に「安・近・短」な場に、「快適で便利な」生活水準・生活様式を共有する人びとが集う、そしてそれを可能にする莫大な富が存在する地域になったと言える。これこそが東アジア地域主義の根幹をなす大原則であり、このような生活様式・生活水準を維持発展させることこそが地域の安全保障であるといっても過言ではない。ヨーロッパ（EU）の「不戦共同体」の如く東アジアも —— 一義的に経済的繁栄を護るためで構わない ——「戦争無益」の理念を共有すべきであろう。中国は経済成長の勢いにまかせて軍備増強の道をひた走りつつあるようだが、今や世界一の繁栄を誇る大都市・上海を破滅に導きたいとは思わないであろう。それは、東京はもちろん、ソウル、台北、香港、マニラ、バンコク、クアラルンプール、シンガポール、ジャカルタ、果てはシドニーからニューデリー、ムンバイに至るまで同じ考え方を共有できるはずである。

---

40) 表3の出典に同じ統計（「世界各国のGDP（上位60）」）をもとに、北米3カ国（米加墨）と欧州18カ国（独仏英伊西蘭など世界の上位60に名を連ねている国ぐに）を抽出して、その1990年と2010年の総額を比較した。

6．東アジア地域主義と日本

　さて、ここまで述べてきた中で明白なことが一つある。それは、いかなる「東アジア」をめぐる論議においても日本、そして今や中国も、そこから排除し得ないということだ。すなわち、経済発展の度合い、政治体制その他の理由で、そこに含まれるか含まれないか議論の分かれる国や地域がある中で、「東アジア」がどのように定義されるにせよ、日本と中国は、これを構成する不可欠の要素である。実際、戦後の半世紀、東アジアの成長と繁栄を主導してきたのは日本であるし、日本にとって東アジア地域とは自国の存続と発展にとって「生命線」のはずである[41]。にもかかわらず、特に第二次世界大戦後の日本は、一つには対米配慮から、二つには対中警戒心から、進展する東アジア地域の統合プロセスに対して、必ずしも積極的に対応してきたわけではなかった[42]。対米（欧）協調とアジアの一員という戦後日本外交にとっての「永遠の二大テーマ」は、日本の東アジア地域主義の推進にとって陰に陽に足枷を嵌めてきたのである。当然そこには、戦後半世紀を経て未だ出没し続ける「大東亜共栄圏の亡霊」の存在もある[43]。

　しかし、宮川眞喜雄が述べるように、「東アジアに共同体を形成するということは、戦後の日本の外交政策の一つの重要な課題」[44]と言ってよいのではないだろうか。日本国内では 2009 年 9 月の民主党政権の発足と前後して、「東アジア共同体」の創設に関する議論が以前にも増して盛んになったことも事実である[45]。前節にも述べたように、今や東アジアとは、地理的に「安・近・短」であり、生活水準・

---

41) こうした認識は 18 世紀中盤から示されていた。荒野泰典「近世日本における…」［貴志、荒野、小風 2005：46］を参照。
42) ［CEAC 2004：8］。
43) この点については、貴志俊彦「『東亜新秩序』構想…」［貴志、荒野、小風 2005：91-117］、多賀秀敏「東アジアの…」［山本武彦編 2005：94-95］を参照。
44) ［宮川眞喜雄 2005：6］。
45) 2010 年 6 月の鳩山由紀夫首相の退陣とともに、「共同体」創設をめぐる議論は表舞台から影を潜めた。だが、その直前の数年間、日本では以下のような「東アジア共同体」の名を冠した著書が次々と刊行されていた（以下、刊行年順）。［森嶋道夫 2001］、［谷口誠 2004］、［小原雅博 2005］、［伊藤憲一、田中明彦監修 2005］、［滝田賢治編著 2006］、［進藤榮一、平川均 2006］、［西口清勝、夏剛編著 2006］、［吉野文雄 2006］、［毛里和子、森川裕二編 2006］、［浦田秀次郎、深川由紀子編 2007］、［山本武彦、天児慧編 2007］、［進藤榮一 2007］など。また、産官学の有識者を中心とする研究団体「東アジア共同体評議会」（CEAC）が発足し、活動中である。同評議会ウェブサイト http://www.ceac.jp/j/index.html を参照。

生活様式が似通い、維持発展させるべき莫大な富を有する地域である。そこに生来的に存在する日本が積極的にコミットしないでどうするというのか。中国を警戒している間に、東アジア協力における主導権を中国に奪われつつあるのが実情である。以下、本節においては、一つ目に競合する日中関係の文脈において、二つ目に日米関係との整合性という観点から、日本にとっての東アジア地域主義を考察・検証してみたい。

(1) 東アジア地域主義と日中関係

2004年、日本のシンクタンクである東アジア共同体協議会（CEAS）設立呼びかけ人大会において外務省高官（アジア大洋州局地域政策課の山田滝雄課長＝当時）が、外務省、経済産業省における「アジア・シフト」人事が起きていることに言及し、その背景にある4つのポイントを挙げた。それらは、①1997年の経済危機後芽生えた地域主義秩序の成長、②東アジアにおける域内貿易の爆発的増加、③地域内諸国共通の課題として中国問題の登場、④WTOの頓挫に象徴されるグローバリズムの挫折とリージョナリズムの台頭という構図、である[46]。同時に山田氏は、「日本が不況の中で元気を失い、内向きになっていた間に、中国が台頭し、アジアでは大きな地域主義のダイナミズムが生まれていた。ところが、日本人は私自身を含め、そのことに気がつくのが遅れ、不意打ちを食らった格好になっている。その意味でも、国内での啓蒙も必要だし、議論を今こそ活性化させなければならない」とまで述べている。東アジア地域主義の推進において日中関係は極めて重要な課題であることに疑問の余地はないのである。

毛利和子は、中国において2000年の後半から（それまでの「アジア太平洋」に代わって）「東アジア」をアジア戦略の中心に据える「発想の転換」があったこと、また、同時期に中国が自らを「大国」として明確に認識するようになったことを指摘している[47]。すなわち、中国は自らを、東アジアを勢力圏とする地域大国であると捉えるに至ったのである。そう考えるならば、2001年以降、ASEAN+3協力の進展過程において政治的リーダーシップの中心が韓国や日本から中国に移る兆

---

46)［CEAS 2004: 5-6］。
47）毛利和子「『東アジア共同体』と中国の地域外交」［山本武彦編 2005：72-75］。

しが見られたとの指摘[48]もまた驚くにあたらない。中国はASEAN+3を通じた東アジア協力を、上海協力機構（SCO）を核とする中央アジア、南アジア地域協力機構連合（SAARC）を通じた南アジア、さらにはロシアとモンゴルとの間での北東アジア協力と並ぶ「四圏外交」[49]の一環と位置づけ、アジア地域統合を積極的に推進するとしている。これら4つの地域協力圏はアジアの中心に位置する中国を国際共同体に統合する有機的統一体であると説明するのだが、それは、中国にとって四方に勢力圏ならびにバッファー（緩衝地帯）を築くという発想にほかならない。

　実際、2002年以降の中国の「対東アジア攻勢」をまとめてみると、表5-4のようになる。

表5-4　東アジア協力に対する中国のイニシアティヴ（2002〜2010年）

年　　月	事　　項
2002年11月	ASEANとの包括的自由貿易協定（FTA）を締結。
2002年11月	ASEAN諸国との間で「南シナ海関係国行動宣言」に調印。
同　　上	ASEANとの間で「非伝統的分野の安全保障協力」に関する共同声明。
2003年10月	インドともに、東南アジア友好協力条約（Treaty of Amity and Cooperation in Southeast Asia: TAC）に加盟。
2004年6月	第3回アジア協力対話（ACD）外相会合を青島で開催。
2004年11月	第1回ASEAN地域フォーラム（ARF）安全保障政策会議を北京で開催。
2006年9月	日中韓首脳会合の開催を取りやめ（小泉首相の靖国神社参拝を受けて）。
2008年4月	第1回日中メコン地域政策対話を北京にて開催。
2008年10月	第7回アジア欧州会合（ASEM）首脳会議を北京で開催。
2010年1月	ASEAN中国FTA（ACFTA）が始動。

各種資料を基に筆者作成。

　一方、日本が東南アジア友好協力条約に調印したのは中国から1年遅れること2004年であった。FTAないしEPA（包括的経済連携協定）にしても、シンガポールとは早々と締結した（2002年1月署名、11月発効）ものの、それ以降は、マレーシア（2006年7月発効、以下同）、タイ（2007年11月）、インドネシア（2008年7

48）［CEAC2004：8］。
49）蘇浩「調和のとれた世界——中国外交の枠組みに見る国際秩序」［飯田将史編2009：40-46］参照。

月)、ブルネイ(2008年7月)、フィリピン(2008年12月)、ヴェトナム(2009年12月)と個別に段階的に締結してきた。ようやく2008年12月から09年6月にかけて日本ASEAN包括的経済連携(ASEAN Japan Comprehensive Economic Partnership: AJCEP)が発効したが、2012年1月段階においてインドネシアとカンボジアとの間ではまだ発効していない[50]。日本が自国の産業、とりわけ農業の保護という事情から、どうしても積極的に諸外国とのFTA/EPAに踏み出せないことは、昨今の環太平洋パートナーシップ(TPP)をめぐる議論でも明らかである。

しかし、東アジア経済全体の発展を考える時、もはや日本が自国の利益を守ることだけに汲々としているわけにはいかない。前節の内容に関連して述べるならば、今や日中は世界最大の経済的パートナーである。日本にとって中国は輸出入ともに──もはやアメリカを上回る──最大の貿易相手国であり、中国にとっても日本は輸入相手としては1番目、輸出先としては(アメリカ、香港に次ぐ)3番目の貿易相手国である(2010年)。日本の海外直接投資先としても中国はアメリカに次ぐ2位である(同)。韓国をはじめその他アジアの国と地域も日本にとって重要な経済パートナーであることは論を俟たないが、とりわけ日中関係が東アジア地域主義の将来にとって重要な決定要因であることが明白なのは、多くの論者が述べるとおりである[51]。

毛利和子は2004年の時点で日中間における信頼関係の欠如を指摘している[52]が、それから7年以上が経った2012年初頭の段階においても、状況はさほど大きく変わっていないと言えよう。しかし、二国間で政治体制や(自由や人権などの)価値、歴史認識等における考え方の溝を埋めてゆく努力は、一朝一夕にはいかない。長期的な戦略をもって臨むことが必要である。また、中国の軍事力増強や、日本から見て過剰と思われる周辺海空域での軍事的活動に対して日本は、自国の利益に関わるところはきちんと主張するという粘り強い対話を継続していかねばならない。中国は果たして既存の秩序を維持しつつ地域の責任あるステークホ

---

50) FTA/EPAについて詳しくは、日本の経済産業省ウェブサイトを参照。(http://www.meti.go.jp/policy/trade_policy/epa/index.html 2012年1月31日確認)
51) [Beeson 2007]、[Dent 2008]、[飯田将史編2009]などを参照。
52) 毛利和子「『東アジア共同体』と…」[山本武彦編2005：79]。

ダーとしての役割を担うようになるのか、あるいは中国を中心とする新たな（華夷＝中国中心の）秩序の構築に乗り出すのか[53]。中国が後者の方向性を取る可能性については——近い将来は大いにありうるがゆえに——第三国を含む多国間地域協力の枠組みこそが、中国を平和的に地域の問題にエンゲージさせるのに有効になろう。なぜならば、東アジア諸国、とりわけASEAN諸国（および地域機構ASEANとしても）は、地域が特定の大国の影響力のもとに置かれることを嫌い、東アジア域内における大国間のバランスが保たれることを地域理念としてきたからである。中国もそのことをよく認識し、132ページの表5-4に示したとおり、これまでのところは、多国間協力の枠組みの中でイニシアティヴを発揮するという協調姿勢を貫いているかに見える。

以上のように見てくると、東アジア地域主義という文脈における日中関係の問題とは、主導権争いというよりもむしろ両国間の「温度差」であるといえる。両国は東アジアに対して互いに異なるイメージを持ち、それぞれ違う方向を向いているとしか表現のしようがない。そこで次に、日本が東アジアに対して今一歩踏み込んで向き合うことのできない大きな要因の一つである日米関係について考察してみたい。

(2) 東アジア地域主義と日米関係

日米関係は、日本が東アジア地域主義を推進するにあたって大きな物理的・心理的制約要因となっている面は否めない[54]。戦後の日本外交の基軸は日米関係——特に近年は日米同盟[55]との表現が目立つ——であり続けてきたことはたしかだし、日本が「アジア・シフト」、すなわちアジアへのコミットメントをより強めることは、相対的な「アメリカ離れ」に繋がるという感覚は日本人全体に共有されているものと思われる。

井上寿一は1930年代末に日本が掲げたアジア主義、すなわち「東亜新秩序」声明実現の課題として、①日中提携の方法、②アメリカとの関係、③欧米協調との

---

53) 恒川潤「日中関係安定化に向けて」［飯田将史編 2009：99］。
54) ［Beeson 2007: 85］。
55) 日米同盟に関する包括的な研究書として、たとえば、竹内俊隆編著『日米同盟論』ミネルヴァ書房、2011年、を参照。

均衡、の 3 点を挙げ、これは現代の日本にとっても地域主義（アジア主義）を考える際の「普遍的な課題」だと述べている[56]。アメリカを説得でき、アメリカを排除しない「アジア地域主義」（具体的には「東アジア共同体」の実現）は可能なのか、という問いかけは今なお重要である。しかし、日本には、「米国抜きの地域協力は米国の意向に反し、米国からの反感を買うことを慮かる」[57]傾向があまりに強いといえる。果たして、日本の対外政策および対外姿勢にとって日米同盟と東アジア地域主義は両立しないのであろうか。本章では最後にこのことを検証してみたい。

1990 年のマハティール提案（EAEG/C）にも、1997 年のアジア通貨経済危機に際して出された「アジア通貨基金（AMF）」設立構想に対しても、アメリカはどちらにも強く反対した。しかし、通貨経済危機に直面したアメリカおよび国際通貨基金（IMF）による支援には限界があり、また IMF のコンデショナリティ（融資条件／制約条件）が厳しかったため支援を受けた域内諸国からの強い反発もあった。2000 年 5 月に ASEAN＋3 が多国間通貨スワップ制度、通称「チェンマイ・イニシアティブ」——事実上の拡大版 AMF[58]——を発足させたときには、アメリカは何ら干渉しなかった。爾来、21 世紀に入り ASEAN＋3 が「東アジア協力」を既成事実化させていき、2005 年 12 月にクアラルンプールで第 1 回東アジア首脳会議（EAS）を開催する頃には、アメリカは当面静観の姿勢を取ったが、実際にはオブザーバー参加を望んでいた。EAS についてアメリカはむしろ反発したり排除したりするのではなく、自らも参加を希望する方向に転換し、ついに 2011 年 11 月の第 6 回会議（インドネシア・バリ）にロシアとともに新規加盟を果たした[59]。

このようにしてみると、今やアメリカも東アジア協力に積極的にコミットするようになったわけであるから、日本がこの地域にアメリカの経済・軍事・政治の各領域における安定的なプレゼンスを確保しつつ、アメリカとともに民主主義、人権、自由、法治などの普遍的価値を基にした地域秩序の構築を目指す[60]との政

56）［井上寿一 2006：189-190］。
57）［宮川眞喜雄 2005：6］。
58）［Beeson 2007: 231］。
59）会議の詳細（議長声明骨子）については、日本外務省ウェブサイトを参照。（http://www.mofa.go.jp/mofaj/area/eas/shuno_6th_cs.html 2012 年 1 月 31 日確認）
60）［飯田将史 2009：145］。

策を遂行するのに大きな障害はないのではないと思われることだろう。

　しかし、ビーソン（Mark Beeson）が指摘するように、「戦略的政策レベルにおける日米間の主要な結びつきは日中関係が緊密になる可能性を本質的に問題含みなものにする」[61]と言って差し支えない。すなわち、中国は日米同盟関係にとっての仮想敵ではないものの、台湾問題をはじめ、まさに日米が共同で対処すべき有事を想定する対象となっている。しかし一方では、経済関係の急速な拡大とそれに付随する協力の必要性によって日中両国の協力は不可欠であり、もはや不可避になっている[62]。そこに日本の対外政策の葛藤と苦悩があるといえる。また中国の影響力の高まりと反比例して日本の重要性が低下している[63]ことが、アメリカから相対的に自立的な東アジア政策を取らせることを躊躇させている面もあると言えるだろう。

　また、日本の葛藤の中には、日本人が生来的に持つ「アジア・アイデンティティ」[64]（ないし、いわゆるアジア主義）が第二次大戦における敗北とともに封印されてきたことに対する苛立ちもあろう。今やアジアの中心に位置するのは中国であり、アジア・アイデンティティの再興を目指すとすれば、それはかつてのように日本単独ではなしえず、中国（およびその他の東アジア諸国）と共に構築していかねばならない。しかし、戦後日本の繁栄を作り上げたのは日米関係によるところが大であった。また、アメリカの存在（プレゼンス）——日本の領土内に米軍が駐留し続けてきたこと——こそがアジアの平和と安定に繋がり、さらには今日の経済的繁栄をもたらしたと考えられてきた。ところが、経済大国化した中国は米国との関係を「戦略的パートナー」と位置付け、直接的に渡り合う存在として国際政治の舞台にいよいよ本格的に浮上してきた。日本は米中の二大国間において、アメリカのジュニア・パートナーとして地政学上、中国の太平洋進出を抑えるバッファーの役割に甘んじているのが現状である。東アジア地域主義は、日本の対外政策にとって、また 21 世紀以降の日本の国家としてのあり方について

---

61) [Beeson 2007: 97].
62) 同上箇所。
63) [Beeson 2007: 235].
64) See Kazuhiko Togo, "Japan and the New Security Structures of Asian Multilateralism," [Calder and Fukuyama (eds.) 2008: 168-197]. また [平川均 2009] は日本のアジア主義の系譜を簡潔にまとめている。

極めて困難な課題を突き付けているのである。

おわりに ── 「東アジア」は何処へ行くのか？

　果たして東アジアは何処へ行く？ ── その答えをここで提示するには筆者はあまりに力不足である。しかし、マハティール構想から7年でEAECと同様の構成を持つASEAN＋3が制度化され、そして15年で、その内実はどうあれ「東アジア首脳会議」が設立された。この過程自体は極めて劇的であり画期的であった。すなわち、成長と繁栄のシンボルとしての東アジアという名称あるいは地域概念は、完全に国際的な認知を得たと言ってよい。ヨーロッパ地域統合を引照基準とするのであれば、東アジア協力はまだ緒に着いたばかりなのに、である。一方では今後、ASEAN＋3、EAS、あるいはASEAN-PMC（ASEAN拡大外相会議）やARF、ASEMなども含め、ASEAN主導の広域秩序全体に整理・統合ないし発展的改編の動きも起きていかざるを得なくなるのではないかと考えられる。

　しかし、このことを、より広い観点からみるならば、東アジアないしアジアという地域が予見しうる将来、米州、欧州という世界政治経済の二大中心（極）と肩を並べる存在となっていくこともまた過去半世紀の歴史の流れから必定であると言えるだろう。そう考えると、ASEANというのは、過去500年、西欧近代が出現し、支配する世界の中で分断され拡散してしまったアジアを再び一つに結びつける接着剤のような役割を今果たしているのかもしれない。あるいは世界中からモノ、カネ、ヒト、そして情報やサービスを惹き付ける磁石のような存在なのかもしれない。ASEANという弱小国の集まりだからこそ「＋3」も「＋6」（すなわちEAS）も可能になったのである。中国、インドはもとより、ロシアもアメリカもEU代表もEASに参加したがった。豪州、インド、NZの参加には消極的だった中国も、ロシアの参加は積極的歓迎である。ASEANの側も、中露各国とのみならず上海協力機構（Shanghai Cooperation Organization: SCO）との関係構築に向けて動き出した。2005年4月、ASEAN中央事務局はSCO事務局との間で、テロ対策、麻薬、武器密輸などの越境犯罪その他の分野で協力を始める旨、覚書を交換した（但し、実体としてどこまで協力が進むかは未知数である）。

　ロシアの影響力が東アジアにおいて増大する（あるいは戻ってくる）とすれば、近い将来、東アジアにおける大国間のパワーバランスも大きく変化を遂げ、中

国・インド・ロシアの影響力が特に大陸部東南アジアで競合していくことになるのではないか。日本は従来通りアメリカとの関係（あるいは日米豪印・日米韓関係）のなかで、主として島嶼部東南アジアに対して経済的・政治的に影響力を持つ、という発想だけでは早晩立ちいかなくなるであろう。そもそも「東アジア」という地域の捉え方は、2000年代初頭こそが「旬」だったとすれば、その先――地理的には中国・インド・ロシアの裏庭ともいえる中央アジアまで――を視野に入れる新たなアジア地域像への想像力が必要となってくるからである。ASEANは、もしかすると「東アジア共同体」の先にその辺までを見越しているのかもしれない。

　ここまで様々に論じてきたが、21世紀初頭の時点における「東アジア地域主義」とは結局のところ、経済的繁栄がもたらした大幅な生活様式の変化（より具体的には向上）を域内の人びとに共有せしめるに至ったことであり、域内に蓄積された今や莫大な量の富を維持発展させていくことにとどめをさすと言ってよいのではないか。端的に言えばそれは、ひたすら平和的な環境の下で経済活動に邁進した1960年代から70年代の日本の状況であり、これまたかつて日本で言われた「一億総中流化」現象がアジア大の規模で広まっていくさまであると言ってよいだろう。
　とはいえ、それが「東アジア共同体」の形成に繋がるか、というと、未だ長い時間が掛かることは誰の目にも明らかであろう。仮にそのような制度的枠組みが創られて何らかの（EUのような）名称が付与されることになっても、人びとはそれに対する帰属意識を全く持ち得ないであろう。ましてCOVID-19のパンデミックが世界を停滞させた2020年代に入り、国境を越える交流はままならず、人びとは国内に、また国内でも移動を制限される中、ひたすら退却・避難、もしくは引き籠った状態に置かれた。
　それは、ある意味で、グローバリゼーションにおける経済成長と繁栄という光に対する、影もしくは闇の部分だと言えるかもしれない。経済活動による自然環境の破壊、エネルギー不足の問題なども闇の部分であろう。さらに、既に大きく広がりつつある域内の経済格差や、貧困層や競争に敗れた者に対する社会保障（セーフティネット）の不備、あるいは競争に疲れて精神や肉体を病む人びとに

対するケアの問題も含まれるであろう。しかし、そうした影もしくは闇の部分を地域共通の課題と認識し、その解決のために域内各国政府のみならずNGO/NPOなども協力して取り組む体制を整えていくならば、域内の人びとが共通の価値を持つことに繋がっていくだろうし、そのことが共通の価値を基盤とする共同体の形成に繋がり、ひいては人びとが「(東)アジア人」アイデンティティのみならず、それに対する誇りも併せ持つようになるだろう。

　既に2008年頃から中国経済の失速、バブル崩壊ということが取り沙汰されている。これまで経済一辺倒の感が強かった「東アジア地域主義」が、逆説的に見れば、新たな方向に向かう一つの兆しがそこにあると言えるかもしれない。そうした中で日本はどうあるべきなのか。アジアの中心が中国・インドへと移り、中央アジアへの広がりをもつ地域概念として「アジア」が定着してゆくとすれば、日本はますます東の端 (＝極東) に取り残されていきかねない。そうならないためにも日本は、産業のより一層の高度化・知識集約化を進めることで「雁の群の先頭」を確保し、あくまで平和裡に「成長と繁栄」の東アジアをリードし続けなければならない。それが日本に課せられた役割であり、日本の存在意義であろうと筆者は信じる。

　CEAC議長の伊藤憲一は、アジアにおいては欧州とは違う形の統合・共同体を目指すべきであり、また目指してよいと言っている[65]が、筆者も全く同感である。また東アジアが単一の共同体に収斂する必要もないのではないか。これまでにもアジアには幾つにも重なり合う公式・非公式の協力の枠組みが併存してきた。今後も互いを排除しない限り、人びとの国境を越える自由な活動ができるだけ保障される枠組みが共存することが望ましい。重要なことは、アジアの国ぐに・人びとが互いに対等な立場の下で共に平和と安定を享受しつつ繁栄する仕組みが創られなければならないということだ。誤解を恐れずにいえば、かつての大東亜共栄圏の英語名 The Greater East Asia Co-Prosperity Sphere の Co-Prosperity という語、字義通りに解釈すれば「共に繁栄を享受する」という意味である。東アジア共同体は、まさに小泉純一郎首相が2002年1月に述べた「共に歩み、共に進む」の精神を基盤とする、真の意味での「共栄圏」であるべきだと思う。

---

65)〔伊藤憲一2009：86-87〕。

近現代アジア主義の研究
宮崎滔天から「東アジア共同体」まで

第Ⅱ部

第6章　近現代日本のアジア主義
―― 征韓論から大アジア主義に至るまで

はじめに ―― アジア主義ブーム再び？

　今世紀に入って、ちょっとした ―― 静かな、あるいは隠れた、というべき ――「アジア主義」の、あるいは「アジア主義再来」のブームが起きているのではないかと思う[1]。テレビニュース番組のコメンテータとしても活躍していた気鋭の政治学者がその名も『アジア主義』[2]という本を出すのみならず、中国からの留学生がアジア主義をテーマに博士論文[3]を書き、またドイツやポーランド出身の研究者が日本の大学でアジア主義について研究[4]し、教えている。はたまた何かと物議を醸してきた社会派の漫画家が『大東亜論』なる三部作を刊行した[5]。2020年に『アジア主義全史』[6]なる決定版までが出たことで、その傾向も極まったと言えよう。しかし、筆者自身も含め、これらの研究者や著作家はみな戦後世代に属し、いわゆる戦前戦中のアジア主義 ―― の生成と発展、暴走、欺瞞、そして崩壊等 ―― を肌で感じたことはないはずである。だから、これらの研究者の問題関心の一つは、21世紀も第二十年期（decade）半ばを過ぎた現在、アジア主義という考え方（思想・信条、イデオロギー、運動）は果たして世界的に見て、また当のアジア諸国民にとって、なかんずく私たち日本人にとって意味があり有効性を保ち得るのだろうか、という点にあると思われる。

　筆者の問題意識もまさにそこにある。本書（第Ⅱ部）の目的は、かつて19世紀半ばから20世紀前半まで、日本において興隆し、また日本以外のアジア各国においても一定の社会的・文化的・政治的勢力を保った「アジア主義（興亜論、汎

---

1) その先駆けとなったのは［松本健一2000］や［井上寿一2016（初版2006）］であったと言えよう。なお、竹内好は1963年の段階で「ちかごろまたアジアへの関心が高まってきたようである」（［竹内好1993：92］）と書いたが、そういう意味では、今世紀に入ってのアジア（主義）への関心の高まりは、戦後、何度目かの現象なのであろう。
2) ［中島岳志2014］。
3) ［劉峰2013］。
4) See ［Saaler and Koschmann (eds.) 2007］, ［スピルマン2015］。
5) ［小林よしのり2014］、［小林よしのり2015］、［小林よしのり2017］。
6) ［嵯峨隆2020］。

143

アジア主義／大アジア主義等々)」(Asianism, Pan-Asianism, Great(er) Asianism, etc.) を現代的な文脈で解釈・理解し、21世紀の今日におけるその有効性を問うことにある。

　明治維新から150年以上が過ぎた今日、この間の歴史を振り返ってみれば、日本にアジア主義の波は2回ないし3回訪れたと言えるのではないか。第一は前述の明治から第二次世界大戦中までのアジア主義であり、それは無謀とも言えた大東亜共栄圏建設の失敗と共に、一旦歴史の表舞台から退場した。この第一の波については次節以降で詳述する。第二の(小さな)波は、戦後1950年代からの戦後賠償プロジェクトに始まった、高度経済成長と軌を一にする日本のアジア回帰(日本のアジアへの経済的再進出)であったと言えるのではないか。1972年9月の日中国交回復がもたらした「中国ブーム」や日中友好ムードもそれに拍車をかけた。しかし、次第にそれは、「アジア太平洋」という地域的な括りを特徴としていくようになった。1970年代から80年代にかけて「21世紀はアジア太平洋の時代」という謳い文句がメディア、政財界そして学界において盛んに躍った。そのピークが1989年のアジア太平洋経済協力(Asia Pacific Economic Cooperation: APEC)の創設であった。

　ややあって、「アジア太平洋」に追走するように20世紀末から「東アジア」概念が台頭してきた。「アジア太平洋」概念も消えてしまったわけではないが、太平洋というと北米(アメリカ、カナダ)、オセアニア(オーストラリア、ニュージーランド)から、中南米の太平洋沿岸国(メキシコ、チリ、ペルー等)までもが含まれて地域概念としてはいかにも広すぎる。まさに1990年代に突入すると同時に当時のマレーシア首相マハティール(Mahathir Mohamad)が「東アジア経済グループ(EAEG)」構想を発表し、鄧小平(Deng Xiaoping)による「南巡講話」(1992年)以降、中国が急速な経済発展を遂げ、世界銀行が日本、アジアNIEsと一部ASEAN諸国を『東アジアの奇跡』と称賛した報告書を刊行(1993年)し、さらには今世紀に入って「東アジア共同体」構想が進展すると、こうした出来事やアイディアが、「東アジア」という地域概念を定着せしめ、「東アジア地域主義」という新たな「アジア主義」の生成・発展をもたらしているかに見える。これを第三の波と位置付けてみたい。この一連の流れについては、第5章でも詳しく論じた通

りである[7]。

　第二次世界大戦後の、いわゆる新しいアジアの地域主義について語られる際に必ず指摘・言及されるのは、一つは欧州統合すなわちヨーロッパ地域主義との比較・関連であり、もう一つは前記「第一波」のアジア主義とのそれである。前者について本書では詳しく触れないが、後者、すなわち戦前戦中のアジア主義（大アジア主義）といえば、必ず想起されるのは、その名の下にアジア全域からオセアニアに至る広大な地理的範囲をその版図に収めようとして大崩壊に至った、日本の大東亜共栄圏の建設の企てと政策的プロパガンダ、そして軍政支配である[8]。勿論、現在の国際環境下にあっては、いかなる国であれ、そのような地域的野望を持つことは到底受け容れられるものではない。21世紀の新しいアジア主義は、戦前戦中のアジア主義の暴走に対する深い反省の上に立って構想され共有されていかねばならない。だからこそ、第一のアジア主義を研究する意義がある。だが、戦後日本による平和的なアジア回帰、すなわち経済的進出（先述の「第二波」）でさえも、多くのアジア諸国において「軍事力なき日本のアジア支配」、「軍事力でなし得なかったことを経済力で」などと揶揄され、嫌悪され、拒絶された[9]。それは1970年代から80年代にかけて、アジア各地で一連の激しい反日的行動を招いた[10]。

　結局のところ、いかなる方法・形態であれ、またいかなる動機に基づくものであれ、日本が近隣アジア諸国と接する際には摩擦が生じる。程度の差はあれ、21世紀の現在もその状況は続いている（特に歴史認識問題をめぐる中韓との摩擦は常に浮上する）。それは、明治維新の達成以来、非西欧世界の中でいち早く工業化・近代化に成功し、富国強兵の道を歩んだ明治から昭和初期にかけての日本が、欧

---

7) 「東アジア地域主義」について、第Ⅰ部で言及していなかった近年の関連する研究として、［Mahbubani 2008］、［Ba 2009］、［山本・羽場・押村（編著）2012］、［Buzan and Zhang (eds) 2013］、［Goh 2013］などを参照。

8) いわゆる大東亜共栄圏の亡霊は、戦後のアジア地域主義を語る際に常につきまとう。［井上寿一 2016］、［Saalar and Koschmann (eds.) 2007］、［劉 2013］などを参照。

9) 典型的には、フィリピンの歴史学者コンスタンティーノ（Renato Constantino, 1919-1999）が1979年に発表した「第二の侵略――フィリピンにおける日本（The Second Invasion: Japan in the Philippines）」で述べたような、（日米の提携による）「経済的（軍事的）帝国主義」という批判である。

10) 東南アジア諸国の反日運動については、岡部達味『東南アジアと日本の進路――「反日」の構造と中国の役割』（日経新書242、1976年）が詳しいが、同書は今となっては入手困難のようだ。

米列強による植民地支配もしくは半植民地化の屈辱と辛苦に喘ぐ近隣アジア諸民族の現実を眼前にした時から背負った宿命であった。日本にとって、維新および自らの近代化とアジア諸民族の命運は表裏一体の関係にあった。すなわち、植民地化・半植民地化された近隣アジア地域を放置しておくことは西欧列強の勢力を野放しにあるいは増長させることにつながり、それは「帝国」を標榜する自らの国際的地位のみならず生存そのものを脅かされることになりかねない。しかるに日本としては、欧米列強に伍して自らアジアを支配する側に回る（と同時に列強をアジアから追い出す）のか、あるいはアジア諸国の独立を助けて共に戦い、これらと連帯して列強を追い出すのか、という二者択一を迫られたのである。まさに孫文が看破した如く、日本は近代化の過程において「西洋の覇道の番犬となるのか、東洋の王道の干城となるのか」[11]の選択を突き付けられていたのである[12]。

　以上のような歴史的認識に基づき、本章では、まず、近現代における日本のアジア主義を概観・整理してみたい。本書が、特にその中で注目する、熊本・荒尾が生んだ「偉大なる支那（大陸）浪人」宮崎滔天（1871～1922）については続く第7章、第8章で詳述することとする。その前に、第Ⅱ部全体の理解のための一指標として、次ページに、明治から昭和にかけて生きた、いわゆるアジア主義に関わった人たちとその周辺にいた人たちの生きた時代を時系列的に年表にまとめてみた（図6-1）。これを見ると、大正期から戦前・戦中にかけてアジア主義に関わった（アジア主義を唱えた、もしくは、そうした主義に則って活動をした）人びとは、戦後も1970年代くらいまでは生き延びたことがわかる。果たして、そうした人びとの考え方が戦後のアジア（地域）主義に影響力を持ったのかどうかは定かではないが、戦前・戦中のアジア主義と戦後のアジア（地域）主義との間には、実は、さほど断絶は深くないのかもしれないとも思える。

---

11) これは1924年11月28日の神戸における孫文の講演「大アジア主義」の一節とされているが、嵯峨隆の研究によれば、後で書き加えられた部分であるとされる。［嵯峨隆2006：49-50］参照。
12) しかし、実際には、本書第1章にも述べたように、日本にとってのアジアは対欧米政策の従属変数に過ぎなかったし、孫文の言葉を借りれば、日本は「西欧の覇道の番犬」の道を選んだのである。

|第Ⅱ部| 第6章 近現代日本のアジア主義 —征韓論から大アジア主義に至るまで

図6-1 日本のアジア主義者(とその周辺)

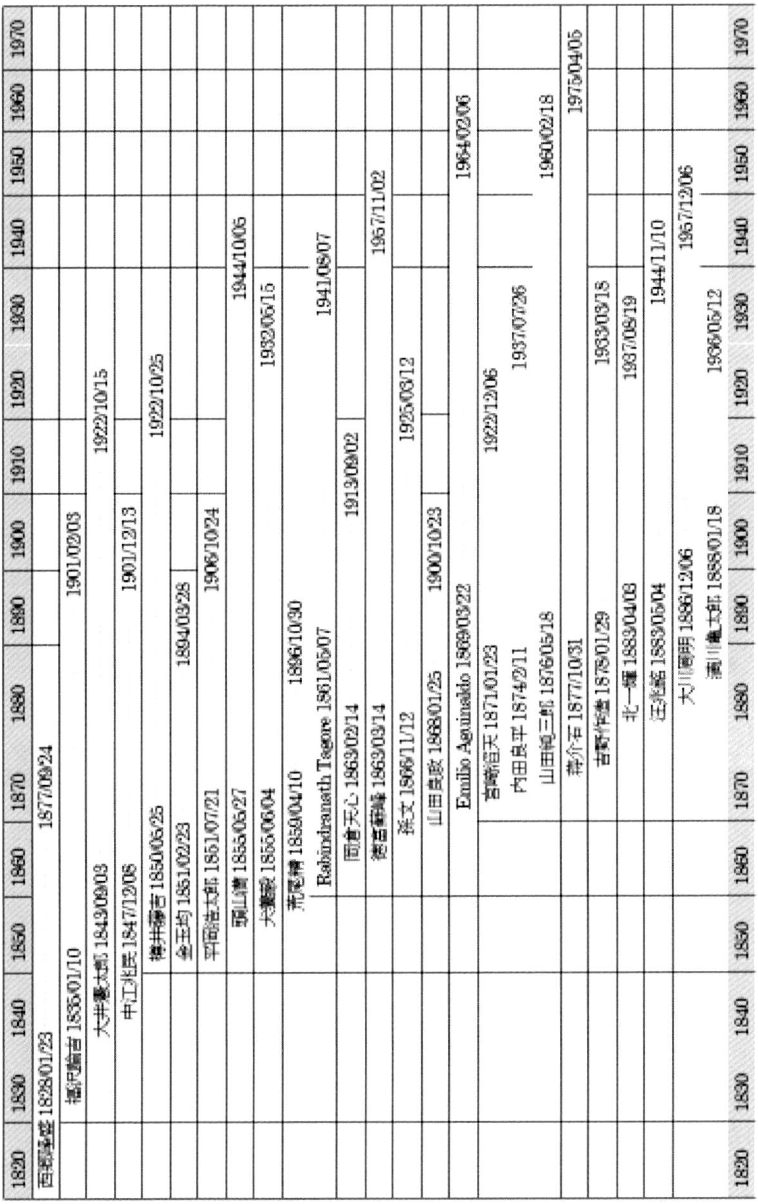

各種資料をもとに高塚作成.

1．アジア主義とは何か

　では、アジア主義とは、いったいどのように定義しうるだろうか。昭和期におけるアジア主義研究の第一人者と言える竹内好（1910～1977）は、「日本のアジア主義」[13]において、『アジア歴史事典』（平凡社、1959～62年刊）中の野原四郎（中国近現代史、イスラーム研究者、1903～1981）が執筆した「大アジア主義」の項目を引用し、「比較的私の考えに近い」と述べている。それは大要「欧米列強のアジア侵略に抵抗するために、アジア諸民族は日本を盟主として団結せよ、という主張」であるが、時代と共に変質し、「大アジア主義」として「明治政府の大陸侵略政策を隠蔽する役割を果たすようになった」と記述される[14]。竹内はこの後半部分については批判的であるが、彼によれば、そもそもアジア主義は「多義的」であり、「どれほど多くの定義を集めて分類してみても、現実に機能する形での思想をとらえることはできない」ものであり、それは、「状況的に変化する」、「ある実質内容をそなえた、客観的に限定できる思想ではなくて、一つの傾向性ともいうべきもの」だと言う。竹内はさらに、「それ自体に価値を内在させているものではないから、それだけで完全自足して自立することはできない。かならず他の思想に依拠してあらわれる」とまで述べた[15]。

　そのような竹内の記述に対して中国人研究者の劉峰は、戸坂潤、矢沢康祐、趙景達らによる竹内批判をまとめつつ自らの意見を交え、「①アジア主義を、実現されなかった理想の思想としてその原型を追い求めているに過ぎない、②アジア主義の思想性を否定した上で、無意識的に抽象化、曖昧化している、③自国中心的な視点から逃れられていない」という3点を指摘した[16]。

　では、アジア主義は、竹内が述べたように、それ自体は価値を含まないのか。思想として成立はしないのか。上記の竹内の文章（日本のアジア主義）を「精読」した松本健一は2000年の段階において、「竹内好が『日本のアジア主義』を発表し

---

13) 原題は「アジア主義の展望」（竹内編『現代日本思想体系』第9巻「アジア主義」筑摩書房、1963年刊）。［竹内好1993：287-354］および［松本健一2000］を参照。以下、同論文に言及する際には、［竹内好1993］に依拠する。
14) 野原による執筆内容の引用は、［竹内好1993：289-291］。
15) ［同上：292-294］。
16) ［劉峰2013:3-6］。

た40年ちかく後の現在、アジアの実体的な大変貌をうけて、『アジア』という概念それじたいにも大きな意味変化がおとずれていることを、わたしたちは改めて認識しなければならない」としつつ、「『西洋的な優れた価値』を『愛』によって東洋が『包み直す』とき、そこに『共生(symbiosis)』というアジア的価値が浮き出てくる」のではないか、と述べた[17]。このようなアジア主義の持つ価値とは、「文明=力」としての西洋的価値を「美」という東洋的価値によって凌駕しようとした岡倉天心[18](1863～1913)の理想主義的なアジア主義に通じるものがあると言えよう。

　もう一人、現代においてなお——否、21世紀の現在だからこそ——日本が「アメリカへの従属」から脱却するためにも「本格的にアジアが連帯すべき」であると言い、そのための知的武装としての「アジア主義」を唱える中島岳志の議論を紹介しておこう。中島は、竹内好がアジア主義を暗示的に「政略」、「抵抗」、「思想」としてのそれと三つに分類しておきながら、三番目の「思想としてのアジア主義」の価値を掘り下げることができなかったと批判する[19]。中島は、岡倉天心に始まり、西田幾多郎、鈴木大拙らに引き継がれてきた「多一論(多元的一元論)」によって「(西洋的)リベラリズムを包み直し、アジアによる価値の巻き返しによって普遍性を構築していかなければな」らないと説く[20]。しかし、やはりそこでキーワードとしているのは、松本も用いた「共生」である。また、中島は、主権国家を前提としたアジア諸国の連帯・協調の重要性を説きながら、アジアが全体として(欧州のように)国民国家を超越(政治的に統合)することを目指さない「宙ぶらりんの安定」を目指せ、などと言っている[21]。

　いささか議論が先走りすぎた。アジア主義の21世紀的意義を問うことは本書の最終的な目的でもある。したがって、このことはもっと後の方で触れるとして、まずは明治から戦時中にかけてのアジア主義を分析・整理の対象としよう。竹内

---

17) [松本健一 2000：186-190]。
18) 木下長宏は、岡倉天心の呼び名について厳密な検証を行い、生前の岡倉覚三を天心と呼ぶことは必ずしも適切ではないとして、彼自身の著作では一貫して「岡倉」と呼んでいるが、本書においては慣例に従って「天心」と表記する。[木下長宏 2005] を参照。
19) [中島岳志 2014：30-31]
20) [同上：446-447]
21) [同上：448-450]。但し、同じく「共生」という言葉は使っているものの、中島は松本には一切言及していない。また、「欧州のように」は筆者が補足した。

に拠れば、どうも明確に定義できるものではないということになるが、批判を覚悟の上で大掴みに表現するならば、それは、尊皇攘夷思想に基づいた日本ナショナリズムの発露であった、と言えるのではないか[22]。それが形成された背景は、言うまでもなく「欧米列強＝白人（コーカソイド）＝キリスト教勢力」によって植民地ないし半植民地化されていた「アジア＝非西欧世界」の現実であり、したがって、その目的は、支配・抑圧からの解放であった。支配され抑圧されたアジアと（その危機が迫っていた）日本が互いに協力・連帯することによって欧米白人勢力に対抗し、その支配を打破すべきだとする心情であり、主義主張であり運動であったと言えよう。

　そこでまず本章では、明治から戦時中までのアジア主義の流れを以下、便宜上、「自由民権運動とアジア主義」、「国権主義・対外進出とアジア主義」、さらには「コスモポリタン型アジア主義」などと敢えて分類・整理しているが、そもそもアジア主義とは上記のように「日本ナショナリズムの発露」（の一形態）であると言い切ってしまうならば、劉峰が竹内を批判したように「自国（日本）中心的な視点」から免れないのは当然であるし、また、先に引用した野原の記述にあった如く、アジア主義は「時代とともに変質して」、「政府の大陸侵略政策を隠蔽する役割を果たすようになった」わけではないことも明白である。また、サーラーも指摘するように、アジア主義は日本政府の公式の外交政策にはなかなか浸透しなかった。日本の外交政策の一つの現実的なオプションとしての地位を得るのは、日露戦争（1904～05）を経て、1914年の第一次世界大戦の勃発後――日本が列強ないし「一等国」の仲間入りを果たしたと自他ともに認めるよう――になって漸くのことだった、と彼は分析する。その契機となったのは、若き衆議院議員であった小寺謙吉（1877～1949、戦後は神戸市長を務めた）による、1916年の「大アジア主義論」の発表であったとする[23]。

　「日本のアジア主義」は、その原初段階から在野の思想家・運動家によって担われ、欧米列強に侵略され支配されたアジアの惨状を見かねた、すなわち義憤に駆られた彼らが、これを解放して日本との連帯を成さんとする半ば義務感ないし義侠心のような心情的要素に濃く彩られていた。と同時に、国家の近代化に伴う富

---

22) 同様の評価を［上村希美雄 2001：28］は批判的な観点から述べている。
23) ［Saaler and Koschmann (eds.) 2007: 6-7］。

国強兵の論理——それ故に結果的に自らアジアを侵略するという落とし穴に嵌った——の両方が含まれていたと見るべきであろう。「尊皇攘夷思想に基づく日本ナショナリズム」とは、日本こそがアジアの盟主であり、皇国たる、すなわち世界的に見ても唯一無二の至高性と威光をもつ天皇（制）を戴く日本がアジアを教導する（すべきだ）、という考え方に他ならない。したがって、天皇の下で人民は全て平等である（民権思想）[24]が、しかし、その天皇を戴く日本国家が欧米列強の後塵を拝してはならない（国権思想）ということになるのである。両者は分かちがたく結びついていたと見る方が自然であろう[25]。その意味では、状況的に変化するのがアジア主義だと竹内が述べたのは正しいと言わざるを得ない。

　これを思想史的に説明するならば、坪内隆彦が言うように、そのルーツは山鹿素行の『中朝事実』に代表される古学（国体思想）に、さらには江戸時代の国学、とりわけ本居宣長や平田篤胤の著作に、さらに遡れば、結局のところ『日本書紀』であり『古事記』であり『万葉集』に行き着くことになる[26]。加えて、勤王の志士たちのバイブルとされた浅見絅斎の『靖献遺言』や、西郷南洲が幕末から明治維新後にも愛読していたという陽明学者・大塩平八郎の『洗心洞劄記』などに、尊皇攘夷思想に基づくアジア主義のエッセンスが凝縮されているといえる。その南洲が一般に「征韓論」と呼ばれる朝鮮との関係修復を、自ら命を賭してでも敢行すると訴えたのは、西欧列強の脅威がアジアに差し迫る中のことであった。

　いわゆる征韓論は、その後のあらゆる日本のアジア主義の源流となる[27]。そして西郷の影響と遺志は、大きく二つの潮流に分かれて引き継がれていった。一つは自由民権運動のとの関係で、板垣退助を筆頭とする、いわゆる民権派が担った部分である。他方では、いわゆる国権派と見做されるようになる頭山満や荒尾精、さらには内田良平などのアジア主義へと脈々と受け継がれていった。今日、頭山や内田が、さらに後年の大川周明なども「アジア主義者イコール右翼・国粋主義者」という括られ方をする所以である。しかし、事はそう単純ではない。そのこと

---

[24] 頭山満の孫の一人である頭山統一（1935〜1990）は、このことを、「（天皇によって）権利を保障された人民（臣民）は、天皇に捧げる忠誠心において万民貴賤のへだてなく平等である」と表現している。［頭山統一1977：73］。

[25] 中島も異なる表現ながら同様のことを言っている。詳しくは［中島岳志2014：67-84］。

[26] ［坪内隆彦2011：12-22］。

[27] ［竹内好1993：339, 352-354］、［坪内隆彦2011：49-52］。

を以下の 2 節において述べていきたい。

2．自由民権運動とアジア主義

征韓論の内実については、現在では毛利敏彦(1932～2016)の研究[28]などもあり、必ずしも「征韓」の字面から受ける印象通りではないことも知られている。西郷は、武力侵攻を前提とせずに、死を覚悟で自ら大韓帝国に赴き李王朝を説得して開国させ、欧米列強に対抗するために日朝提携を図るという使命感を有していたというのである。よって坪内隆彦などは、これを「遣韓論」と表現している[29]。しかし、西郷の日韓提携ひいてはアジア連帯構想は、結局のところ「文明開化派」の岩倉具視や大久保利通との権力闘争の中で葬り去られ、西郷は下野するに至る。西郷に同調して参議の職を辞したのが板垣退助、副島種臣、後藤象二郎、江藤新平らであった(明治六年政変＝1873年)。

(1) 征韓論と民権論

西郷を追って下野した一人に板垣退助がいたことに注目したい。板垣といえば自由民権運動である。彼は、この時やはり西郷に同調して下野した江藤新平、後藤象二郎、副島種臣らと共に国民議会の開設に尽力する(1874[明治7]年1月、「民撰議院設立建白書」提出)。要するに、民権運動家のほとんどが西郷支持派だったのであり、西郷の唱えた「征韓論」を支持していた[30]。そして、西郷支持者の多くが1877(明治10)年、西郷の挙兵に呼応して西南の役に身を投じたが、その中に「九州のルソー」と呼ばれた肥後の民権運動家、宮崎八郎(1851～1877)がいた。後の白浪庵滔天こと宮崎寅蔵(虎蔵)の19歳年上の兄であり、徳富蘇峰(1863～1957)をして「才気煥発の士」、「天成のジャーナリスト」と評せしめた[31]前途有為の青年であった。末弟の滔天が後年、孫文の考えに共鳴してほぼその半生を中国革命運動の支援に捧げた思想的背景の一つに、兄・八郎を通じて学んだルソーおよび中

---

28) これについては、[坪内2011:41-44]、[中島2014:55-60]を参照。また、坪内は、毛利の研究だけでなく勝海舟の談話をも引いて「西郷＝征韓論者」を否定している。
29) [坪内隆彦2011：41-44]。
30) [葦津珍彦2007：20-21]。ここでは便宜上「征韓論」という言葉を使うが、その内実が異なることは既に指摘したとおりである。
31) [近藤秀樹1984：10-11]。

江兆民（1847〜1901）の自由民権思想があった。このことは後述する。

　ルソー（Jean-Jacques Rousseau, 1712-1778）の『社会契約論』を、後に東洋のルソーと呼ばれる中江兆民がフランス留学から持ち帰ったのが1874（明治7）年のことである。兆民は同年既にこれを『民約論』[32]と題して翻訳し始め、その訳本は（出版される以前に）回覧・筆写されて流布していた。宮崎八郎は、一時期、明治の民権主義青年の間で愛誦されたという「泣読民約論」（泣いて読むルソーの民約論）という漢詩を西南戦争に出征する前に書いているが、飛鳥井雅道は、八郎が読んだ『民約論』は、この明治7年の兆民訳のものだったとほぼ断定している[33]。

　ところで、中江兆民は一般的には「アジア主義者」と見られてはいないが、竹内好は「日本のアジア主義」の中で、兆民を1880年代の状況における「狂言回し」と位置付ける[34]。言うまでもなくそれは兆民が1887（明治20）年に発表した『三酔人経綸問答』[35]の中で、アジア（具体的には中国）への侵略を声高に主張する人物（豪傑の客＝豪傑君）を登場させているからである。『三酔人』は、日本の政治・国際関係学徒なら一度はその洗礼を受ける古典だが、当時の（対清開戦が現実味を帯び始めていた）状況下において、民権論と国権論のせめぎ合い、専制から立憲、民主への社会進化論、さらに武装放棄論・非暴力無抵抗主義、はては現代の「民主主義平和論」（Democratic Peace）を先取りするような議論が次々と展開される。飛鳥井は兆民の本質に「漢字文化圏全体を含む東洋社会が基軸」[36]にあるとして、『三酔人』は対中国侵略を婉曲的に否定するものだと解釈しているが、その点において兆民はアジア主義者であったと言ってもよいだろう。

(2) 板垣・頭山の出会い

　さて、字義通りに見れば、征韓論と民権論は基本的に相容れない思想である[37]。では、民権論者たちはなぜ西郷の征韓論を支持したのか。彼らは、外交政策は公議公論に付されるべきで、征韓論が議会政治の中で議論されれば、必ずや国民の

---

32)『民約論』という題名は既に1872（明治5）年に兆民の師・箕作麟祥が付けた。［飛鳥井雅道1999：91］。
33)［飛鳥井雅道1999：113, 91］を参照。
34)［竹内好1993：328］。
35) 桑原武夫・島田虔次訳・校注、岩波文庫、初版1965年。
36)［飛鳥井雅道1999：170］。
37)［衛藤瀋吉2003b：78, 80］を参照。

大多数の支持を得るであろうと考えたからである。西郷亡き後、「大久保・岩倉他＝藩閥（有司専制）政府」対「板垣・後藤他＝民権派」という政治的対立の構図において、1878（明治11）年5月、大久保利通が東京・紀尾井坂で暗殺される。

この報に接し、土佐にいた板垣のもとに駆けつけたのが福岡の頭山満（1855～1944）である。血気盛んに藩閥政府打倒の挙兵を促す頭山に対し、板垣は民権論の重要性を懇々と説いたという[38]。生粋の尊王攘夷派を自認し、西郷の死後もなお彼の愛読書『洗心洞箚記』を自らも愛読したほど[39]西郷に傾倒していた頭山は、西郷の遺志を継いで決起せんとの意思が強かったというが、板垣との出会いによって考え方を変え、その後、福岡に戻って民権思想を教育する私塾（向陽義塾）を開設する。これが礎となって筑前共愛会を名乗る結社ができ、さらにそれが発展的に1881（明治14）年、筑前玄洋社となるのである。頭山と自由民権論というと意外な組み合わせに思われるであろうが、頭山が板垣に会いに行った際、同行した奈良原到は後年、頭山と自分は「自由民権議論もよくわから」ぬままに「板垣の人物ばっかりを信用し」た（のが後に日本を腐敗堕落させるに至った遠因となった）と述懐している[40]が、頭山は板垣の人柄とその至誠に惚れ込み、民権運動に身を投じていくのであった。

頭山は、民権活動を通じて河野広中、杉田定一、植木枝盛などとも親交を結んだが、実は、思想信条の相違を超えて中江兆民と個人的に親しかったという。竹内好は葦津珍彦や藤本尚則の著作を引いて、その親交ぶりを紹介している[41]。また竹内は、この関係は、頭山の弟子であった内田良平と兆民の弟子たる幸徳秋水において思想面で袂が分かたれ、遂に交わることがなかったと述べている[42]。ここでロシアを自ら（文字通り徒歩で）踏査してソ連国内の事情をつぶさに観察した後、対ソ主戦論を唱えた内田良平を登場させるのはまだ早いだろう。本章の次

---

38) ［葦津珍彦2007：25-29］。
39) 頭山満は、西郷の旧宅を訪れた際、南洲が愛読し書き込みまでしていたという『洗心洞箚記』の現物を、留守を預かっていた川口雪蓬が止めるのも振り切り、遺愛の机の中から引っ摑んできた（但し、読後には送り返した）というエピソードがある。［夢野久作2015：33-34］。
40) ［同上：98-100］。（ ）内は筆者補足。
41) ［竹内好1993：340-342］。たとえば、頭山と兆民が玄洋社員や樽井藤吉、熊本の前田下学らと共に1884（明治17）年、釜山に日中韓3カ国語を学ぶ語学校「善隣館」を設立しようと計画していたことなどもその一例である。［頭山統一1977：100］を、また［石瀧豊美2010：212-214, 243］も参照。
42) ［竹内好1993：340］。

節で引き続き頭山を中心とする玄洋社の動きと日清戦争に至る経過を見ていくが、その前に民権思想・運動（ないし平等主義）との関わりでアジア主義者であった二人の人物について触れておきたい。大井憲太郎（1843〜1922）[43]と樽井藤吉（1850〜1922）[44]である。

(3) 大井憲太郎と樽井藤吉

　大井憲太郎は中江兆民と同じく箕作麟祥（1846〜1897）の門下生で、板垣退助が創設した愛国社に参加し、弁護士としても活躍した。後に兆民らと共に自由民権を訴える政治家として1890（明治23）年の立憲自由党の結党に参加、そして同党を脱党した後1892（明治25）年に東洋自由党を創設した。しかし、何と言っても大井は1885（明治18）年11月に130名もの逮捕者を出した「大阪事件」で有名である。大阪事件とは、大井を中心とする自由党左派活動家（「志士」）たちが、クーデタ（甲申政変）に失敗した朝鮮開化派（韓国独立党）による政変を支援するために武器弾薬を調達し、資金集めのために各地で強盗を働いたという事案である。しかし、実行前に計画が官憲の知るところとなり[45]、敢えなく逮捕・投獄に至ったのである。

　一方の樽井藤吉は、「勤皇志士の行動を支えた道義国家日本の理想の体現を目指して」[46]、1882（明治15）年に「東洋社会党」という日本で初めて「社会党」の名を冠する政党を結成した人物である。しかし、治安を妨害するとして集会条例によって起訴され、1年の禁固刑を受けた。樽井は大阪事件にも連座した嫌疑で投獄されている。大井も樽井も、共に韓国独立党のリーダー・金玉均（Gim Okgyun/Kim Ok-kiun）を支援していた。金玉均といえば頭山満や宮崎滔天とも親交があったが、かの福澤諭吉が慶應義塾に迎え入れて惜しまず支援した人物であった。このことについては後述したい。

---

43) 大井について詳しくは、[坪内隆彦2011：66-78]、[竹内好1993：312-316] などを参照。
44) 樽井について詳しくは、[坪内隆彦2011：79-93]、[竹内好1993：316-323] などを参照。
45) 頭山統一は、大阪事件「の実行計画は粗放杜撰」で、「大井一派の支離滅裂な行動」は「集団的ノイローゼ患者の突発的犯罪という印象」と手厳しく評している。[頭山統一1977：99-100] を参照。
46) [坪内隆彦2011：83]。竹内は樽井について、大井、兆民、福澤らと違って洋学の素養がないと指摘し、「それだけに今日かえりみてきわめて新鮮である」と評している [竹内好1993：321-322]。一方、[中島岳志2014：131-135] は、『大東合邦論』がスペンサー（Herbert Spencer, 1820-1903）の社会進化論に大きく影響されており、それは「これまでの研究であまり強調されて」こなかったと言っている。

そして、大井と樽井の両名共に頭山および玄洋社との関係が深かった。条約改正問題が国論を沸かせていた1889（明治22）年10月、「屈辱外交」への抗議行動として外相・大隈重信に対する爆裂弾テロ事件が起きた。この実行犯は来島恒喜という玄洋社の元社員（実行前に退社）であり、爆裂弾を投げて大隈外相の片脚を吹っ飛ばした後、自らの首を短刀で掻き斬って自死するという凄まじさを見せつけた。その爆裂弾というのが、前述の大阪事件の計画（朝鮮で使用する目的）のために大井の同志が隠し持っていたのを、頭山が大井に直談判して譲り受けたものであった。大井は同事件で懲役9年の刑を科されていたが、憲法発布の恩赦で、この同じ年の2月に釈放された。その後も彼は急進的あるいは革命的自由民権運動家として政治活動に邁進するが（1894［明治27］年衆議院議員に当選）、晩年は中国・東南アジアへの進出事業に意欲を見せた。

　樽井藤吉も大阪事件への関与を疑われたり、東洋自由党の結成で大井と行動を共にしたり、頭山と共に玄洋社の浪人を朝鮮に送り込む計画を立てるなど、大井と同様、急進的な活動家であった。しかし、樽井は運動家としては過激な面があったが、彼が漢文で著した『大東合邦論』(1893［明治26］年)[47]には、極めて理想主義的なアジア主義の議論が展開されている。その骨子は、欧米列強（白人勢力）の侵略に対抗して日本と韓国が対等の立場で合併して連邦国家となり「大東」と名乗ること、清（中国）とは合併できないが合縦すること、究極的には全アジア連邦から世界連邦の実現を大理想としていたとされる。坪内隆彦は、これが「日本のアジア侵略の理論的根拠とされたというのは、全くの曲解」[48]と言い切る。しかし、中国人研究者の目から見れば、『合邦論』は相当に違った様相を呈する。劉峰は、樽井の思想における近代主義的な側面および日韓合邦後の対等性を保証する方法については評価しつつも、樽井の中韓に関する現状分析には両国に対する侮蔑感をあからさまに感じると批判し、結局は体の良い朝鮮征服の論理であるとして、樽井の「相等性」は外見的なものに過ぎず、実際の「不平等性」を厳しく指摘している[49]。

---

47)　実際に刊行されたのは1893年であったが、実は1885（明治18）年に一度日本語で書いたものを入獄のために紛失した、とされている。
48)　［坪内隆彦2011：88］。
49)　［劉峰2013：19-23］。

勿論、中国人の心情からしてこうした批判が出てくるのはやむを得ないだろう。しかし、日本の思想史的な観点からは次のように言える。すなわち、樽井が最初に『合邦論』を書いたとされる同じ1885年、福澤諭吉は自ら創刊した『時事新報』の社説に「わが国は隣国の開明を待って共にアジアを興すの猶予あるべからず」と書いた（いわゆる「脱亜論」）[50]。樽井も福澤も共に朝鮮開化派への支援には熱意を持っていたわけだが、この年に福澤は脱亜へと転じた一方で樽井は『合邦論』を書き、8年後もその考えをなお棄て去らなかったのである。

　時代はだいぶ下ったが、大井と樽井は自由民権思想・運動の系譜につながるアジア主義者として紹介しておきたいと思った次第である。

3．国権主義・対外進出とアジア主義

　明治から第二次大戦時中にかけての日本のアジア主義は、ある時点から民権主義的な傾向を脱して国権主義、あるいは侵略主義へと変貌、もしくは「転向」したという見方が一般的なようである[51]。しかし、征韓論争で西郷南洲の主張を受け入れなかった明治政府は、わずか2年後の1875（明治8）年、江華島事件[52]をきっかけに朝鮮に開国を迫り、翌1876（明治9）年、開国条約である江華条約を半ば強制的に結ばせた。このような動きはアジア主義と呼ぶには値しないどころか、国権主義的な近隣アジアへの進出ないし侵略は、かなり早い段階から始まっていたのである。日本の動きに便乗して欧米列強が開国を迫る中、朝鮮国内は混乱に陥り、先述の独立党によるクーデタが起こるが三日天下に終わる。その中心人物であった金玉均、朴泳孝（Bak Yeonghyo）らが日本に亡命してくる。これを匿い支援したのが大井や樽井であり、福澤であり、頭山だった。

---

50) ［竹内好1993：327］に言わせれば、「『大東合邦論』は彼（福澤）から見てなまぬるい」ということになる。（　）内は筆者補足。

51) ［竹内好1993：302-308］を参照。竹内は、頭山満率いる玄洋社が、1886（明治19）年の、いわゆる長崎清国水兵事件を契機として「民権伸長論を捨てて、国権主義に変ずるに至れるなり」と宣言したことを紹介している（［竹内好1993：306-308］）。一方、そのような見方は単純に過ぎると言う［頭山統一1977：85］は、［同左：156-157］において、1892（明治25）年のいわゆる「選挙大干渉」において玄洋社が「民権派の敵対対象となり、完全に国権主義へ方向転換した、とする説が一般に通説となった」と述べつつ、後年、それを過ちだったとする玄洋社の姿勢にも疑問を呈している。

52) 江華島事件について詳しくは、［竹内好1993：28-30］（旗田巍『朝鮮史』からの抜書き）および［坪内隆彦2011：44-45］を参照。

前述した大隈外相の「屈辱的」な条約改正案に抗議して爆裂弾テロにまで関与した玄洋社が、一躍世間にその名を轟かせたのは、「条約改正を論ずべき場としての国会の開設運動」においてであった。民意を反映させる場としての国会開設は民権的運動だが、条約改正は外交問題であり、極めて国家（国権）的な課題である。この思想と行動の結合からも、玄洋社が民権主義と国権主義（的志向）の双方を併せ持つ団体であったことは明白である[53]。早くも1880（明治13）年１月、全国で民権運動が盛り上がりを見せる中、高知の立志社を中心とする民権運動主流派が国会開設一本に絞った請願を提出したのに対し、筑前共愛会（玄洋社の前身）は「国会開設及条約改正之建言」を元老院に提出したのである。共愛会からすれば、立志社が国会開設一本に絞ったのは、政府の宥和的態度に乗じた妥協策に他ならなかった[54]。

　「明治23（1890）年の憲法制定、国会開設」が表明されたのは、1881（明治14）年10月の勅諭によってであった。同年２月、共愛会が改組・改名されて玄洋社が誕生する。創立時の憲則は、「第一条　皇室を敬戴すべし」、「第二条　本国を愛重すべし」、「第三条　人民の権利を固守すべし」の３条である。玄洋社こそが当時の日本のアジア主義を体現していた、と言うつもりは筆者には毛頭ないが、皇室（天皇）の下の民権思想、すなわち「人民権利の主張と、粋然たる国粋の精神」が「直結した一つの典型」[55]という意味において、三つの要素は「本来自明にして既に確固たる存在として認識されている」[56]かに看取できる（すなわち、尊皇、攘夷、公議公論の三位一体である）。そのような社是を持つ玄洋社が、1885（明治18）年頃から朝鮮開化派（韓国独立党）の金玉均、朴泳孝らを支援するようになり、朝鮮ひいては中国問題にも関与していくことになるのである。自ずと、そこには民権的要素と国権的要素が綯い交ぜになって表れてくる。

53）折本龍則は［頭山統一1977］を紹介した彼のブログ記事の中で、玄洋社は「尊皇を前提した国権と民権の調和を志向してい」たと述べる。「維新と興亜 Asia Restoration」http://asiarestoration.com/（筆者閲覧2017年９月８日）

54）［頭山統一1977：64-65］、［葦津珍彦2007：30］。

55）［葦津珍彦2007：32-33］。

56）［頭山統一1977：13-14］。

(1) 金玉均と日清戦争

　金玉均、朴泳孝らが朝鮮近代化の模範とした日本と関わり始めるのは1870年代末に遡るが、金自身が李氏朝鮮政府の青年官僚として初めて来日したのは、やや遅れること1882（明治15）年2月（ないし3月）のことであった。金は日本全国を回って地方議会・政庁、裁判所、学校、会社・工場、在外公館などを視察した。東京では福澤諭吉の慶應義塾に遊学し、東亜同文会の前身である興亜会（振亜会）にも出入りした。興亜会の創立者の一人に、米沢藩士の出で維新後に海軍大尉となった曽根俊虎がいた。曽根は生前の宮崎八郎と親交があったが、弟の滔天とも偶然に出会う。1897（明治30）年、滔天が犬養毅の用意した外務省の機密費を使って中国に秘密結社の調査に行く前に、小林樟雄（岡山藩士出の自由民権運動家で大阪事件にも関与。後に衆議院議員）に挨拶に行った際、そこに曽根が居合わせたのだった。そして、この曽根こそが、滔天と孫文の出会いを取り持つことになるのだが、その話は第8章に回すこととしよう。ついでに記しておけば、大隈重信の片脚を吹っ飛ばして自害した来島恒喜も金との親交は深く、爆裂弾事件を起こす間際まで朝鮮独立のために命を賭すとの約束を果たせぬことを残念に思っていたという[57]。

　滔天自身も金玉均と親交があったが、そのエピソードもまた第7章に回すこととしたい。というのも、滔天が金に面会して意気投合するのは、金が上海で暗殺される直前のことだからである。その前に、決して楽ではなかった金の足掛け約10年に及ぶ滞日生活について触れておきたい。

　上記の如く1882年2月（か3月）に初来日した金は同年7月（か8月）まで日本に滞在した後は一旦帰国したが、その後も朝鮮政府高官として何度か日本と朝鮮を往来した。その内の1回は、多数の日本人外交官らが殺害された1882年7月の壬午軍乱の後始末のため、謝罪使節団の一員（書記官）としての来日だった。翌1883年に勃発した清仏戦争の戦況下での清国軍劣勢を好機と見た金は、1884（明治17）年12月、日本公使・竹添進一郎の協力を得て閔氏政権打倒のクーデタを起こす。これが甲申政変である。だが、袁世凱（Yuan Shikai, 1859-1916）率いる清国軍の介入によって、上述の如く文字通り三日天下で政権の座を追われること

---

[57]　［葦津珍彦2007：51］、［坪内隆彦2011：211］。

になる。そして、ここでもまた多くの日本人が犠牲となった。日本の清に対する敵愾心はますます高まることとなる[58]。

　金、朴ら9名は竹添公使らと共に命からがら仁川から長崎行きの船で脱出、日本に亡命した。ところが、その道中、既に彼ら亡命者は、クーデタを支援したはずの竹添公使から厄介視されていたという。このことが象徴するように、日本における亡命生活は不遇を極めた。特に翌年の大阪事件への金自身らの関与が疑われて[59]小笠原島へ島流しに遭う[60]。病を患ったために1888（明治21）年からは北海道（札幌）へ移されたが、東京に帰ってきたのは1891（明治24）年のことであった。東京で朝鮮人青年らと祖国独立運動を開始したものの思うようには盛り上がらず、さらに不幸なことに、一緒に亡命してきた朴との間にも相互に不信感を高めていた[61]。

　そのような状況下で金は、清国宰相・李鴻章（Li Hongzhang/Li Hung-chang）の養子・李経方（Li Jingfang）から「朝鮮の改革に父李鴻章の同意援助を取り付けうる。上海で会談したい」という内容の密書を受け取った。これが危険を孕むものであると承知の上で、東京での独立運動の停滞を打開する好機であると見た金は、「虎穴に入らずんば虎児を得ず」との心境で、まさに渡りに船とばかりに渡航を決断する[62]。金を支援していた頭山らは強く反対し、また、朴も、自身および金に対する暗殺計画があると警告したにもかかわらず、金の門下生らは朴を信用せず、金は書生1名（和田延次郎）、朝鮮人官僚の洪鍾宇（Hong Jong-u）と清国公使館の通訳1名の計3名と共に、1894（明治27）年3月、神戸から日本郵船の「西京丸」で出港した。同27日、金は上海に到着して東和洋行ホテルに投宿するが、翌28日、同行した洪に、まさにそのホテルでむざむざと射殺されてしまう。実は、金は洪が自らの刺客と知りつつ敢えて同行させていた。日本滞在中に接近してきた洪と

---

58) ［頭山統一1977：99］。
59) ジャンセンによれば、実際、金は大井らから全面的な相談を受けており、金も計画の詳細の多くに実際に関与していたという。［Jansen1954: 47］。
60) この間、金は、先に島に渡って開拓事業を起こしていた来島恒喜ら玄洋社社員と日夜、親交を深め、また島の子供に勉強を教えるなどして亡命生活を送っていた。［坪内隆彦2011：211］、［小林よしのり2014：210-211, 243-244］を参照のこと。
61) ［葦津珍彦2007：54］、［頭山統一1977：172-173］。
62) ［葦津珍彦2007：55］、［頭山統一1977：174］などを参照。また、宮崎滔天との会談の際の模様は、［近藤秀樹1984：30-31］、［高野澄1990：77］を参照。

160

|第Ⅱ部| 第6章 近現代日本のアジア主義 —征韓論から大アジア主義に至るまで

親交を深めた金は、周囲の警告をよそに、洪をすっかり懐柔した気になっていたという[63]。

金の遺体は清国の軍艦「威遠号」で韓国へ届けられた後、首と胴体を八つ裂きにされ、いわゆる凌遅刑に処せられた。梟首(晒し首)の高札には「謀反大逆不道罪人玉均」などと記されていた[64]。金が殺され、残忍な方法で晒し者にされたことは、日本国内で思わぬ余波を呼ぶこととなった。日本政府からは厄介視されていたものの、福澤、頭山らに加えて後藤象二郎や犬養毅とも親交の深かった金の日本での人気は高く、5月20日に浅草本願寺で営まれた葬儀には、玄洋社や民党(民権派各党)の政治家のみならず、多数の一般市民も参列に駆け付けたという[65]。そして、金の仇を討てとばかりに国内では対清開戦論が沸騰した。甲申政変後から『時事新報』で開戦の論陣を張ってきた福澤諭吉は勿論のこと、玄洋社員や自由党系指導者らも政府・軍部に開戦を強く迫った。同年、朝鮮では甲午農民戦争(東学党の乱／東学農民運動)[66]が起き、この後処理を巡って日清両国が出兵、7月25日に豊島沖海戦(Battle of Pungdo/Feng-tao)が勃発して事実上の交戦状態に入る。8月1日、日清両国は互いに宣戦布告し、こうして日清戦争が始まった。

話の本筋から外れるので、本書ではこれ以上、日清戦争の経緯について詳しくは触れない。ここで述べておきたいことは、金玉均の果たした――限定的な、しかし重要な――役割についてである。結局、彼は思い描いていた韓国の独立を見ることなく無念の死を遂げた。しかし、頭山統一や葦津珍彦も述べるように、金との10年にわたる交友は、頭山満ら玄洋社社員の心に深く刻まれ、後年の中国大陸や朝鮮半島における玄洋社の活躍の序曲をなすものとなった[67]。またジャンセンは、玄洋社、民党政治家、あるいは福澤のような在野の活動家と金との関係は、後年彼らが築くことになる孫文との関係の先例となったことを指摘している[68]。

---

63)［高野澄1990：77］。
64)［頭山統一1977：175］、［葦津珍彦2007：56］。Wikipediaでその画像を見ることができるが「閲覧注意」である。
65)［頭山統一1977：176］、［葦津珍彦2007：57］。金の遺髪と衣服の一部が日本に持ち帰られ供養された。また、青山墓地には犬養、頭山らの支援で墓が建てられた。
66) この時、東学党支援のために組織されたのが「天佑俠」であり、頭山は玄洋社から内田良平、大原義剛を派遣した。
67)［頭山統一1977：176］、［葦津珍彦2007：57］。
68)［Jansen1954:47, 237 n.39］。

(2) 荒尾精と日清貿易研究所

次に、もう一人のアジア主義者について紹介しておきたい。頭山満と同様に西郷の遺志を継がんとし、頭山とも親交が深く、また頭山が、その人となりを絶賛してやまなかった荒尾精（1859〜1896）である。若い時分に一家が離散して苦労した荒尾は、薩摩藩出身の菅井誠美に引き取られて我が子同然に可愛がられ、西郷の精神に触れる。やがて西郷を敬愛し、興亜を目指すようになる。複数の外国語を修めるなど勉強熱心だったが、軍人を志して陸軍士官学校に入学する。この時1学年上にいた根津一（1860〜1927）と知り合うが、後に東亜同文書院の初代院長となる根津は、荒尾の生涯の盟友となる。二人は、西郷が影響を受けた浅見絅斎の『靖献遺言』に強く感化され、その忠孝義烈の精神を分かち合う20名の同志と共に日曜祝日や夏休みに自主的な勉強会を開いて熱心に学んだという[69]。

陸軍士官学校を卒業した荒尾は熊本歩兵連隊に赴任し、その間、紫溟会の佐々友房（1854〜1906）[70]らと親交を結んで、しばしば中国問題、アジア問題について議論を戦わせたという。大陸への雄飛を夢見て居ても立っても居られなかったという荒尾が、遂に中国へ渡るときが来た。1886（明治19）年4月、陸軍中尉として中国での現地調査を命ぜられて派遣されたのである。荒尾は上海で岸田吟香[71]の楽善堂薬舗に飛んでいき、そこで多くのアジア主義者と出会う。その中には、玄洋社や紫溟会の他、上海の東洋学館などの人脈などがあった。荒尾は漢口に楽善堂の支店を開設し、自ら店主となって薬品、書籍、雑貨などを売る傍ら、集まってきた志士たちと共に中国全土の情報収集に努めた[72]。それは「大陸諜報活動の先駆」となったが、全く無償で行われたのであった[73]。

4年間の中国滞在の後、帰国した荒尾は退役し、日清貿易拡大と人材育成の必

---

69) [坪内隆彦2011：177-179]。
70) 頭山満とも親交が深かった佐々友房は熊本の政治結社「紫溟会」の代表であり、これと対立していた「相愛会」と玄洋社との複雑な関係については、本書とは直接関係ないので割愛するが、玄洋社のその後の活動を見る上では興味深い。詳しくは[頭山統一1977：113-130]を参照されたい。
71) 岸田吟香については、衛藤瀋吉による「中国革命と日本人——岸田吟香の場合」が参考になる。[衛藤瀋吉2003b：23-66]。
72) 1888（明治21年）頃、作家夢野久作の実父である杉山茂丸も漢口に荒尾を訪ねて、中国・アジア問題に関する薫陶を受けている。杉山は若い頃に頭山の片腕として活躍し、後年は「政界の黒幕」と言われた。[坪内隆彦2011：266]。
73) [頭山統一1977：177-178]。

要性を主張した。日清貿易研究所 —— と名付けられたが、その視野は実際アジア全土に及んだ —— の設立を構想し、約1年をかけて全国を回って生徒を募集し、300名の応募があったところ150名を選抜し、1890（明治23）年9月、荒尾はその150名の生徒と共に自ら所長として再び上海の地を踏んだ。この日清貿易研究所は後の東亜同文書院の前身である。但し、松方正義蔵相をはじめ政府・軍部の肝煎りで資金集めがなされたにもかかわらず、現地では資金不足で食料調達にも苦しんだ。さらには風土病に教師も生徒も苦しむ中、荒尾の盟友根津は、かつて漢口楽善堂で収集された膨大な資料を基に大著『清国通商総覧』をまとめあげた。そして1893（明治26）年には、第1回卒業生89名を送り出すに至った[74]。貿易研究所という割にビジネス界に進んだ卒業生は少なかったようだが[75]、同研究所が日清戦争勃発のためにやむなく閉鎖されると、卒業生の中には通訳や先導隊として従軍を志願する者が現れた。だが、そのほとんどが捕縛されて斬首あるいは銃殺された。

　日清開戦後、荒尾は『対清意見』[76]を著して、百年の長計をもってする日中の提携を説き、そのため特に両国の国民感情の悪化を避けるべしと述べて、日本国内に高まっていた清に対する巨額の賠償請求や領土割譲を求める声を戒めた。あくまで追求すべきは興亜であった。荒尾は、その結語に「三大要件」として以下のように述べた。

第一　朝鮮の独立を安全にし東洋の平和を鞏固にするが為め。清国をして盟約せしめたる条約履行の擔保として我国は渤海に於ける最要の某軍港を預り置くべし。
第二　東洋の平和を維持する為めに。我国は講和の成ると同時に。清国政府と協議の上。適當の方法に由り。清国の鄙都人民一般に我宣戦の大旨を説明し。之をして遍く我国の真意を領會せしむべし。
第三　日清両国の福利を増進し東洋の平和と興隆とを期する為めに。従来通商上我国

---

74)　[坪内隆彦2011：182-187]、[頭山統一1977：177-182]。『清国通商総覧』（1892 [明治25] 年刊）は、「シナに関心を持つ学者といわず商人といわずすべての識者にその価値を認められた」と頭山は述べている。
75)　[Jansen1954: 50].
76)　1894年10月刊。国立国会図書館デジタルコレクションで現物を見ることができる。http://dl.ndl.go.jp/info:ndljp/pid/785593（筆者閲覧2017年9月14日）

が受けたる不便不利を一掃し。欧米各国に比して更に優等親切なる通商条約を訂結すべし[77]。

　しかし、その内容は中国に寛大すぎるとして反論批判が相次いだ。これに対して荒尾は1895（明治28）年3月、『対清弁妄』を著し、その中で皇国日本の至高性を強調し、「海外列国、概ね虎呑狼食を以て唯一の計策と為し、射利貪欲を以て最大の目的と為し、其奔競争奪の状況は、恰も群犬の腐肉を争うが如」くであって、「天成自然の皇道を以て虎呑狼食の蛮風を攘（はら）ひ、仁義忠孝の倫理を以て射利貪欲の邪念を正」すのが「我皇国の天職」なのだから、列強に伍してアジアにおける覇権争いに日本が加わるべきではないと主張した[78]。翌1896（明治29）年9月、荒尾は日本の台湾統治における相互の利害調整を図るための組織「紳商協会」設立のために台湾を訪れるが、そこでペストに感染してしまう。10月30日、同行した門弟らの必死の看病もむなしく息を引き取った。まだ39歳という若さであった[79]。

　生前から荒尾を高く評価していた頭山満は、その死に接し、「…諺に五百年に一度は天偉人を斯世に下すとあるが彼は其人ではあるまいかと信ずる位に敬慕して居った。彼の事業は其至誠より発し、天下の安危を以て独り自ら任じ、日夜孜々として其心身を労し、多大の辛苦艱難を嘗め、益々其精神を励まし、其信ずる道を楽み、毫も一身一家の私事を顧みず、全力を傾倒して東方大局の為めに尽せし其奉公献身の精神に至っては、実に敬服の外なく、感謝に堪へざる所であって、世の功名利慾を主とし、区々たる小得喪に齷齪する輩と全く其選を異にし、誠に偉人の器を具へ、大西郷以後の人傑たるを失はなかった…（以下略）」と最大級の賛辞を送り、「此人ならば必ず東亜の大計を定め、頗る後世を益するの鴻業を成し遂げるであらうと信じて居った」と、その若すぎる死を悼んだのであった[80]。

　さて、以上のように述べてはきたものの、筆者は頭山満や荒尾精を「国権主義的・対外進出的アジア主義者」とカテゴライズしたいわけではない。1890年代と

---

77) 同上、「デジタルコレクション:55-56」漢字カタカナ交じり文を筆者が一部現代漢字とひらがなで書き換えた。
78) 『対清弁妄』を引用した［坪内隆彦2011：188］を参照。
79) ［坪内隆彦2011：189-190］、［頭山統一1977：182］。
80) ［頭山統一1977：182-183］。

いう時代——日本を取り巻く国際情勢、なかんずく近隣アジア諸国の情勢が緊迫していくと同時に日本の国力も増大する中で、衰えたりとはいえアジア随一の大国清を討てとの世論が高まるに至った時代——の状況をよく理解すべきだと言いたいのである。そうした中で、金玉均の韓国独立運動を支援した頭山満ら、また、厳しい環境の下で、まさに地に足の着いた中国の情報収集活動を長年にわたって実践し、その後の対中関係、日本の対中政策に役立てた荒尾精（や根津一）の足跡を記した次第である。

19世紀末から20世紀初頭にかけて日本は国力を益々増大させ、清（中国）やロシアという近隣大国と戦って勝利し、欧州列強（独）相手に第一次世界大戦に参戦するに至り、いよいよ「一等国」の仲間入りを果たす。そして、その後の四半世紀にわたって中国大陸への進出を本格化させていく。この時代の流れの中でアジア主義者について論ずるならば、黒龍会を主催した内田良平や、その後の日本のアジア進出の思想的アーキテクトとなった大川周明、あるいは北一輝などについても触れておくべきであろうが、本書においては、宮崎滔天と孫文との関係を中心に扱うので、それと関係する範囲において内田や大川などについても述べるに留めておきたい。

一つ興味深いことに、頭山と親交の深かった宮崎滔天は、1894（明治27）年の春、暗殺される直前の金玉均に会った際に自らの中国潜入計画を相談し、その費用を工面してほしいと金に頼むのだが、この時「こんなことは他に相談できる人はいない、ただ一人荒尾精がいるが、この人の心理には必ずや支那占領主義が潜んでいるに相違ない」[81]から相談しないと述べているのである[82]。荒尾に対する警戒感は滔天一流の嗅覚が働いたのかもしれないが、同じように私欲を捨てて興亜あるいは日中連携を志した2人が手を携えなかったのは、歴史の偶然というにはあまりに不幸なことであった。歴史に「もしも」は禁物だが、1891（明治24）年に初めて上海の地を踏んだ滔天が、荒尾と共に楽善堂を根拠地に大陸の情報収集に

---

81)「金玉均先生を懐う」［書肆心水（編）2008：46］。
82)『三十三年の夢』の中（［宮崎滔天1993：85］）に荒尾精を評して「支那占領主義者の一団」と述べた部分がある。［衛藤瀋吉2003b：77］もそのことを指摘している。本書でも後述するように、1891（明治24）年、中国に初渡航した滔天は荒尾の日清貿易研究所に世話になることは拒んだのである。なお、本書においては『三十三年の夢』からの引用は［宮崎滔天1993］を主とし、必要に応じて［宮崎滔天1967］にも言及する。

あたっていたら、彼のアジア主義者としての、あるいは支那（大陸）浪人としてさえの経験も質も大きく異なっていたであろう。また、次節以降に述べるように、滔天のアジア主義には理想主義的な色彩があまりに濃いが、荒尾精にも勿論そのような側面がなかったどころか、彼の百年の長計にせよ、あるいは樽井藤吉の大東合邦論にしてもそうだが（竹内好曰く「空前にして絶後の創見」[83]）、アジア主義者の構想には多かれ少なかれユートピアニズム的な要素が付きまとったものである。

4．コスモポリタン型アジア主義

　では、これまでに紹介してきたアジア主義者たちの構想と、次に紹介するタイプとは何が異なるか。そもそも本書におけるアジア主義の類型は、全く筆者の便宜的な分類法によっている。要するに、国際政治学／国際関係論における理論的・思想的な基本類型であるリベラリズムに民権運動との関係を、リアリズムに国権主義との関係に準え、この第三の類型のアジア主義を、いわばカント的普遍主義あるいはインターナショナリズムに相当する部分と位置付けるのである。筆者はこれをコスモポリタン型と名付け、より普遍的な人間愛に基づく思想であり運動であると定義してみたい。その典型的な論者として真っ先に天心岡倉覚三（1863〜1913）[84]を挙げるべきであるが、滔天こと宮崎寅蔵（1871〜1922）もまたこのタイプの代表として取り上げるものである（但し、宮崎滔天について詳しくは第7章に譲る）。

　荒尾精も本来こちらに入れるべき人かもしれない。頭山統一は彼のアジア主義を「民族自決を基本とするナショナリズムの意識と平行する東洋的インターナショナルの思想というべきもの」[85]と評しているが、筆者も全く同感である。要するに、筆者自身も上記の3分類に大して差異があるとは思っていない。違いがあるとすれば、これまでに述べてきたアジア主義の根幹をなす基本原理は、日中・日韓は一衣帯水、同文同種といった人種的文化的共通性、地理的近接性、あるい

83）［竹内好1993：323］。
84）近年になって（2013年）天心を題材にした映画（『天心』）が公開されたことは興味深い（天心を演じたのは俳優の竹中直人）。詳しくは公式サイトhttp://eiga-tenshin.com/ を参照（筆者閲覧2017年9月29日）。
85）［頭山統一1977：184］。

はそれを基本とする紐帯であると言える[86]。それに対し、岡倉天心や宮崎滔天は、人種原理や欧米対非欧米という対立概念を超越したところに位置する普遍性に基礎に置いているという点で、大きく異なっていたと考えたいのである。

(1)「アジアは一つ」の意味

　改めて述べるまでもなく、岡倉天心は、1903（明治36）年に（当初は英文で）出版した『東洋の理想』（The Ideals of the East, with special reference to the Art of Japan）[87]の冒頭部分、「アジアは一つである」（Asia is One）という有名な文句によって、紛れもなくアジア主義者であると見做されている[88]。但し、竹内好によれば、「天心は、アジア主義者として孤立しているばかりでなく、思想家としても孤立して」[89]おり、「あつかいにくい」だけでなく「ある意味で危険な思想家」[90]だという。その理由は、「元来、国粋とアジア主義の要素が内在している」天心の思想が、「ロマン主義者としての本領からして当然に」、「最大限に放射能をばらまいた」ことによって、「『大東亜共栄圏』の先覚者に仕立てられた」からであるという[91]。要するに、「アジアは一つ」という命題は、「（樽井藤吉の）『大東合邦論』におとらず悪用された」わけで、実際には天心は、「汚辱にみちたアジアが本性に立ちもどる姿をロマンチックに『理想』として述べたわけだから、これを帝国主義の賛美と解するのは、まったく原意を逆立ちさせている」ことになるわけである。「帝国主義は、天心によれば、西欧的なものであって、美の破壊者として、排斥すべきもの」だからである[92]。

　中島岳志によれば、「アジアは一つ」とは、正確には「アジアは多にして一つ」[93]

---

86) [Jansen1954: 51-53]は興亜会やその後継たる東亜同文会の組織原理をそのように説明する。
87) 以下、天心の英文著作の日本語訳は、[色川大吉（編）1984]に収められた夏野広、森才子の訳文によるが、全て[色川大吉（編）1984]として言及する。
88) この点に異議を唱えるのが[木下長宏2005：286-291]である。
89) [竹内好1993：329]。
90) [同上：396]。「岡倉天心」と題したこの文章の初出は、『朝日ジャーナル』「日本の思想家　この百年」第12回（1962年5月27日号）に所収。[同上：482]を参照。また、「内面では、この二つの相矛盾するテーゼが、こもごも生きていた」覚三（天心）の思想と言説は「扱いにくい」と述べている[木下長宏2005：55]も参照のこと。
91) 引用部分は全て[竹内好1993：396-397]。
92) 引用部分は全て[同上：330]。（　）内は筆者が補足。
93) [中島岳志2014：214]。一方、[木下長宏2005：251]は、「反語として決して一つになり切れない実感

である。それは本章第1節でも言及した「多元的一元論(多一論)」的な思想の表明に他ならない。天心がこれを書いたのは、1902(明治35)年、インドのヒンドゥー聖者ヴィヴェカーナンダ(Swami Vivekananda, 1863-1902)を訪ねて共に2週間にわたって北インドを旅行しつつ親交を深めた際、ヴィヴェカーナンダの持論たる「不二一元論」あるいは「多様性の中の単一」論に強く共感を覚えてのことだった[94]。坪内隆彦が、『東洋の理想』を二人の合作と表現する所以である[95]。

『東洋の理想』において「今日、西欧思想の巨塊が我々を困惑させている」[96]と危機感を募らせ、同時期(1902年頃とされる)にやはり英文で書かれた通称『東洋の目覚め(覚醒)』(The Awakening of the East ＝ 原著は無題、執筆当時は未発表稿)においては「ヨーロッパの栄光はアジアの屈辱」[97]の上に成り立っていると看破した天心は、西洋近代にアジア全体を対置する文明論[98]を展開し、アジア文明の優位を説いた[99]のである。だが、天心の生涯を見ていくと、彼が単なる偏狭な西洋人嫌い(ゼノフォビア)のアジア主義者でないことは極めて明らかである。彼はむしろ文明開化に踊らされて「西洋かぶれ」になった日本と日本人を嫌悪し、これらに敵対したのであり、合理主義一辺倒、科学技術(軍事も含む)万能の西洋文明、さらにはそうした精神を象徴するかのような西洋芸術には価値を認めなかったのである。また、彼は国粋主義者というわけでもなかった。1889(明治22)年に内閣官報局長の高橋健三と組んで発刊した月刊誌『国華』の誌名に、また彼が創刊の辞として書いた「抑々(そもそも)本朝古来文芸ノ秀逸優雅ナル」日本(民族)の「美術ハ国ノ精華」[100]という文章にもよく表れているように、彼は、いわば「国華」主義者であったといえる。

を語っていると読むべきかもしれない」などと言っている。
94)［中島岳志2014：209-214］。
95)［坪内隆彦2011：220-224］。
96)［色川大吉(編)1984：196］。
97)［同上1984：70］。
98)［坪内隆彦2011：224-225］。
99)［竹内好1993：407］。
100)引用部分は、［木下長宏2005：94-96］より。

(2) 国際的な近代教養人

　そもそも天心は幼少期から英語に慣れ親しみ、いわゆるネイティヴ並みの英語力を持つ日本人であった。明治時代の多くの知識人と異なり、和学や漢籍の素養を身に着けたのはその後だった。彼は息子の一雄（1881〜1943）らに常々、「英語がなめらかにしゃべれる自信がついたならば、海外の旅行に日本服を用いたほうがいいことを教えておく。しかし、破調(ブロークン)の語学で和服を着て歩くことは、はなはだ賛成しがたい」[101]と語っていたという。その真意はどこにあったのだろうか。西洋人に対して少しも引け目を感じることなく接することができるだけの言語コミュニケーション能力があれば、（当時の多くの日本人がそうした如く）西洋人に媚びる必要は全くないのであるから、外見からして（日本）民族の誇りを堂々と示せばよい、ということになるのだろうか。

　付け加えるならば、若きエリート岡倉覚三の将来の方向を決定づけたのは、1878（明治11）年に東京大学に赴任してきた教授フェノロサ（Ernest Francisco Fenollosa, 1853-1908）との出会いであった。フェノロサだけなく、天心は、ビゲロー（William Sturgis Bigelow, 1850-1926）やガードナー夫人（Isabella Stewart Gardner, 1840-1924）、オペラ歌手のクララ・ケロッグ（Clara Louise Kellogg, 1842-1916）、あるいは前出ヴィヴェカーナンダの信者であったアメリカ人マクラウド（Josephine MacLeod, 1858–1949）や、同じくヴィヴェカーナンダの高弟で『東洋の理想』への序文を書き、同書や『東洋の目覚め』を添削したと見られるアイルランド出身のニヴェディタ（Sister Nivedita）ことマーガレット・ノーブル（Margaret Elizabeth Noble）[102]他、多数の西洋人と深い親交を持った。しかも晩年の彼は、ボストン美術館の東洋美術部顧問（美術館エキスパート）として美術品の整理・補修・解説の仕事をし、日米間を往復する生活を送った。往復した回数は1904（明治37）年から約10年間の間に5回に及び、最後の渡米は1912（大正元）年11月から翌年3月までであった。翌1913（大正2）年9月2日、新潟の赤倉で天心は息を引き取った。若くして世界を見聞してきた彼は、「その外貌、風格、内容からいって、徹頭徹尾アジア人として存在した」が、「まさに国際的な近代教養

---

101)［色川（編）1984：20］。

102) ニヴェディタについては［木下長宏2005：249, 329, 349］を参照。併せて木下による天心の英語に対する考え方も見ることができる。

人」[103]であった。

　第二次世界大戦＝太平洋戦争は、それが本来的な目的であったわけでは全くなかったにもかかわらず、いつしか植民地アジアを列強支配から解放するための民族解放、すなわち人種間の、あるいは文明間の闘争という色彩を被せられていった[104]。そこへ天心の「アジアは一つ」——彼自身は『東洋の理想』の冒頭に記して以来、日本語でも英語でも、そのフレーズを二度と口にしたことはなかった[105]——が、うまい具合に嵌った、と言うと語弊があるかもしれない。既に本人は亡くなっているから抵抗も弁明もできぬままに言葉だけが独り歩きしたのはやむを得なかったであろう。それは、天心自身にとっては誠に不本意であり不幸なことであった。

おわりに ── 出会わなかった天心と滔天

　さて、この天心こと岡倉覚三が類する「コスモポリタン型」のもう一人のアジア主義者こそ滔天こと宮崎寅蔵であると筆者は考えている。そして筆者は、この二人には驚くほどに似通った面があり、またほぼ同時代を生きたが、驚くほどに異なった境遇に置かれていたことに気づいた。そのことは次章に詳しく述べていきたいと思うが、「出会わなかった」[106]と竹内好が書いたことの意味を、本章の終わりに紐解いておきたい。

　宮崎滔天という人物は、竹内によればその思想信条において「非侵略的なアジア主義者」[107]であった。そして、竹内を代弁して3類型にアジア主義を分類してみせた中島岳志の言を借りれば、滔天は、「近代に対する衝動的アンチテーゼを内包して」いた「抵抗」のアジア主義者であった。しかし、それは天心の「思想」としてのアジア主義とは結びつかなかった[108]。そのように含意して竹内は、「天心と滔天

---

103)［色川（編）1984：10］。
104)See［Hotta 2007］. 本作は、アジア主義を太平洋戦争（大東亜戦争）における鍵概念として位置づけた労作である。
105)［木下長宏2005：244-245］。
106)［竹内好1993：330］。
107)［同上：337］。
108)［中島岳志2014：30-38］。もう一つ（第1）の類型は「政略」としてのアジア主義である。また、［Jansen1954:4］も滔天について「抵抗の伝統の中で育った」旨述べていることは興味深い。

は出会わなかった」と書いた。中島はこれに呼応して、「滔天のような純粋なアジア主義的心情が、岡倉天心のような普遍性をもった『アジア思想』へと『昇華』することができなかったことにアジア主義最大の問題点があ」[109]ったと竹内を補足する。そして、滔天や「頭山満をはじめとした玄洋社のメンバー」は、「思想を観念的に追求するインテリ世界の中に脆弱性を見出し、そこから意識的に距離を取ろうとした人たち」であった「一方、天心の思想は、滔天のような行動力を伴」わなかった、と述べて、両者が出会えなかったことがアジア主義の発展におけるアポリアなのではないかと問題を提起したのである[110]。

たしかに、天心と滔天の二人は、終生、接点を持つことはなかった。筆者の考えは、竹内にも中島にも共感するものでありつつ、天心と滔天という二人の生い立ちや交友関係から、両者の間に接点があり得なかった必然性を強調するものだ。本質的に二人は——思想面での共通性もしくは類似性は認められるかもしれないが——出自から歩んだ人生がまるで違う。天心は、先にも述べたように、幼い頃から英語教育に親しみ、満年齢17歳半で東京大学を卒業、18歳で文部省の官吏となった当時の超エリートである。1898（明治31）年に東京美術学校の校長職を解任されるが、なおも下村観山や菱田春草、横山大観らを育てた日本美術院の創設者・指導者として、華々しい経歴を誇った（美術院の成功は必ずしも長きにわたらなかったが）。

かたや宮崎寅蔵は、そもそも熊本の片田舎に生まれ、中学校を中退後、徳富蘇峰の大江義塾に始まり、東京に出ては中村正直（1832-1891）の私塾・同人社や東京専門学校に学ぶが、また熊本に戻って正則熊本英語学会へ、ほどなく長崎のミッションスクール加伯利英和学校（カブリ）(Cobleigh Seminary) への編入学と学校を転々とし[111]、学歴という意味では、今でいう「落ちこぼれ」であったのだ。これ以降は、次章へと譲ることにしたい。

---

109)［中島岳志2014：27］。
110)［同上：221-222］。
111) この間の事情については、主として［近藤1984：12-24］を参照。なお、加伯利英和学校は、現在の鎮西学院の前身である。

第7章　宮崎滔天論

はじめに ── 静かな滔天ブーム

　宮崎滔天という人物に関しても、前章の書き出しに倣うならば ──「アジア主義」全般に関する言説と同様に、当然またその文脈において ── 静かな、しかし根強いブームがあると言ってよさそうだ。言い換えれば、「コンテンツとしての滔天」は、時代を超えて繰り返し、手を変え品を変えて立ち現われてくる。そんな彼は、果たして単なる時代の徒花、もしくは近代日本を彷徨い続ける亡霊なのか。それとも、書評ブログで有名な松岡正剛が述べたように、「これからの日本にこそ必要な男」[1)]として求められているのだろうか。松岡がそう記したブログのエントリーは 2006 年 12 月 30 日付、今から 20 年近くも前の話である。しかし、たしかにその 2000 年代初頭にも滔天に関する書籍は、細々とではあるが出版されている。
　たとえば、全 6 巻に及ぶ『宮崎兄弟伝』(刊行 1984～2004 年) の作者・上村希美雄が滔天だけの伝記を 1 冊にまとめた『龍のごとく』を出したのが 2001 年、翌 2002 年には田所竹彦が『浪人と革命家』を出版した。この、宮崎家（孫の蕗苳(ふき)）が所蔵していた滔天と孫文の直筆の筆談記録や、滔天、孫文をはじめ日中の著名人たち（犬養毅、頭山満、魯迅、蒋介石、そして毛沢東までも）が残していった揮毫や手紙などの文書類を集めた写真集に解説を付けた B5 版ハードカバーの本の、どこにそんな需要があったのかと驚かされる。さらに、(それから約 10 年を経過した) 2010 年代以降においても、榎本泰子『宮崎滔天 ── 万国共和の極楽をこの世に』(2013 年)、加藤直樹『謀叛の児 ── 宮崎滔天の「世界革命」』(2017 年)、山本博昭『宮崎滔天伝 ── 人生これ一場の夢』(2018 年) などが出版されている。戦後も長きにわたって、滔天に対する予想以上の注目があるため、それが彼を題材にする書籍出版に対する一定の需要を生み出しているとみるべきであろう[2)]。さ

---

1)　ブログ「松岡正剛の千夜千冊」第1168夜「宮崎滔天　三十三年の夢」(2006 年 12 月 30 日）https://1000ya.isis.ne.jp/1168.html（筆者最終参照日 2019 年 8 月 29 日）
2)　以上およびその他の書籍について詳しくは、本書文末の参考・引用文献一覧を参照のこと。付け加え

らに付け加えれば、近年、英オックスフォード大学の若き歴史学者ジョエル・リトラー（Joel Littler）氏[3]が、滔天に関する論文を発表している[4]。

1．滔天論の系譜

　戦後の早い時期に出た滔天関連の著作といえば、たとえば、二・二六事件を描いた『叛乱』で1953年に直木賞を受賞した立野信之（1903〜1971）が1966年に出した『茫々の記』がある。滔天と孫文の交友を題材にしたノンフィクションである。1960年代後半ということでは衛藤瀋吉（1923〜2007）も1967年9月の『東京大学新聞』に滔天の『支那革命軍談』（西田勝編・解説、1967年法政大学出版局刊）の書評（「惹き込む明治の世界」）を書き、また『思想』（岩波書店）1968年3月号に「滔天と清国革命はどうして結びついたか」という文章を寄せている[5]。1963年に竹内好が『現代日本思想体系』全集で「アジア主義」（第9巻）の編集を担当し、戦後18年を経て漸く「アジア主義」を（日本思想の一体系として）復権させたことも手伝って、1960年代半ばには滔天を題材にした上記のような作品が世に問われたということになるのだろうか[6]。併せて述べれば、1967年に上記、衛藤が書評を書いた『支那革命軍談』（および「狂人譚」[7]）のいわば覆刻版が出版されていること自

　　ると、『三十三年之夢』は東洋文庫版［宮崎滔天1967］、『宮崎滔天全集 第1巻』（以下、『滔天全集』と略記）所収版［宮崎滔天1971］、岩波文庫版［宮崎滔天1993］などがあるにも拘らず、この間、1982年に平凡社の「日本人の自伝」シリーズの第11巻に収録され、1998年に日本図書センターから「人間の記録」シリーズの1冊として、また2005年には新学社から「近代浪漫派文庫」シリーズの1冊として出版されている。

3）　ResearchGate内の研究者紹介ページを参照。https://www.researchgate.net/profile/Joel-Littler-2（筆者参照日2024年9月4日）

4）　［Littler 2024］および Littler, "Meiji Civil War Losers in Siam: Miyazaki Tōten's Utopian Farming Community (1877 - 1896)", in Lewis Bremner, Manimporok Dotulong, and Sho Konishi (eds.) *Reopening the Opening of Japan: Transnational Approaches to Japan and the Wider World* (Leiden: Brill). 但し、後者については筆者は未入手。

5）　衛藤瀋吉の文章は、いずれも［衛藤瀋吉2003b：73-118］に収録されている。

6）　それ以前に出ていた滔天に関する研究あるいは評論として、寺広映雄「中国革命に於ける中日交渉の一考察──宮崎滔天を中心にして」『ヒストリア』柳原書店、1954年8月、大野二郎「大陸浪人の原型──宮崎滔天」『思想の科学』第9号、1962年12月、などがあるようだが、いずれも筆者は未見である。［衛藤瀋吉2003b：91, 93］を参照。

7）　オリジナルは『二六新聞』（二六新報）の連載ものであった（1901［明治34］年6月19日〜10月13日まで68回）。詳しくは［宮崎滔天（西田編・解説）1967：229］を参照。単行本としては、『三十三年之夢』が出版された翌月の1902（明治35）年9月、東京本郷の国光出版から刊行された。原文は［宮崎滔天1972：19-90］に所収。

体が誠に興味深い。

　1970年代から1980年代に入ると、滔天関連本の出版の流れはさらに加速する。直木賞作家にもう一人いた。『聖少女』で1967年に受賞した三好徹（1931〜2021）である。1978年から79年にかけて『歴史と人物』に連載し、1979年11月に単行本として刊行したのが『革命浪人——滔天と孫文』である。やや前後するが、後に『逝きし世の面影』(1998年)を著す渡辺京二(1930〜2022)が、1976年に『評伝宮崎滔天』を出版する。初版のあとがきにあるように、渡辺は「ほかにれっきとした研究家がいる」からと一度は断り、「書くことなど、およそ夢想もしたことがなかった」評伝を、編集者から「滔天を書くのにもっともふさわしい人物」だと説得され、書くことになったという。渡辺は、滔天を「なみなみならず鋭い反省的な知性と、過激な魂の衝動のもちぬし」であると評し、（彼を知るにつれて）従来持っていた「人の好い義侠的人物」という「見かたが一変」したと述べている[8]。かくして渡辺は「本邦最初の滔天伝の筆者とな」[9]ったのである。

(1) 宮崎兄弟伝

　滔天の伝記を渡辺より早くから書き始めていたのは、渡辺が「れっきとした研究家」と呼んだ上村希美雄(1929〜2002)その人である。上村は渡辺が主宰していた季刊誌『暗河（くらごう）』の創刊号(1973年秋)から「宮崎兄弟伝」の連載を始めていた。その連載は、同誌が資金難その他の理由によって一旦休刊となる1980年9月の第27号の後、自主刊行となってからも続いたようだが、ついに1984年、『宮崎兄弟伝』日本篇上下巻として刊行される[10]。『兄弟伝』という名の通り、同書は滔天のみならず兄の八郎、民蔵、彌蔵らの生涯とその足跡を描いている。上村は元来熊本の郷土史家（であり図書館司書）であったが、この業績が評価され、後に熊本学園大学教授を務めた。父の利夫(1883〜1953)が熊本出身であった衛藤瀋吉は、1986年に書いた自らの滔天小伝の締め括りにおいて上村を評して曰く、

---

8) ［渡辺京二2006：367］。この点、衛藤瀋吉が滔天を「逡巡するハムレット型というよりただいちずに行動するドン・キホーテ型」［衛藤瀋吉2003b：75, 88］と評したのとは異なった見方だといえよう。

9) ［渡辺京二2006：369］。

10) ［上村希美雄1984a、1984b］。なお、『暗河』第27号の時点で「兄弟伝」の連載は第四部（「犬養木堂」に始まる、すなわち単行本では「アジア篇（上）」）が開始されたところであった。その後、同誌が自主刊行になってから、筆者（高埜）は追跡していないことをお断りしておく。

「考証といい、人をたずねての聞き書きといい至らざるはなく、森鷗外晩年の諸伝記をも凌ぐものがある」、「滔天のモッコスぶりに匹敵する」と独特の表現で高く評価した[11]。衛藤はそもそも滔天を「肥後モッコスの純粋主義をもって、アジア解放、四民平等の夢を追い続けた稀有の珍品」と形容していた[12]。

『兄弟伝』以降、滔天を論ずる上で上村の仕事を避けて通ることはできなくなったのはたしかだが、渡辺京二が言うように、彼自身が評伝を書いた1970年代の時点では、「滔天の年譜類は、研究という研究がなされていなかったせいもあって誤りにみちてい」[13]た。そこへ、上村の「おそろしいほど詳細な」『兄弟伝』が世に問われることとなったので、これが「完全な滔天伝になることは疑い」ないと思われた。しかし、だとしても、「事実の研究は大げさにいえば日進月歩」[14]であって、筆者（高堜）の見るところでも、年譜の類、あるいは、（滔天が）誰といつどのようにして知り合った（出会った）等の史実については未だ明らかになっていない部分もある。そのことは本書においても検討の対象としているところである。

さて、では筆者にとっては、なぜ滔天なのか。勿論アジア研究者として、また熊本の大学に奉職して30年を過ごす間、彼は大いに興味をそそられる研究対象となった。また、松岡正剛のいう「これからの日本にこそ必要」な資質が、たしかに彼にはあるのではないかと直感的に感じられる部分もある。だからこうして100年も前のことをあれこれと調べて書いているのである。しかし、それだけではない。筆者のこれまでの人生と滔天は奇妙な縁で結ばれているのではないかと思わずにいられないことが多く、さらに彼に対する興味を深めたのである。

(2) 奇妙な縁

全く個人的な追想である。筆者は1973（昭和48）年から1976（昭和51）年の約4年間、東京文京区にある白山神社の近くに住んでいた。当時、剣道少年だった

---

11)［衛藤瀋吉2003b：112-113］。初出は山崎正和編『言論は日本を動かす』第3巻、1986年。
12)［同上：98］。但し、衛藤は、「モッコス」を、「徒党を組まず、おのれの信ずる道を、ひたぶるに歩む純粋主義者」、「野分吹く山路を、ただひとり旅する孤高の士にたとえるべく、節を守って志を果たすために名利をかえり見ない。と同時に反面、狷介（けんかい）狭量、おのれのみ清しとして、他人との協力が不得手。人を推して親分にまつり上げる雅量がない」と説明、必ずしも良い意味ばかりで使っていない。
13)［渡辺京二2006：370］。
14) 引用部分は全て［同上］。

中学生は、早朝、神社まで竹刀を携えて素振りに励んだりもした。その神社の境内に、1910（明治43）年5月頃、当時の小石川原町（現在の白山4、5丁目と千石1丁目の一部）にあった滔天家に潜伏していた亡命中の孫文が、滔天と二人並んで腰掛けて中国の将来などを語り合った、とされる石がある。二人はそこで同年5月19日のハレー彗星を見た ── それによって孫文は革命の成功を確信した ── と伝えられる[15]。実際はその時、孫文と一緒にいたのは滔天ではなく当時学生だった滔天の長男龍介（1892〜1971）だという説もある[16]。龍介は、その10年後に「白蓮事件」で世間を騒がせる時の人となる。2014年上半期に人気を博したNHK朝の連続テレビ小説「花子とアン」をご記憶だろうか。主人公村岡花子の親友「葉山蓮子」（こと柳原燁子）と駆け落ちをする若き法学士「宮本龍一」こそが宮崎龍介その人である[17]。一緒にハレー彗星を見たのが滔天と龍介のどちらだったかはさておき、その後、白山神社には孫文の来訪を記念して、1983（昭和58）年6月に「孫文先生座石の碑」が建立された[18]。

筆者は記念碑建立の7年前には白山から転出していたので、勿論それを見る機会はなかった。もとより当時その碑を目にしていたところで、どれほどの興味を惹かれたものか今となっては心許ない。付け加えると、神社のすぐ近くに昭和の碩学安岡正篤（1898〜1983）の家があった。孫の定子氏[19]とは中学校で同学年であった。その頃は、やはり安岡正篤が何者かもよく知らず（何やら偉い学者との

---

15) しかし、孫文が一時的に日本に秘密裡に入国し、滔天家に潜伏するのは6月のことである。5月中、孫文はまだ南洋に滞在中（あるいは欧米旅行への途上）であり、5月19日であるはずはない。
16) 2023年3月に龍介の孫・宮崎黄石氏と東京で面会させていただいた際、「あれは龍介だった」とのお話を伺うことができた。龍介は中学生になった（1905［明治38］年）頃から自宅に出入りする孫文ら中国革命家たちとの接触を持ち始め、後に「孫文の遺稿」（1925［大正14］年）などの孫文に関する文章も残した。詳しくは［井上桂子2016］を参照。
17) NHKの番組公式サイトは既に閉鎖されている。詳しくはWikipedia（https://ja.wikipedia.org/wiki/花子とアン）を参照（大変詳しい）。また、NHKオンデマンドで番組を見ることができる。「花子とアン」https://www.nhk-ondemand.jp/program/P201400117500000/index.html?capid=TV60（いずれのサイトも筆者閲覧2018年9月19日）
18) 信太謙三「孫文が中国革命の成功を確信した場所 ── 東京・白山神社境内」2015年1月2日付。（http://www.nippon.com/ja/column/g00242/ 筆者閲覧2015年9月4日）および杉山茂雄氏のFacebook（https://www.facebook.com/shigeo.sugiyama.129/posts/393517587490926 筆者閲覧同上日）にも詳しい記述があり、参考にされたい。
19) 正篤の二男正泰氏の長女。大学で中国文学を専攻された後、「子ども論語塾」などを主催されている。祖父正篤について『素顔の安岡正篤 ── わが祖父の想い出』（PHP研究所、1988年）という著書（エッセイ集）がある。

噂は聞いていたが)、定子氏とはよく話す機会もあったのに、当時まだご存命だった祖父君のことは全く訊きもしなかった。本書の作成途上、滔天と孫文の関係を調べていくにつれ、滔天と安岡正篤は面識があったのかどうか、気になり始めた。実に半世紀前、滔天の「と」の字も知らない中学生だったが、せめて辛亥革命や孫文について正篤翁がどのように考えておられたのか、実の孫娘に尋ねてきてもらうだけの知識と問題意識、そして度胸があったら、と今にして悔やまれる。

　というのも、滔天は自分より一回り以上も若い北一輝（1883[明治16]年生)や大川周明（1886[明治19]年生)とは直接親交があったからである。本書では北や大川について詳しく触れる余裕はないが、弱冠24歳で『国体論及び純正社会主義』を自費出版したものの発禁処分となって意気消沈していた上、病床に伏していた一輝こと北輝次郎を、1906（明治39）年、滔天は自ら主宰する『革命評論』に招き入れて執筆させ、さらには中国同盟会にも加入させた（が、それが数々のトラブルを招くことにもなった[20]）。その北と大川が1919（大正8）年に国家主義運動結社「猶存社」[21]を結成した際、さらに一回り以上若い安岡（1898[明治31]年生)もそこに加わっていたのだ。その後、北と大川の対立が激化し、猶存社は1923（大正12）3年に解散、安岡は師と慕う[22]大川と行動を共にし、「行地社」[23]結成に参加する（1924[大正14]年)。滔天か龍介のどちらかが孫文と一緒にハレー彗星を見たとされる1910年、安岡は生まれ故郷の大阪で中学に入学したばかりだった。まさか後年、孫文と滔天が訪れていた神社の近くに自分が住むことになろうとは、その当時は知る由もなかっただろう。しかし、滔天が亡くなる1922（大正11）年までに二人が直接会ったことがあっても不思議ではないと思われるのだ[24]。

---

20) 滔天はわざわざ北に手紙を書いてコンタクトを取ったにもかかわらず、その後、北とは決別する。この間の詳細については、[近藤秀樹1984：62-78]を参照。[同左：67]に宮崎龍介の「北さんという人はゆく先々に不和対立をかもし出す人」との証言がある。[加藤直樹2017：252]は北を「トラブルの増幅器」と表現している。

21)「猶存社」は日本初の国家社会主義右翼系団体であった。ちなみに、滔天の一兄民蔵も名を連ねていた。

22) 安岡による大川の人物評が、[橋川文三1962：99]に紹介されている．

23) 大川が中心となって設立した国家主義団体。北とは袂を分かっていたが、北の著作『日本改造法案大綱』の理想継承を旨としていた。その後は大川派と北派に分裂し、1932（昭和7）年2月に解散。大川は神武会を設立するが、安岡はそれより以前に脱退しており、1926（大正15）年4月に私塾「金雞学院」を設立した。

24) しかし、『滔天全集 第5巻』の巻末人名索引（[宮崎滔天1976])および[上村希美雄2004]の巻末人名

2．中国革命への志

　何しろ滔天こと宮崎寅蔵は、年齢のみならず国籍・出自・身分等々関係なく、誰とでも分け隔てなく接する人物だったからだ（反面、荒尾精の如く自分の主義主張と合わないと感じた人物とは忽ち距離を置くようになるが）。彼の幅広く多彩な交友ぶりを物語るエピソードには事欠かない。たとえば、後の『狂人譚』のモデルとなる西洋乞食ことスウェーデン人イサク・アブラハム（Isaac Abraham, 1821～没年不詳）との出会いである。

　1889（明治22）年頃、若き寅蔵が長崎の加伯利英和学校に学んでいた頃のことだった。既に1887（明治20）年に東京で洗礼を受けていた[25]寅蔵は、長崎の教会に「一片のパンの施し」を求めてやってきたアブラハムが、その教会の牧師と繰り広げる問答を聴き、キリスト教への疑念を高めてしまう[26]。結局これがきっかけとなって寅蔵は棄教することになる。東京でかつての師徳富猪一郎（蘇峰）に紹介された同郷出身の小崎弘道師によって洗礼を受け[27]、母サキ（佐喜）、二兄の彌蔵までをも熱心に口説き落として入信させたのに、である（彌蔵もその後、棄教するが、母サキだけはキリスト教徒として生涯を終えた）。寅蔵は何と長崎からアブラハムを連れて熊本荒尾の実家に戻り、彼を教師とする英語学校を建設しようと企てる。その資金提供を頼みに行ったのが、地元の有力者であった前田案山子（かがし）下学（かがく）親子であり、そこで出会ったのが下学の妹、槌子（ツチ）であった[28]。寅蔵は槌子に一目惚れした。

索引）をあたってみる限り、安岡正篤の名は見つけることはできなかった。

25）［宮崎滔天1967］の年譜では（数えで）17歳の春、すなわち1886（明治19）年となっているが、渡辺京二は、それは滔天の誤記に基づいているとして、受洗は1887（明治20）年としている［渡辺京二2006：94］。『滔天全集 第5巻』の「年譜稿」でも受洗は1887年春となっている［宮崎滔天1976：657］。

26）詳しくは［宮崎滔天1993：68-73］、［高野澄1990：52-59］を参照。

27）孫文も18歳の時（1883年冬）に香港でプロテスタントの洗礼を受けていた。このことの詳細については［武田清子1974］などを参照。武田は、滔天が孫文に共鳴したのは、棄教していたとはいえ滔天の「思想の原型」におけるキリスト教的人間観、社会観、世界観が、孫文の人道主義的世界同胞主義との「無意識の公分母」になっていたからだと指摘する［同上：42-43］。滔天自身も1906年に『革命評論』に寄せた「孫逸仙」の中で、孫文のキリスト教信仰が彼の政治理論・哲学と混和して革命哲学を形成した旨述べている［宮崎滔天1971：472］。

28）槌子の戸籍名はツチである。なお、夏目漱石の草枕のヒロイン「那美」のモデルとなったのがツチの3歳上の姉ツナ（卓子）といわれる。その他、前田家の人々については、ウェブサイト「漱石・草枕の里＞草枕の歴史・前田家の人々」http://www.kusamakura.jp/web/kouryukan/maedake-hitobito.html

アブラハム自身はやがて不法滞在の廉で国外追放となり、学校建設の計画は頓挫する。しかし、『三十三年之夢』（以下、『夢』[29]）によれば、この乞食先生は槌子との仲を取り持つという、寅蔵にとって「無心の媒酌者」、「情意を通ずる唯一有心の電話機」となり、「無形の大恩人」となった。どうやらアブラハムは、寅蔵には槌子の愛情深きことを伝え、槌子には「寅蔵は稀世の大人物」などと吹き込んだらしい[30]。寅蔵は、前田家に滞留しているうちに槌子と婚約する。しかし、いざ結婚となると、しばし逡巡した。母サキも一兄の民蔵も賛成し祝福したが、他ならぬ二兄の彌蔵が「早婚の志士に害あり」と反対したからである（彌蔵は早世したこともあったが生涯独身だった）。実際、寅蔵と槌子が結婚するのは、もうしばらく先のこととなる。寅蔵自身も結婚を先延ばししたいという気持ちに変化し（あわよくば破談になればとすら願い）、ハワイに渡航して働いて金を作ってアメリカに留学するという、彼曰く「三十六計中の妙策」を思いつく。

(1) 二兄彌蔵とその周辺

この時、寅蔵は本当に長崎まで行き、船を待っていた。そこへ待ったをかけたのが彌蔵であった。東京にいた彌蔵は長崎まで飛んできて寅蔵にハワイ行きを思いとどまらせ、（数年前にも一度打ち明けた）中国人になりすまして中国に入り、中国を根拠地としてアジア全域で革命を起こすという彼の構想を弟に対して熱く語ったのだ。寅蔵は、この長崎での一夜を「余が一生の大方針」を確立した夜と記している[31]。寅蔵は、一旦熊本に戻って一兄の民蔵に計画を打ち明け賛同を得ようとするが、民蔵は「大体の精神において異存はないが、方法手段においては同意できない」と共闘を断る。但し、中国行の費用は自分が用立ててやるから、数カ

が画像もまとめてあり見やすく参考になる（筆者閲覧2017年10月1日）。

29) 原題は「…之夢」なので、本書では、その内容に触れる際には「之夢」と表記するが、戦後の多くの復刻・改訂本の題名は「…の夢」なので、それらの書籍を指す際には、そのように記すこととする。但し、本書における『夢』からの引用は、主として岩波文庫版［宮崎滔天1993］に拠る。

30) ［同上：71］。

31) ［宮崎滔天1993：76-79］。但し、この兄弟の会談がいつであったかについては諸説あり、上村希美雄は明治24（1891）年の6～8月の間であると推定し［上村希美雄1984：188］、榎本泰子も1891年夏としているが［榎本泰子2013：25］、渡辺京二は「明治23年に入ってからの滔天の足どりはさだかではない」とし、ハワイ渡航の計画と、彌蔵との長崎での一夜は、明治23（1890）年中の出来事「でなければならない」と書いている（［渡辺京二2006：101］）。『滔天全集』第5巻の「年譜稿」によれば、1891年前半ということになるが、月日については「？」が付いている。［宮崎滔天1976：659］。

月待てという。そこで寅蔵は彌蔵と共に上京し、自分たちも働いて金を作ろうとするが、寅蔵が思わぬ病気に罹り、しばらく入院する。そこへ槌子が看病をしにやってくる。彼女の優しさに、かつて破談を願ったことも忘れ、寅蔵は「入院が長引けば」と祈りさえする。ようやく快復した寅蔵は、民蔵から三百円[32]の旅費を得て中国へ渡ることになった。『夢』によれば、それは1891(明治24)年5月のことであった[33]。一方の彌蔵は、「諸般の準備をととのえて」[34]から寅蔵の後を追うと決めた。寅蔵は単身、上海へ渡るのである。

さて、衛藤瀋吉が指摘するように、寅蔵を「中国革命へと説き導いたのが彌蔵であったことは言を俟たない」。しかし、彌蔵が「いかなる機縁で清国革命と結びついたかは、遺憾ながら(今のところ)判らない」[35]。衛藤はまた次のように言う。「なぜ清国革命と正義の実現とが結びつくのかよく判らない。しかし明治の青年にとっては、中国が活躍の場であり、正義とか革新とかを実現しうる舞台であることが感覚的にピンときたのであろう。」[36]衛藤はこれを「ロマンティシズムの焦点」が中国(清国革命)に合わせられたと解釈し、その要因を2点指摘している。一つは、中国が明治の日本人にとって適度の親近性同質性と適度の非日常性異質性を併せ持っていたこと、もう一つは、一兄民蔵の主張する土地復権運動、すなわち国内改革優先に対して滔天(および彌蔵)が主張したのは清国革命優先であり、目標とするところは世界の革命であったが、そのアプローチが異なったということである[37]。

こうした疑問および説明に対する上村希美雄の解釈は次の通りである。すなわち、「熊本の青年たちの胸に大陸雄飛の夢が肥っていった」背景には、「やはり維新以来の肥後藩に濃密だった政治的風土の影響を真っ先に考えざるを得ない。」

---

32) 当時の1円は、現代(2010年代後半)の貨幣価値で4,000〜6,000円と見積もられる。
33) 滔天本人は、『夢』の中で上海への初渡航は明治24(1891)年5月であると記しているが([宮崎滔天1993:84])、近藤秀樹が編集した『滔天全集 第5巻』の「年譜稿」では、それは明治25(1892)年4月のこととなっている。[宮崎滔天1976:659]上村も明治25年説を採っている([上村希美雄1984:201-204])。
34) 慢性胃腸病(実際には腸結核)に苦しめられていた彌蔵は、まずその根治を優先した。[上村希美雄1984b:199-202]。
35) [衛藤瀋吉2003b:84]。初出は『思想』1968年3月号。( )は筆者が追加した。
36) [同上:85]。
37) [同上:85-87]。

要するに「維新のバスに乗り遅れた上に、十年戦争（西南戦争）でも向背を誤って賊軍の名に甘んじた肥後士族の主流は、その鬱勃たる覇気を海彼なる大陸へ傾注することで満たし得ない己れの功業意識を補填しようとした」[38]と言うのである。また、彌蔵に影響を与えたのは、明治20年代に大陸に渡った熊本出身者たちであり、その中には、寅蔵が初めて上海に渡った際に現地で頼りにした宗方小太郎[39]や、長兄八郎に影響を受けて中国に渡り、その後、消息を絶った浦敬一らが含まれるとされる[40]。上村は、「（明治）20年代初頭の熊本とは、大陸に関する情報を意外に豊富に集め得る土地であったし、その道の先輩・先達者にもこと欠かなかったろう」と推測している[41]。付言すれば、西郷の影響もあったかもしれないと上村は指摘する[42]。

　ところが、「これ支那大陸なり。すなわち、久しく夢寐の間に髣髴たりし第二の故郷なり。（中略）余の感慨やいよいよ切なり。余は船頭に立って顧望低徊して、遂に泣けり」と、感無量の様子で記した寅蔵最初の中国行は、渡航直前に長崎時代の旧友に金を貸したが最後、騙し取られたことが災いして何の成果も挙げられず――さりとて荒尾精の日清貿易研究所には世話になりたくない――、やむなく「悄然として郷に帰れり」という結果に終わった。帰国してみると、槌子が既に妊娠6カ月であることが判明し、結局、革命運動どころではなく、1892（明治25）年7月、いよいよ観念して式を挙げることとなった。同年11月、長男の龍介が誕生する。ちなみに、寅蔵は、自身の上海初上陸については、その後ほとんど何も語っていない[43]。

　さて、その後も寅蔵の交友関係そして人生は、彼自身の言葉を借りれば、「嗚呼、因縁なる哉。浮世は善悪共に総て因縁ずくで、からみからみ廻り廻って進んでい

---

38) ［上村希美雄1984b：171-172］。
39) 宗方小太郎は1864（元治元）年～1923年（大正12）年、熊本宇土出身。佐々友房の濟々黌に学び、荒尾精の設立した日清貿易研究所で学生教育に携わっていた。その後、東亜同文会に参加、上海で『時報』の発行名義人となった。辛亥革命の頃は大日本帝国海軍嘱託（いわば諜報部員）として上海にいた。
40) ［上村希美雄1984b：162-189］あたりを参照のこと。
41) ［同上：178］。
42) ［上村希美雄1984a：399-400］。
43) ［上村希美雄1984b：215］。

く」[44]。そのハイライトとなるのが孫文との出会いであったのは言うまでもないが、そこに至るまでに（またそれ以後）寅蔵が大きく影響を受けた何人かとの出会いと親交があった。具体的には、金玉均、犬養毅、頭山満などである。これらの人々は寅蔵の中国革命への志と実質的に関わりを持つこととなったし、また、寅蔵が孫文を犬養や頭山に引き合わせたことによって孫文の革命運動もさらなる広がりを持つことになるのである。

(2) 金玉均との交遊と別れ

「夢寐の郷国に入る」に続く『夢』の続きに付けられた標題は「無為の四年間」である[45]。彌蔵が胃腸病と闘いながら英仏の学（ギリシャ史やローマ史、さらにはジョン・スチュワート・ミルの著作等）を修めつつあったところ、寅蔵は「恋愛と戦い、生計と闘うて、三年の星霜を夢の如くに消過」したのであった。そのような折、寅蔵は彌蔵を訪ねて告げた。かねて知己を得ている「朝鮮亡命の士」金玉均——朝鮮、日本、中国の同盟によって西欧に対抗するという「三和主義」を唱えていた——に会いに行って中国革命への志を説き、助力を仰ぐのはどうか、と。すると彌蔵もこれには大いに賛同した。寅蔵はすぐさま上京した[46]。

「金玉均先生を懐ふ」[47]によれば、初めて寅蔵が金と知り合ったのは1891（明治24）年頃、東京有楽町の金の住まいに居候をしていた同郷（熊本）出身の田尻一喜[48]の紹介によってであった。その後も寅蔵はたびたび金を訪ねては「朝鮮問題や東亜問題や人物評論を拝聴した」という。最後の面会となったのが、1894（明治

---

44) 「金玉均先生を懐ふ」[宮崎滔天 1973：285] および [書肆心水（編）2008：51]。
45) [宮崎滔天 1993：87-99]。衛藤は「（寅蔵の）青春時代の中でもっとも穏やかな、新妻とともに家庭生活を営んだ時代」と述べている [衛藤瀋吉 2003b：104]。但し、寅蔵自身には葛藤があり（その幸せな家庭生活が「何やら恐ろしくなり来たれり」）、それがこの標題に表れているといえる。
46) [宮崎滔天 1993：88-89]。寅蔵の金玉均に対する人物評は、「殆ど家なき国なくの人、…といえども眼(まなこ)大局を洞察するの明あり。」すなわち「帰る国も家も失った人だが（それゆえに自らの野心はないが）大局観を持ち合わせた聡明な人」という、ある意味ナイーヴな見方だった。
47) この全文は、[宮崎滔天 1973：281-285] および [書肆心水（編）2008：45-51] に収録。元々は金の23回忌祭に配本する目的で編まれた非売品、葛生玄晫編『金玉均』(1916 [大正 5] 年 3 月 28 日発行) への滔天の寄稿。以下の引用部分は全て同上寄稿文より。
48) 田尻一喜（市喜）は、1888（明治21）年頃、正則熊本英語学校に学んでいた時代の滔天が出入りしていた二兄彌蔵の同志グループ「熊本藪の内連」(熊本社会党とも呼ばれた) のメンバーの一人であり、慶應義塾で犬養毅と共に学んだといわれる（が証左はないようだ）。後に玉名小天(おあま)村の村長を長く務めた。

27)年の初春、寅蔵が、有楽町の住まいではなく、金が潜伏中の芝浦見晴の海水浴旅宿(のちの竹鶴館)に訪ねて中国潜入計画を打ち明けたときだった。寅蔵は、その準備資金として一万円を用立ててもらえないかと頼みに行ったのである。この時、金はわざわざ田尻に命じて漁舟を出させ、船上で杯を傾けつつ密談に興じた。この時のことを寅蔵は「もう嬉しさが一ぱいである」と回想している。

寅蔵は、兄の彌蔵と話し合って決めた「自己の志の外には遠慮も会釈もない」——いわば青臭く壮大な——少年革命家の計画を金に打ち明けた。すなわち「支那に入って支那人になり済まし、一大革命を行うて興国の気運を煽り、祖国なる日本と根本的同盟を結んで興亜の基礎を固め、人道を口にして亜洲人を奴隷視する白人に一泡吹かせたいと云う」計画である。滔天は後年、「アレ程聡明な」(金)先生に滔々と弁じたてた「その迷惑や察せられるる」と思い出しては恐縮するのだが、当時の金は寅蔵に、「今日以後の事、ただ支那あるのみ。朝鮮のごときはこれ途辺の小問題物たるに過ぎずして、結局の運命は支那問題に待たざるべからず」[49]と同意を示し、「君のような卓抜な真面目な議論は始めて聴いた」と膝を叩いて喜び、二人は大いに意気投合した。金も寅蔵に打ち明ける。実は近々中国に渡って李鴻章と会談する。今回は1カ月で戻ってくるが、頭山満、福澤諭吉、後藤象二郎と内々に相談していることがあるから、間違いなく金が出来る(当時の二百万円とも三百万円とも見積もっていた)。その金を持っていずれ中国に永住するつもりだ、と。では今回も護衛として是非同行させて下さいと懇願する寅蔵に対し、金は、「君の容貌風采では人目を惹いて困る」とそれを断る。しかし、その後は前章にも述べた通り、同年3月に上海に渡った金が暗殺されて、寅蔵の計画は叶わぬ夢となってしまったのである[50]。

寅蔵は心から金を慕っていたのであろう。それは、以下のような文章から窺い知ることができる。一つは1898(明治31)年8〜10月、寅蔵二度目の中国行の際、最初に到着した上海で金が暗殺された東和洋行に投宿し、まさに金が洪鍾宇に射

---

49) この部分は『夢』からの引用である。[宮崎滔天1993:90]。
50) 金玉均とのエピソードは、[立野信之1966:8-12]、[上村希美雄1984b:250-253]、[高野澄1990:71-82]、[榎本泰子2013:42-45]、[加藤直樹2017:106-110]などを参照。それにしても、立野や高野は、そこが作家たる所以であろうが、『夢』など滔天の文章を底本に脚色をしているにしても、よくもその時そこでそのような会話が実際に交わされていたかのように書けるものだと感心させられる。[上村希美雄1984b:224-253]は、さらに詳しく金について1章を割いて述べている。

殺された部屋に泊まって、その魂を慰めたいと思ったが他の客が泊まっていたので叶わなかったと書いていること[51]。もう一つは、1918（大正7）年10～11月、滔天が「朝鮮通」の甥、築地房雄[52]を伴って生涯に一度だけ朝鮮に渡った時のことを書いた「朝鮮のぞ記」[53]である（同年11月26日～12月4日、『上海日日新聞』に8回連載）。その冒頭、「朝鮮は要事のないところで、曾て一度も其地を踏んだことがなかった」が、「朝鮮人には多少の因縁があった、否大ありでした」と、自分にとっては初めて会った「世の名士」金玉均を「私此人はと見込んで、支那革命の志願を打ち明けた第一人」と偲んでいる。また、下関から一晩をかけて船で釜山に到着して洛東江を眼下にした際にも、「故金玉均君の事が又もや胸を衝いて追憶を呼び起し」、かつて金から聞いた洛東江にまつわる故事を甥の房雄に話して聞かせるのである[54]。

　さて、金玉均の突然の死は寅蔵と彌蔵の兄弟に多大の衝撃と落胆を与えたが、その死は二人に、その後の革命運動への関わりに決定的となる人脈形成の端緒を開くことになる。1894（明治27）年5月20日、金の追悼会が東京浅草東本願寺で、会葬式が青山墓地で執り行われた[55]。金の遺体は清国警察によって奪われた後、凌遅刑（八つ裂き）に処されたが、同行した書生和田延次郎がかろうじて持ち帰ってきた遺髪と衣服の一部を埋葬したのである。会葬式にも参列した寅蔵は（再び田尻一喜の紹介で）、金と「兄弟の契りを交わした」という南岬こと渡辺元と知り合う。渡辺は長崎市郊外で石炭・海産物から鉱山経営に至るまで事業を拡大、亡命中の金を援助し、さらには金と共に何らかの事業（朝鮮での鉱山事業か）を計画していると当局から目を付けられてもいた人物であった[56]。また、寅蔵たちの長兄八郎のことも知っていた。葬儀の後、渡辺は寅蔵に自ら仮寓としていた銀座

---

51) 「支那だより（「上海にて」の節）」、初出は『九州日報』に連載。[宮崎滔天1976：193]。
52) 築地房雄は、寅蔵の二番目の姉（冨）が嫁いだ築地貞俊との間に生まれた長男。貞俊は、熊本民権党、協同隊における長兄八郎の同志であり、西南戦争にも従軍したが、「免罪」されて生き延びた。[上村希美雄1984a：40, 99, 171, 174]。
53) 『滔天全集 第4巻』に所収。[宮崎滔天1973：359-371]。
54) 引用部分は、[同上：359, 364-366]。
55) 浅草には千数百人が集い、あたかも対清決起集会の様相を呈した一方、青山墓地への埋葬には近親者30名ほどのみが参加したのみだった（しかも参加者は浅草から青山まで歩いた）という。
56) [高野澄1990：80]、より詳しくは[上村希美雄1984b：247-248]。

の洋装店「伊勢幸」を訪ねるよう促し、数日後、寅蔵はこれに応じた[57]。寅蔵は渡辺を「無名の英雄」[58]と呼んで敬意を表し、その後、革命運動への支援を頼むこととなる。

　前章でも述べたように、金の暗殺は日本国内における対清開戦の世論を沸騰させ、ついに1894(明治27)年8月1日、日清戦争が勃発した[59]。そのような中で、一方で寅蔵は、やはり金の葬儀の際に知り合った金の愛人杉谷玉が示してくれた好意にすがり、玉の地元である函館に赴いて中国語教師を探して中国語の勉強に専念しようとする。ところが戦時下のことゆえ、教師になれそうな教養ある中国人は皆本国に帰ってしまっていた。かくて函館での中国語学習計画は挫折する。万策尽きた寅蔵は、再び、翌年(1895[明治28]年、月日不詳)渡辺元を東京に訪ねる。今度は彌蔵も同行させた。熱心に中国革命への夢を語る彌蔵に対し渡辺は、横浜の支那商館(洋服生地の輸入商)を知っているから、そこに潜入して中国語および中国の風俗習慣を身に着けてはどうか、と提案する。彌蔵は一旦躊躇しながらも諒承し、実際に横浜の商館に住み込むようになる。中国服に中国帽、辮髪までも誂えて、全く中国人になりきったのである。一方の寅蔵は、後述する通り、広島の移民会社を頼り、シャム(タイ)に移民を率いて行った。このタイ行には、華僑が多数住む同地において中国語と中国文化の習熟に努めるという隠れた目的もあったのだが、次章で述べるように、2回目の渡泰から帰国後、ほどなくして二兄彌蔵が亡くなる。一緒に中国革命に参加するという夢を語り合った兄の死に、寅蔵は悲嘆に暮れ、しばらくは「茫然自失して、為すところを知ら」ぬ状態に陥る[60]。「夢」の次章の扉が開くのはもう少し後のこととなるのだった。

---

57) 『滔天全集 第5巻』の「年譜稿」[宮崎滔天1976：660]。なお、伊勢幸の女主人青木たけは渡辺の愛人であり、金玉均宛ての書簡を整理していたりしたので、警察の尾行もついたという逸話も持つ「女傑」であった。[上村希美雄1984b：266]。

58) [宮崎滔天1993：92]。

59) 日清戦争をめぐる当時の言論的状況と、戦争に対する寅蔵および宮崎兄弟の考えや姿勢については、[加藤直樹2017：110-118]および[渡辺京二2006：140-141]を参照。簡単に言えば、宮崎三兄弟はいずれも戦争に「無関心」ないし距離を置くという態度であった。また、この時期(日清戦争勃発の約1カ月後＝1894年9月6日)には寅蔵の次男震作が生まれている。

60) 「余が活動の源泉は涸れたり」『夢』[宮崎滔天1993：157-158]。

3．天心と滔天——出会わなかった二人

　さて、ここで、前章で積み残した天心と滔天の比較論を物してみたい。前章の終わりにも記したように、幼い頃から英語教育に親しみ、満年齢17歳半で東京大学を卒業、18歳で文部省の官吏となった当時の超エリート岡倉覚三。かたや熊本の片田舎に生まれた宮崎寅蔵は中学校を中退後、徳富蘇峰の大江義塾に始まり、東京に出ては中村正直（1832-1891）の私塾・同人社や東京専門学校に学ぶが、また熊本に戻って正則熊本英語学会へ、ほどなく長崎のミッションスクール加伯利(カブリ)英和学校への編入学と学校を転々とし、学歴という意味では、今でいう「落ちこぼれ」であった。また、寅蔵は、長兄の八郎が西南の役で討死して以来、父長蔵[61]による「官の字のつく職に就くべからず」との厳命を兄の民蔵、彌蔵と共に守ってきた。後述するように、寅蔵は、犬養毅との関係から外務省の機密費を使って中国で情報収集活動を単発的にしたことはあるものの、遂に政府の役職に就くことはなかった。後年、1915（大正4）年3月に衆議院議員選挙に熊本から出馬するが、敢えなく最下位で落選している。

　滔天は、自ら浪曲師に身を落とした（次章を参照）ことも含めて、徹底して市井の人であり続けた。これもまた後述するが、彼もまた天心と同じように、相手の人種・性別・職位等に関係なく接することができた人間であったが、その一貫した基本的姿勢は、弱者に寄り添うところにあった。『三十三年の夢』の「自序」には、「人類同胞の義を信ぜり、ゆえに弱肉強食の現状を忌む自分を「世界革命者」と任じ、また教育の普及が重要だが「社会は不平等」であり「貧者多くして富者少なし」、だから「多数細民の状態を一変」させなければならないので、「社会革命者」とも任ずるに至ったと述べる。また、「人に人種的憎悪の病毒あるを思えり」と述べている[62]。

　そんな滔天が生涯ただ一度給料取りとなったのが、広島の移民斡旋会社のタイ国在留代理人となった時だった。前述の通り、1895年と1896年の2回、自ら移民を率いてタイへ渡航したが、特にその1回目の道中における中国人労働者（苦力）の様子を描いた一節が『夢』に出てくる。

---

61) 父長蔵は、肥後藩の郷士（下級武士）で、維新前は長兵衛政賢（正賢）と名乗っていた。
62) ［宮崎滔天1993：26-28］。

香港に達し、(中略) 幾百の支那労働者は余ら一行と同船せり。これ人の目して禽獣と同視する。いわゆる苦力なるものの一類なり。余が一行の百姓といえどもこれに近づくを欲せざる、一種の汚穢物(おかいぶつ)なり。しかれども余は実に、彼らを熱愛するを禁じ得ざりき。余が一生を託すべき支那国民なりと思えばなり。余が大いに用いて以って人道回復の用をなさしむべき民と思えばなり。しかり、我に敵意なければ、人みな我の味方ならずや。彼ら、なんぞ余に親しむことの速やかなる、なんぞその言動の無邪気なる[63]。

まさに痛快、滔天の面目躍如たるものを感じさせる。2回目のタイ渡航(「第二のシャム遠征」)[64] に至っては一層調子に乗った書きぶりとなるのだが、この1回目の渡航の時も —— 禽獣だの汚穢物だの —— たしかに表現は過激であるが、滔天の中国人苦力に対する優しい眼差しが表れているといえるだろう。これを"エリート"の天心に求めることはできただろうか。

天心は滔天、滔天は天心

とはいえ、天心と滔天の二人には驚くほど共通点もまた多かった。ここでは、中国旅行、女性関係、そして両者が具えていた"女性性"(女性的性格)について述べておきたい。

天心は、1893 (明治26) 年と1906 (明治39) 年の2回にわたって中国を旅行している[65]。天心の関心はもっぱら遺跡と美術品にあり、たとえば洛陽で竜門石窟を見て「忽ちにして喜歓の声を発せしむ」と当時の日記に記した。中国の奥地を踏査するのに、支那服に辮髪を付けて清国人になりすましたというが、滔天も同じようなことを試みている。むしろ辮髪にして横浜の中国商館に潜入して中国人に成りすましたのは二兄の彌蔵だったが、志半ばで急逝した彌蔵の遺志を継いで中国革命に身を投じていった滔天も、いずれ辮髪にするつもりで髪を伸ばし放題にしていた。犬養毅に初めて会った際、「その髪はなぜ伸ばしておるのか、さぞ五月蠅いだろうに」と訊かれて、最初は「物好きに」と適当に答えたが、滔天に何か真意があると感づいた犬養が執拗に「その顔では金儲けはできない」などと食い下がるので、

---

63) [同上:108-109]。
64) 特に [同上:135-139]。
65) 天心の中国旅行については、[色川大吉 (編) 1984:26-28]、[木下長宏2005:xii, 170-175] を参照。

遂に中国革命への志を打ち明けた、というエピソードがある[66]。

　滔天は、その後、犬養からの資金援助（外務省の機密費）を得て1897（明治30）年7月、中国に「秘密結社の調査」のために行くが、探していた孫逸仙（孫文）が欧州から日本に行くと聞いて9月には帰ってきてしまう。生涯最初の上海行き（1891年）も含めると、滔天は通算で中国に（香港、シンガポールを含めて）10回以上渡航するのであるが、美術品や遺跡を見て回った形跡はなく、ひたすら革命運動のために中国人と接触することが目的の旅行であった。しかし、中国に入り込み中国を深く理解しようとした点では、そのアプローチは違えども、滔天と天心の二人には大いに共通性があったと言ってよいだろう。滔天の中国行については次章に詳しく述べる。

　次に女性関係である。正確には、酒と女と言った方がよいかもしれない。木下は、「酒と女を抜いて、岡倉覚三の生活はありえなかった」[67]と書き、中島は、天心には「時折、女性に対する甘えと厭世観から来る逃亡癖のようなものが見られ」[68]たと書いている。その点においては滔天も全く負けていないのだが、まずは天心について見ていこう。「岡倉は、ことあるごとに生徒たちや教員と大酒を煽り、高歌放吟し女郎屋へ走った」[69]——こうした行動は当時にして既に、美術家たる者の品性を著しく欠くとして批難の対象となった。その品性あるいは品位に欠く所業の一つとして指摘されたのが、天心の私的な女性関係だった。彼の東京美術学校校長非職（解任）に至る経緯と、男爵九鬼隆一の元妻星崎波津子との不倫関係については本書で詳しく触れる余裕も必要もないが、詳しくは、たとえば木下が彼の著書に1節を割いて詳細に説明した「岡倉覚三をめぐる〈女〉たち」を参照されたい。波津子だけでなく、「岡倉の生涯には、その時代時代に、なんにんかの女性の影がいつも漂ってい」た。そこには妻・基子（もと）以外の女性6名が列挙され、その他にも「心を通わせた」かもしれない数名の名も挙がっている[70]。

　一方の滔天も、『夢』の中でも繰り返し酒と女性については書いているが、とに

---

66) ［宮崎滔天1993：162-163］。
67) ［木下長宏2005：192］。
68) ［中島岳志2014：206］。
69) ［木下長宏2005：191］、［同左：344-346］および［色川大吉（編）1984：24-26］参照。
70) ［木下長宏2005：328-343］。

かく女性にはもてたようだ。詳細は、たとえば高野澄の伝記などに譲りたいが、留香という芸者のことや、後に次女として認知する娘リツを産んだ柿沼トヨのことについては触れておいてもよいだろう。

留香は藤井トメという名らしいがそれ以上は不詳とされる[71]。1898(明治31)年8月、滔天は犬養からの出資を得て二度目の中国調査旅行に出掛け、孫文と提携させる目的で香港から康有為を伴って帰国する(が提携には失敗)。その10月以降、しばらく身を寄せることとなった京橋区木挽町(当時)の松栄亭という待合で出会うのが芸者の留香ことトメであった。その後、滔天は、1902(明治35)年の夏頃まで(金もないのに)松栄、さらにはこの芸者とその母親が住む家(不忍池の畔にあったらしい)に身を寄せ続けた。留香は芸者の商売道具ともいえる着物を売ってまで滔天を寄食させるのだが、そのため留香の家は傾いていく。その期に及んでもまだ滔天は、彼女を深く愛し、義理のしがらみが固く出て行けない、などと寝言を言っている。『夢』には、滔天が居候し続けることに業を煮やした母親と留香の激しい罵り合いの場面が描かれている。滔天は、そのこともあって浪曲師になることを決心し、1901(明治34)年11月に留香にそのことを話すのだが、留香も留香で革命家としての滔天に期待をし続けていたのだ。「驚愕して失望の色を」隠せなかったが「また来る時節を待って、思いごとを謀らせ」ればよい、などと滔天を慰めるのである[72]。

一方の柿沼トヨは、曲鶯という芸名を持つ当時20歳の女芸人であった。1902(明治35)年の後半(8月から9月頃)、滔天は自らの興行会社「易水社」を旗揚げする。彼女はそこに「しばしば米を運んできてくれた恩人」であった。滔天は、その「恩義に報いるに恋をもってして」トヨを妊娠させる[73]。浪曲師として九州巡業に出た1903(明治36)年8月、長崎で女児が(巡業中の楽屋で)生まれる。しかし、その曲鶯ことトヨとも1905(明治38)年には別れている。

それにしても、天心の妻基子(もと)も、滔天の妻槌子(ツチ)も、共に放蕩を繰り返す夫を我慢強く支え続けたものである。明治の日本女性とは(また男性も)、そういうものだった、と言えば身も蓋もないのだろうが、滔天の妻槌子に至って

---

71) [宮崎滔天1993：420, 注二一七8]。
72) この間の事情については、『夢』[宮崎滔天1993：353-356]を参照。
73) [高野澄1990：246-254]。

は、極貧生活の中でリツを引き取って実の娘同様に次女として育てている。天心も異母姉の子である八杉貞との間に子を儲けた（が、こちらの養育は貞と結婚した早崎梗吉の両名に委ねられた）。さらに家族関係でいえば、天心の長男一雄、滔天の長男龍介、夫々に一角の人物となった。共に父を大変に慕っただけでなく、父の残した膨大な文章を全集に編纂する仕事を成し、また、父に関する資料的な価値のある文章（岡倉一雄『父天心』[74]、宮崎龍介「父滔天のことども」など）を後世に残したことも、また共通点といえる。

さて、最後に述べる二人の共通点は、共に極めて女性的な面があったことだ。木下曰く、「岡倉は、詩意識のレヴェルではいともたやすく〈女〉になることができた。」最後の作品となったオペラの台本『白狐』（The White Fox）の「主人公の雌狐に自意識の分身を託した」と分析している[75]。滔天は自身について、「熟々惟んみるに、私と云ふものは、女性的性分を享け得て、誤って男子に生まれた一種の変性漢です。酒の援助なくしては、人様の前に自分の意思を言明することも能くせず、成るべくは人様の御意見に譲歩して、其人の満足を以て自ら満足せんとする弱虫なのです」[76]などと書いている。このような文章に、彼の本質的に屈折した、繊細な人間性を垣間見ることができるのではないだろうか。若い頃には学校を転々としたり（退学するたびに何かと理屈をつけてはいたが）、私財をなげうって中国革命に身を投じてみたり、浪曲師になってみたり、また、革命後に袁世凱から持ちかけられた利権話（米穀輸出権）はきっぱり断ったりと、「滔天には終生どこかにこうした遁世的姿勢が顔をのぞかせている」[77]。渡辺京二は、「彼の生涯を通観するとき、挫折へのあるのっぴきならぬ衝動、いいかえれば、自己を成功とは逆の位相へひきおろして行こうという衝迫が彼の一生をくりかえしくりかえし襲っている」といい、それは「体質的生理的なものであり、より直截的にいいきってしまえば、ある原罪的な自己破却の衝動である」と分析するのである[78]。

74）［岡倉一雄2013］。
75）［木下長宏2005：347-348］。
76）原文は「炬燵の中より」『上海日日新聞』大正8（1919）年2月15日付。［宮崎滔天1972：231-232］および［渡辺京二2006：28］（引用）を参照。
77）［近藤秀樹1984：18］。
78）［渡辺京二2006：17］。

他にも天心と滔天の類似点を挙げるならば、まず、共に波乱の生涯を約50年で終えたことである（天心50歳、滔天52歳）。死因も、腎臓病に尿毒合併症を併発とほぼ同じだった。また、天心は、実は西洋音楽をこよなく愛し、造詣も深かった。滔天も歌舞音曲の類は何でも好きだった（余、性声曲をよろこぶ[79]）。エリートで博識で国際的教養人でありながら、奇抜で型破りで酒好き女好き、反逆の精神に富みつつ詩的で女性的な繊細さも持ち合わせた天心岡倉覚三。かたや「侠の人」と見られがちな ── 事実その面もあったが ── 滔天宮崎寅蔵もまた、天心と同様に酒好き女好きながら、その一見豪放磊落そうな外見からは想像もつかない、良く言えばデリケートさ、悪く言えば女々しさを持った、そして何よりも知性の人であった。さらに、渡辺京二が評するように、滔天に「政治的人間あるいは行動的人間よりも、むしろ芸術家的な気質の人間の存在を認める」[80]ならば、アジア主義という狭い観点に囚われず人間としての天心と滔天の二人が歴史上に果たした役割とは、それぞれの置かれた境遇において唯一無二のものであったといえるのではないか。竹内好ふうに準えていうならば、つまり、天心は滔天であり、滔天は天心であったのだ。

---

79) 『三十三年の夢』の自序の冒頭。[宮崎滔天1993：25]。キリスト教に入信したきっかけは、オルガンと讃美歌の音色に導かれて教会を訪ねたことだった。[宮崎滔天1993：49]を参照。
80) [渡辺京二2006：14]。

第8章　滔天と孫文

はじめに ── 彌蔵の死

　本章では、前章第2節でいったん中断した、宮崎滔天の中国革命への夢の続きを綴っていきたい。時代を彌蔵の死まで遡る。1回目の渡泰（1895年10〜12月）[1]の後、一旦広島に戻った寅蔵は、11月に病気を再発させていた彌蔵に呼ばれて、年末に横浜の療養先で彌蔵と会い、数日間を共にした。しかし、これが生きている彌蔵に会う最後の機会となった。

　寅蔵自身も2回目の渡泰（1896年4〜6月）の際に（疑似）コレラに罹り、生死の境を彷徨った。奇跡的に回復して帰国の途に就くが、6月（初旬と推測）に門司港に帰って来るや否や、熊本の母サキ（佐喜）と横浜にいる彌蔵が共に病気であることを知らされる[2]。寅蔵はまず熊本に戻って入院先に母を見舞う。ちょうど彌蔵から熊本の実家に手紙が来ていた。病気から回復しつつあるから心配するなという内容だった。すると7月4日、彌蔵危篤の急電が来る。急いで──といっても当時、熊本から横浜まで二昼夜掛かった──兄の民蔵と共に向かうと、到着した時、彌蔵は既に事切れていた。二人が東京品川の東海寺別院に安置された彌蔵の遺体と対面したのは1896（明治29）年7月6日のことだった。翌7日、東海寺で彌蔵の葬儀が行われた。参列者の中には、伊勢幸の女主人青木たけなどに交じり、宮崎兄弟とは同郷出身の長鋏こと可児長一[3]がいた。

　さて、彌蔵は29歳という若さで死んだ。死の直前まで世話になっていた親友（野崎福太郎[4]）に宛てた遺書と、母サキと兄民蔵に宛てて書き残していた辞世の句があった。

---

1) ちょうどこの時期（1895年10月）、孫文は広州で第一次広州起義を画策するが、未然に清朝政府の知るところとなり、蜂起に失敗する。清朝政府に追われる身となった孫文は海外に亡命したのである。
2) これを知らせたのは福岡の玄洋社社員の的野半介であった。寅蔵と玄洋社の関係については述べるべきことが多いのだが、本書では必要以上に詳しくは触れない。
3) 可児は1871（明治4）年、葦北郡佐敷の生まれで、明治24年頃、慶應義塾を卒業したとされるが、上村希美雄も、その経歴は詳しくは「わかっていない」と述べる。[上村希美雄1987：17]。
4) 野崎についても上村は彌蔵の「重要な友人」としながらも「身許不詳」らしく、詳しいことはわかっていない。[上村希美雄1984b：375]。

　　　　　　　大丈夫ノ真心コメシ梓弓　　放タデ死スルコトノクヤシキ
　　　　　　　　マスラオ　　　　　　　　アズサユミ

　上村希美雄の表現を借りれば、「続く世にも絶えてないほどの大きなスケールをもつ革命思想を構築した男が、その未発に終った志の継承を後代に向って問わんとする」かのような「真摯で勁烈な一首」[5]である。それは間違いないが、同時に何とも言えぬもの哀しさを湛えた歌と言えないだろうか。

　彌蔵は死んでしまった。しかし、犬死にしたわけではない。彼は寅蔵が第2回目の渡泰を控えて長崎にいる間、帰京していた、あの「無名の英雄」渡辺元のもとに手紙を寄越していた。寅蔵は渡辺を訪ねてその手紙を見せてもらっていた。それは、彌蔵が中国の革命家（後に孫逸仙だとわかる）の同志陳少白[6]と知り合ったこと、しかもその陳と大変に意気相通ずるものを感じとったという内容であった。寅蔵は、その手紙を「長文の一書、字々みな生気あり、句々ことごとく活動す。（中略）二兄がいかに興奮せるかを推知するに足る。読むもの、豈に感慨に堪ゆべけんや」[7]と表現している。ところが実際には、自分が渡泰を控えていたこともあり、「自分だけでなく渡辺先生も同意見」などとわざわざ断って、慎重を期して、しばらくその中国人と距離を置くべきだ、と警告したのである。寅蔵は後年、そんなふうに返信したことを大変に悔やんだ。彌蔵がもし「その支那人と交通し、多年鬱積せる襟懐を披歴して、自己胸中の春風を煽りたらんには、あるいは彼のごとき悲惨の最後を遂げざりしならん」――すなわち、自分の返信が兄の寿命を縮めてしまったのではないか、と[8]。

1．犬養木堂

　自らの「活動の源泉」と呼んだ二兄が死んだ後、寅蔵はしばらく茫然自失して為すところを知らぬ状態に陥っていたが、中途で放り出した格好になっていたタイの植民事業を何とかしなければならなかった。移民の中から、状況に絶望して

---

5) ［上村希美雄1984b：389-390］。
6) 陳少白は孫文と同郷の幼馴染で、香港西医書院の同窓生でもあった。たとえば、［田所2011：43-44］を参照。
7) 「二兄の書簡は新事実の報告なり」『夢』［宮崎滔天1993：130］。
8) 「この一段は愚痴の気味あり」『夢』［同上：132］。

自殺する者も出た、との報告さえ聞いていた。寅蔵は、タイの植民（植林）事業に資金援助をしてくれそうな有力者、篤志家を探そうと —— 初上京以来、定宿としてきた芝愛宕の対陽館を根城に —— 東京中を駆けずり回った。そんな中、1896（明治29）年10月4日、兄彌蔵の月命日に因んで招魂祭が開かれることとなった。これを主催したのが前述の可児長一である。可児は寅蔵に（当時、進歩党議員の）木堂こと犬養毅を訪ねてタイの移民事業の件も相談してはどうかと提案した。寅蔵は（敬愛する板垣自由党の敵として）改進党・進歩党を毛嫌いしていたので、最初は可児の提案に耳を貸さなかった。しかし、慶應義塾に学び犬養邸に寄食して書生をしていた可児が、「口を極めてその人物を賞説し、心を尽くして勧誘する」ものだから、「余が心ついに動けり。」犬養に会った寅蔵は、「天縁なるかな、余が方針の一転機はこの時に在り」と、当初の毛嫌い（食わず嫌い）はどこへやら、「余はすでに直覚的判断を下せり、これは好きな人わい、と」犬養に好印象を抱くのである。結果的に可児は寅蔵に、革命運動への情熱に再点火する「一条の導火」（線）をもたらしたのである[9]。

　しかし、犬養は寅蔵と会うなり、タイでの植民・植林事業は無理だから諦めろという。もし、どうしてもやりたいなら、やはり進歩党議員の「背水将軍」こと中村弥六を紹介するから訪ねろという。寅蔵は中村にも会いに行くが、林学博士でドイツ留学経験もあり材木業も営む中村をして、「到底素人の手に」は負えぬ事業だと言うので、寅蔵は再び犬養を訪ねる。犬養は寅蔵の本心が実はタイにはないことを見抜く。前章でも触れたが、「君はなぜその髪を伸ばしておるのか」、「物好きに」という会話がきっかけだった。犬養は「そんな顔では金儲けはできん」などとしきりに言うので、寅蔵は「金儲けは手段であって別に目的がある」と言ってしまう。寅蔵は「遂に志（こころざし）支那にあることを告げ、かつ一臂の援助を与えられんことを請」うた。犬養は、この話の方によほど合点が行ったと見えて、「諾、しばらく昼寝でもして待っていたまえ」と寅蔵に告げる[10]。

　犬養は外相の大隈に「中国秘密結社の調査」という名目で外務省機密費を出させて、寅蔵たちを中国に派遣する算段だった。ところが寅蔵は犬養に言われた通

---

9) 以上、引用部分は、全て『夢』より。［同上：158-160］。渡辺京二によれば「犬養との出会いは滔天の半生を決定した」のである。［渡辺京二 2006：163］。
10) このくだりも全て『夢』より。［宮崎滔天 1993：161-163］。

り同志の南万里こと平山周[11]と宿で待っていると次第に気持ちが倦んできて、酒を飲んでは「南品北芳」(南は品川、北は吉原)で女郎屋通いを繰り返す[12]。そのうち寅蔵だけが「入院して手術が必要」なほどの重い花柳病に罹ってしまう。おまけに「たまたま数病一時に併発して、身命ほとんど危からんとす」る状態に陥った[13]。それにしても、『滔天全集 第5巻』の「年譜稿」を見てみると、病気に罹ったのが1896(明治29)年の11月頃となっているのに、年明けて1897(明治30)年の3月に入退院とあり、相当長引いたようだ。寅蔵は、「意を決して一書を草し、事情を具陳して雲翁(うんおう)の憐みを請う」た。すると金四十円を用立ててもらえたので、上野桜木病院に入院することができた。雲翁とは立雲こと頭山満である[14]。寅蔵は、最初、犬養木堂にこのことが知れるのを恐れて黙っていたが、ほどなくばれて、逆に犬養の千代夫人の手厚い看病を受けることになる。「雲木二翁の恩顧なくんば、余の命ここに窮まりしやも知るべからず」と、以後、この二人には頭が上がらなくなるのである[15]。

最初は(1897年の)4月下旬に中国行を予定して準備をするも病気が再発したり、別の病気に罹ったりしたため、同行予定だった平山周と可児長一が先に5月に出発した。寅蔵が長崎から香港行きの船に乗って出発するのは同年7月のことであった[16]。犬養と知己を得た後も寅蔵は、依然としてタイの植民事業への援助

---

11) 1870〜1940、福岡出身。寅蔵とは東洋英和学校時代からの知り合い。号は南万里。『革命評論』にも参加したが、後に滔天とは袂を分かち、また孫文の信頼も失う。詳しくは、島田虔次による『夢』の注一二五2 [宮崎滔天1993：396]を参照。

12) 「カネがなくても酒を呑み、女とあそぶ滔天である。カネがあれば、もっと呑み、もっとあそぶ」とは [高野澄1990：140]の表現。

13) 『夢』[宮崎滔天1993：163-165]。

14) 引用は『夢』[宮崎滔天1993：163]。頭山満は「雲翁」として『夢』の初っ端(「自序」)から登場するのだが、寅蔵が頭山といつ頃どのようにして知り合ったかについては、はっきりとはわからない。『夢』本編の中では、この時期(1897年春、2度目の中国行を控えての入院の頃)、「先輩雲翁」と、やや唐突に登場する。三好の小説によれば、寅蔵は頭山に「会ったことがな」かったが手紙を書いたことになっている [三好徹1983：198-199]。しかし、頭山は、既に1884(明治17)年、中江兆民、樽井藤吉らと韓国・釜山に語学学校「善隣館」を設立する計画に加わっており、そこには後に寅蔵の義兄となる前田下学も加わっていた。また、寅蔵が後に1907(明治40)年5〜6月にかけて『黒龍』(黒龍会機関誌)に発表した「續三十三年之夢」の中で、一兄の民蔵について「先輩立雲翁の賛助を得て、その少年時代より主張し来れる土地公有主義を唱道して」云々と書いている [宮崎滔天1971：236-244]ことから、かなり早い時期から互いを知る関係だったと見るのが自然ではないか、というのが筆者の考えである。

15) 「この誼忘るべからず」『夢』[宮崎滔天1993：164]。

16) 『滔天全集 第5巻』の「年譜稿」参照。[宮崎滔天1976：664-665]。

を頼みに（犬養の紹介で）外務次官の小村寿太郎を訪ねたり（1896年10月）、結局は移民会社を正式に辞職したり（同年12月）、毛嫌いしていたはずの外務大臣大隈重信に面会して中国渡航のための外務省機密費支給の約束を取り付けたり（1897年2月）、土地均等法を欧米の有識者に説く外遊に出る一兄民蔵を横浜に見送ったり（同月）、はたまた長女のセツ（節子）が生まれたり（同年4月）、と慌ただしい日々を送るのであった。

2．孫文との運命的出会い

　漸く病気も快復して中国行の準備に入るが、前章でも触れたように、民権活動家の小林樟雄に挨拶に行った際、かつての長兄八郎の同志、興亜会創立者の一人でもある曽根俊虎と偶然出会う。この曽根が寅蔵に、──「もしや兄彌蔵が会っていたという中国人では」と寅蔵自身も直感した──陳少白を紹介するのである。寅蔵は、中国（香港）への出発直前に横浜に陳を訪ねた。寅蔵の予感は見事に当たった。彌蔵の死を告げると陳は大いに残念がったが、"Sun Yat Sen kidnapped in London"と題した1冊の英文の小冊子を寅蔵に手渡し、自分は孫逸仙を首領とする興中会のメンバーであると告げた。香港に着いた寅蔵は先に到着していた平山と共に興中会の同志を訪ねて回るが（可児は既に帰国済みだった）、日清戦争後のこと、日本人に対する不信感も手伝って警戒心が高く、情報収集がうまくいかない。そこへ8月中旬、第一次広州起義に失敗して亡命中の孫逸仙が、何と5月にはイギリスを発って日本に向っているとの情報を得る。寅蔵と平山は急ぎ帰国した。9月初旬、横浜に到着して投宿先で旅装を解くやいなや、二人は陳少白の寓居に直行する。

　すると、陳少白は留守であった。留守を預かっていた女中が「（陳は）2, 3日前に出かけた」、行き先を尋ねると台湾だという。では誰もいないのか、と問うと、1週間くらい前にアメリカから到着した客が1人いる、という。寅蔵は孫逸仙に違いないと心躍らせるが、その日は外出していて会うことができなかった。翌朝早く寅蔵が一人で再び訪ねると、「客」はまだ寝ているという。彼が起きるのを待っていると、ほどなくして寝間着（パジャマ）姿のままその客は出てきて寅蔵と会っ

た。これが終生の友となる孫文こと孫逸仙と寅蔵の初対面であった[17]。

　寅蔵は孫文の最初の印象を「少しく軽躁」で「挙止動作の漂忽にして重みなきところ」に「いささか失望の心を生ぜしめぬ」と書いている。洋装に着替えて整髪してきた後でさえ「なお何となく物足らぬ心地せり」と感じた[18]。しかし、いったん革命への志について語りだすと、その印象は全く異なった。尤も両者のコミュニケーションは漢文による筆談が主であり、若くして海外に学んだため、さほど達者ではなかった孫文の中国語と、孫文は達者だが滔天はブロークンの英語会話に拠った。「開口一番共和の政を説き、革命は余の責任と言い、積弱の中国から人民を解放する志を有する」と述べた孫文に相対した寅蔵は、「たちまちその言に魅了されざるを得なかった。」そして寅蔵は、孫文をある人物の面影と重ね合わせる。誰あろう早世した兄の彌蔵である。「彼」以外に「これほど明快にみずからの革命の精神について語」る、「生きていることすなわち革命することと信じきっている人間に初めて会った」[19]と感じたのだ。孫は続ける。「支那四億万の蒼生を救い、亜東黄種の屈辱をすすぎ、宇内の人道を回復し擁護するの道、ただ我国の革命を成就するにあり」[20]――要するに、中国のみならずアジア黄色人種、さらには世界のための平和を説く――その思想は高尚、識見は卓抜、抱負は遠大、情念は切実、日本にはこんな人物が果たして何人いるだろうか。「誠にこれ東亜の珍宝なり」と、寅蔵は孫文の人間にすっかり惚れ込んでしまった[21]。

　ほどなく寅蔵は孫文を犬養に引き合わせる。同時に寅蔵は犬養に指示されて、外務省機密費を使って「中国秘密結社の調査」に行った行きがかり上、外務省に

---

[17] 寅蔵と孫文の初対面の様子は『夢』[宮崎滔天1993：177-183]に詳しい。これを[近藤秀樹1984：52]は「もっとも感動的で有名な箇所」といい、[衛藤瀋吉2003b：106]は「圧巻」と表現し、[榎本泰子2013：60-61]は「生き生きと描かれ、最も興味惹かれるくだり」と書き、[上村希美雄1987：133]は、「委曲をつくして描き出している」と、いずれも高評価である。

[18] 引用部分は全て「孫逸仙君との初対面」『夢』[宮崎滔天1993：178-179]。

[19] 引用部分は、[上村希美雄1987：134]。

[20] 『夢』[宮崎滔天1993：182-183]。

[21] 「余はこの時を以って孫君に許せり」『夢』[同上：183]。しかし、[渡辺京二2006：160-161]は、初対面の場面の情景描写はさておき、孫文の語った言葉は「格別どこといって感心することもない、いたって平凡な思想」とにべもない。尤もこれは、鈴江言一の孫文評（筆者は未読）に依拠してのことのようである。一方、[上村希美雄1987：139]は、同じく鈴江の評価を踏まえながらも、孫文の革命理論そのものは「その実践と共に発展進化した」と述べ、初対面時の滔天の孫文評は、「革命家孫文誕生の秘密」が「孫自身の著述よりも数倍生彩に富む筆致で解き明かされている」と記している。

顔を出した。すると外務次官の小村寿太郎は報告書を作って出せ、という。しかし、寅蔵は、(結社に関する報告書より)実物(の革命家)を一人連れてきた、と言ったものだから小村も面喰った。小村からすれば、孫文は清朝政府にとってのお尋ね者、そんな人物に日本の外務省が関わるわけにはいかない。しかし寅蔵は言う。「役人には役人の都合があるだろうが、自分たちには自分たちの都合がある。役人が驚こうが、自分たちはすべきことをするのみだ」[22]。犬養の周旋によって孫文と陳少白は東京早稲田鶴巻町に住処を得た。名目は平山周の語学教師、生活費は頭山満を介して元玄洋社社長の平岡浩太郎が出すことになった。こうして孫文の日本における亡命生活は始まったのである。

　一方、寅蔵は当時、熊本・荒尾の実家にいる妻ツチ(槌子)と3人の子に大変な困窮生活を強いていた。長崎の渡辺元に資金援助を頼んで石炭販売業を開業させてもらったりするがうまくいかず、いよいよ金策尽き果て、寅蔵が熊本に一旦帰郷することとなる。1897(明治30)年9月下旬のことだった。すると、孫文が寅蔵を熊本に訪ねたいと言い、11月、孫文と台湾から戻ってきた陳少白の両名は、荒尾の宮崎家を訪れたのである。孫と陳は10日間ほど宮崎家に滞在し、来訪した宗方小太郎とも会ったりしている。その後、寅蔵、孫、陳は長崎に赴き、渡辺元と会う。この時に渡辺が寅蔵に「白浪庵滔天」の雅号を贈ったとされている[23]。翌1898(明治31)年5月、寅蔵は的野半介に請われて、玄洋社機関誌『福陵新報』を改題した『九州日報』(主筆古嶋一雄[24])の「番外記者」となり、同紙に初めて「滔天坊」の筆名で孫文の"Kidnapped in London"を「清國革命黨領袖孫逸仙　幽囚録」として翻訳・連載する[25]。日本では半ば無名であった孫文は、滔天こと寅蔵の紹介によって、その名を広く知られるようになるのである[26]。

---

22)「官員様と余らは別物なり」『夢』[宮崎滔天1993：184]。口語訳は高埜による。

23) この間の記述については、『滔天全集 第5巻』の「年譜稿」による。[宮崎滔天1976：666]。[上村希美雄1987：143-147]にも詳しい。

24) 古嶋一雄(1865[慶応元]年～1952[昭和27]年)は兵庫出身のジャーナリストで、後に衆議院議員、貴族院議員。犬養毅の側近を長く務めた。

25)『滔天全集 第1巻』に収録。[宮崎滔天1971：425-469]。元々の連載は『九州日報』明治31年5月10日～7月16日。

26) [上村希美雄1987：157]。ついでに記せば、中国国内でも無名に近かった孫文の人となりと思想は、『夢』が中国語に翻訳されて(というより正確には、孫文伝を中心にアレンジされた抄録本が)中国で読まれるようになってから、広く知られるようになる。『夢』の初版(1902年8月、國光書房刊)から1年後、2年後に相次いで2種類の中国語訳が出された。詳しくは、『滔天全集 第1巻』の島田虔次によ

さて、ここまでに漸く寅蔵(滔天)と孫文が出会ったところまでを描いた。次に、1900(明治33)年10月の恵州起義(事件／蜂起)の失敗から、翌1901(明治34)年末頃に滔天が浪曲師を志し、実際に翌1902(明治35)年から浪曲師として活動を始める時期までを対象として、滔天と孫文の関係において特に重要な出来事とその意味するところをまとめてみたい[27]。それはちょうど滔天が『二六新報』に「白浪庵滔天」の名で「三十三年之夢」の連載を始める時であるが、「夢」破れた滔天は「落花の夢」を歌うドサ回りの浪曲師に身を窶していく、というところで「三十三年之夢」の記述も終わるのである[28]。

3．中国革命における滔天の役割とその評価

　孫文と出会った翌年1898(明治31)年の夏、滔天は、再び犬養の援助を得て平山周と中国に渡る。犬養は、今回の金は政府とは関係ない、自由に遊んでこいと滔天らの目の前に五千円という大金を投げ出したという[29]。滔天は再び犬養の厚情に感泣した。金の一部を孫・陳に渡して二人を横浜中華街に移し、自身は東京の寓居を引き払って平山と共に上海に向かった。この年、中国では戊戌の変法(政変)が起きていた。あまりに短期間に急進的な改革を進めようとした若き士大夫康有為とその高弟梁啓超らは、西太后排除のクーデタを共に画策したはずの袁世凱の裏切りと西太后の反クーデタに遭い、失脚して香港に逃れた。光緒帝は幽閉された。上海から香港に急行した滔天は、この清朝変法派(改革派)の康らと革命派の孫文との提携を画策したのだった。

　ここに及んで滔天は、もはや当初兄彌蔵と計画していた「中国人になり切って中国に潜入して革命運動に身を投じる」という方法論からは路線変更、もっと

　　る「解題」(特に615～616ページ、『夢』の「あとがき」)[宮崎滔天1993：475, 497]を参照。また、[寇振鋒2009]も大いに参考になる。
27) 渡辺京二曰く、「恵州事件までの四年間」は「革命への"快楽"への陶酔の四年間」であり、「滔天の生がもっとも昂揚拡大し、ほがらかであった四年間」であった。[渡辺京二2006：165]。
28) 滔天自身が「世の卑下するところの境に身を置かんと決せり」と書いているように[宮崎滔天1993：355]、当時の芸人は賤民視され世の憫笑を受けかねない対象であった。にもかかわらず、その覚悟を以って浪曲師になった滔天の心情について[渡辺京二2006：190-200]を参照。また、滔天が浪曲の「マクラ」に使っていた「落花の夢」全文は[宮崎滔天1971：233-235]にある。
29) 『夢』[宮崎滔天1993：185]にある記述。平岡浩太郎が工面したものとされる。[上村希美雄1987：158]、[渡辺京二2006：166]も参照。

はっきり言えばそれを捨てたといえる[30]。そもそも父長蔵の教え「官の仕事に就くべからず」を忠実に守ってきた宮崎兄弟が、あろうことか政府外務省の機密費で渡航するなどということは、おそらく彌蔵が生きていれば反対したに違いない。滔天はこれ以降、意識するとしないとに拘らず、革命家として生きるというよりは、革命家たちおよび革命家とこれを支援する人びととの橋渡し役、仲介者、あるいは現代風にいえばファシリテーターとして活躍したといえる。渡辺京二は、滔天は組織の「オルガナイザー」（リーダー）としては失敗者であり無能であったと述べる[31]が、ファシリテーターとしては有能だったといえるのではないか。これが筆者の見るところの滔天の役割の一つである。

　もう一つは、言うまでもなくほとんど彼の天賦の文才によって書き残された夥しい量の滔天自身と関係者の行動記録であり、彼の心情の吐露であり、そして思想の表象であった。これらはいわば彼の革命運動関与における広報・宣伝活動、あるいは対社会関係担当（PR）と言ってよいだろう。渡辺京二は、滔天「は中国革命志士たらんとして、ついに志士援助者でしかなかった自己を発見した。それは痛烈な自覚であって、晩年の彼は自分の若き日の中国革命の夢をしばしば『誇大妄想』と呼ぶにいたっている」[32]と否定的に述べる。しかし、滔天は、彼と同じような人生を歩み、実際に交遊もあった山田良政（1868〜1900）のように、武装蜂起（恵州起義）に身を投じたものの（日本政府の急な支援中止に遭って）、志半ばで殉じた「援助者」とはまた異なる、しかも余人をもって代え難い重要な役割を果たしたものと言える。以下、滔天が中国革命において果たした役割の重要なものを、特に孫文との関係において指摘しておきたい。

---

30) このことについて滔天自身は、後年、兄彌蔵を偲んで書いた「島津彌蔵君」（『亡友録』[宮崎滔天 1971：514-519]）の中で「最も悔恨の情に堪へざらしむるものは、(中略)支那人として支那革命に従事することをなさ」なかったことだと述べている。[上村希美雄 1987：25-26] も参照。また、そのことについて妻ツチに宛てた言い訳がましい手紙（1897 [明治30] 年6月22日付 [宮崎滔天 1976：348-350]）に関しては [上村希美雄 1987：122-125] および [加藤直樹 2017：134-138] が詳しく解説している。

31) [渡辺京二 2006：232-233]。但し、渡辺は同じ箇所で、滔天が「西郷の系譜をひく東洋型のオルガナイザー」の資質をもっていたことも指摘している。それこそが「調整型」のリーダーすなわちファシリテーターであろう。

32) [同上：16]。また [同左：168] において、滔天自身も当時「革命家から周旋屋に転落しようとする危機」を感じていた、と述べている。

(1) 革命のファシリテーターとして
康有為との連携

　康有為と孫文を提携させるという案は、後年、滔天自身「少しくユートピア的なり」[33]と述懐する通り、結果的には失敗する。1898（明治 31）年 10 月、紆余曲折あったが、香港発の日本郵船河内丸に乗船した康有為は、滔天らに伴われて日本に亡命する。ところが、来日したは良いが、わざわざ会いにきた孫文（および陳少白）に対し、面会すら拒絶する始末であった[34]。尤も滔天は、康の立場にも理解を示していた。懸賞金の掛かった「逆賊」たる孫文と、「孔子の再来」とまで謳われた清朝の重臣がそう簡単に手を結ぶわけにはいかない。そもそも滔天が康の日本亡命を手助けしたのは、偏に同情心からであった。一介の書生から身を起こして皇帝に上奏し、一旦は改革を実行に移した康を高く評価してもいたのである。しかし、大隈重信（外相）を説得して挙兵させろなどと言う康に対し、日本国内でもいよいよ「珍客として歓待したりし我が国の人士も、またようやくその人物に飽きたりて、彼を疎外」する状況となり、「康君は遂に為すところなくして、欧米行の途に上るの止むを得ざるに至」[35]る。

　犬養（および大隈）はなお康と孫の提携を画策していたが、この年 11 月に大隈内閣が倒れて藩閥勢力を中心とする山縣有朋内閣が成立したことも康の日本滞在を困難なものにした。対露戦略上、中国には中立の維持を望む山縣は、清朝からの康・梁らの追放要請を受け入れたのである。自発的出国を促された康らは翌 1899（明治 32）年 3 月にカナダに出国、その後はシンガポールに拠点を移すこととなる。

東亜同文会

　話はやや前後するが、1898 年の春、滔天は東亜会の結成に参画した。これは東京神田（駿河臺政教社内）に設立されたアジア主義団体で、前年冬に開かれた福本誠（日南）の渡欧壮行会が発展的に結成に結びついたものである[36]。主な会員には福本、滔天の他、陸實（羯南）、三宅雪嶺、志賀重昂、池邊吉太郎（三山）、犬養毅、

---

33)『夢』[宮崎滔天 1993：196]。
34)『夢』[同上：212-213]。戊戌の変法の経緯については[上村希美雄 1987：171-191]に詳しい。
35)『夢』[宮崎滔天 1993：213-214]。
36)『滔天全集 第5巻』の「年譜稿」[宮崎滔天 1976：666]を参照。

平岡浩太郎、安東俊明、香川悦次、江藤新作、井上雅二、平山周らがいた。さらに同年初夏（6月から7月にかけて）ロシアから帰国した内田良平も会員となった。滔天と内田が出会うのもその頃である[37]。なお、康有為、梁啓超らも入会させていた。東亜会は同年11月に同文会、興亜会（亜細亜協会）、東邦協会などを糾合して「東亜同文会」に発展的に拡大する。本部も東京赤坂溜池に構えられ、会長には近衛篤麿が就任した。

　大隈・犬養が画策した康・孫提携の後押しをしたのが、この東亜会、そして発展拡大した東亜同文会であった。東亜同文会には、興亜会から合流した副島種臣、楽善堂の岸田吟香、上海東亜同文書院の初代院長となる根津一、1900（明治33）年10月の恵州起義（蜂起）で消息不明となる山田良政、後に京都帝大教授となる東洋史学者の内藤虎次郎（湖南）なども名を連ねていた。東亜同文会が掲げたスローガンは「支那保全」であり、会長の近衛は「アジア・モンロー主義」[38]を唱えていた。すなわち、欧米列強の中国蚕食（分割支配）に対抗し、日本が盟主となってアジアにおける排他的な経済圏の形成を目指すというものであった。しかし、山縣内閣が清朝からの康・梁らの追放要請を受け入れた時、近衛会長がそれに従ったため東亜同文会内での意見は割れた。陸羯南らは脱会する。同会の変法派のみならず革命派への支援も先細りとなっていった。

　そのような東亜同文会の中で、滔天や山田良政などは「過激派」と目されることとなり、1900（明治33）年9月、会を除名される。その前兆は前年1899（明治32）年4月頃より次第に明らかになっていた。滔天に対する官憲の監視が厳しくなっていたのである。滔天がマークされていたことは、外務省外交史料館に残されている警視庁から外務省宛の秘密文書（1899年6月2日付）[39]によく示されている。そこには「東亜同文会は保守的な人士の集まりなのに宮崎滔天は準進歩派で、東亜同文会に頼らず支那に独力で渡ろうとし」云々とあり、その後ろ盾は「政府攻撃の材料には支那問題こそ倔強」と考える犬養で、この犬養が「『甘言巧辞』を用いて人を使うのが巧妙で、宮崎には、再び中国の内情を調査したいのなら旅

---

37) 滔天は、明治31（1898）年7月（20〜22日）、内田に取材して「内田甲氏　西比利亜談」を『九州日報』に連載している。［宮崎滔天1976：187-192］。

38) 「アジア（または東亜）モンロー主義」については［井上寿一2016：95-135］も参照。

39) 『滔天全集 第5巻』「年譜稿」［宮崎滔天1976：668-669］。以下、引用部分の現代語訳は高埜による。同秘密文書については、［上村希美雄1987：198-199］も参照。

費を工面するに吝かでないなどと言っている」。さらに康有為を連れて帰国した後、滔天が投宿していた宿屋や待合にいくら借金があるかまで詳細に報告されている。「宮崎及ヒ平山等ハ目下貧乏如此ナル境遇ニ居ルニ拘ラズ、放蕩三昧會テ寧日ナシ」とまで書かれている。これは、滔天が実際に探偵（刑事）を宿へ上げて酒を飲ませ、そのうち一人を遊郭にまで連れて行ったからであろう[40]。

布引丸事件[41]

　滔天が官憲にマークされるに至った主たる理由は中国革命そのものというより、彼がフィリピン革命軍への武器援助に関与したからである。1898年夏に香港に渡った際、滔天はフィリピンの独立運動家たちとも知り合っていた。通説ではそれがフィリピン革命委員会の書記長マリアーノ・ポンセ（Mariano Ponce, 1863-1918）ということになっているが、その真偽は定かではない[42]。しかし、ポンセはその後、比革命軍の首領アギナルド（Emilio Aguinaldo y Famy, 1869-1964）の指示で実際に来日し、大隈・犬養をはじめとする政府要人、東亜同文会の面々、そして孫文を頼った。孫文もまたフィリピン革命には関心を寄せていた。滔天は孫文から、「まずフィリピン革命を成功させ、その力を借りて中国南部で蜂起するという案を打ち明け」[43]られ、「君ねがわくば菲島義人のために、一臂の力を与えよ」と言われて、「余が心は熱せり」[44]と昂揚する。その役割は、要するに日本国内での武器調達であった。滔天は犬養に相談する。犬養は——かつてタイの植林事業の際にも滔天が援助を求めた——背水将軍または背山こと中村弥六に事に当たらしめては如何かと提案する。弥六は陸軍から日清戦争時の戦利品など武器弾薬を民間会社（大倉財閥の大倉組）に払い下げることに成功し、それを三井物産から買い取った中古の貨物船布引丸（積載トン数1,441トン）に乗せてフィリ

---

40) このエピソードは『夢』に出てくる。「芸妓と探偵」「悪戯の反撃」「好意かえって仇となる」の箇所。［宮崎滔天 1993：227-228］。
41) 渡辺京二が「明治32年の滔天はもっぱらいわゆる『布引丸事件』にかかわってすごした」（［渡辺京二 2006：169］）と書く通り、この事件は滔天の革命運動への関与の上で重要な意味を持つものではあるが、本書では必要な部分以外、詳しく触れることは控えたい。
42) 島田虔次による「『三十三年之夢』註釋」［滔天全集 第5巻］［宮崎滔天 1976：612］および［上村希美雄 1987：169］を参照。
43) ［渡辺京二 2006：170］。
44) 『夢』［宮崎滔天 1993：225］。

ピンに向けて密かに長崎から出帆させた。1899 年 7 月 19 日のことだった。
　しかし、布引丸はわずか出航から 1 日半後の 7 月 21 日、折からの台風の暴風圏に巻き込まれ、寧波の沖、馬鞍群島付近で沈没する。乗組員 36 名中 20 人弱は救助されたが、船長石川傳、武器弾薬の監督高野（長野？　永野？）義虎、林正文（政文）ら 17 名は遭難し、遂に発見されなかった。フィリピン革命への援助計画は敢えなく文字通り水泡に帰した[45]。そして、事件はこれだけに留まらず、後に滔天の人生に大きな影響を及ぼす出来事にも発展するのであった。
　布引丸が沈没した時、滔天は 3 度目の中国行の途上にあった。広東省で蜂起に逸る動きがあると聞きつけた孫文が滔天を使節として、その「実情を視察」（より正確には同志を慰撫）させようと香港に送ったのである。しかし、直行ならば 7 日で着くところ、滔天が乗った仙臺丸は上海、福州、厦門、汕頭を経由して 18 日もかかる航路を辿った。滔天は、その旅の途中（福州）で布引丸が沈んだことを知った。香港に着くやいなや滔天は、先に香港に到着していた陳少白と共に湾仔のフィリピン独立軍外交本部を訪れて「委員長 A・P 君」と会って布引丸の件を伝えた[46]。武器調達失敗の責任を取って自ら死を以て償うと大泣きする A・P 委員長ことアパシブル（Apacible Galicano）を滔天と陳は共に慰め励ますのであったが、滔天は、その後、フィリピン革命からは自然と手を引くことになる[47]。

興漢会結成
　この時の滔天は、自身 2 回目の中国行（1898 年夏）の際に親交を深めていた孫文率いる興中会および三合会[48]という秘密結社の面々に加えて、哥老会[49]という秘密組織とも連携することとなった。哥老会の頭目（幹部）を引き連れてきたの

---

45) このことについて詳しくは、「註釋」［宮崎滔天 1976：628］を参照。
46) 『夢』［宮崎滔天 1993：231-235］。
47) 「A・P 君」については「註釋」［宮崎滔天 1976：628］を参照。フィリピン革命への武器援助に関しては、滔天や内田良平らが関与していたが、実際に渡比して義勇軍に身を投じた日本人もいた。その中には平山周の他、近藤五郎こと原禎（台湾総督府幕僚・陸軍大尉）や西内真鉄（砲兵軍曹）など現役・退役の軍人も含まれていた。
48) 三合会は、1647 年に福建省の少林寺で結成されたとされる秘密結社。東南アジアや在米華僑の間にも大きな影響力を持った。詳しくは、「註釋」［宮崎滔天 1976：610-611］を参照。
49) 哥老会は、清末に反満復明を唱えて四川で結成された秘密結社。上記三合会の影響を受けているとされる。詳しくは「註釋」［宮崎滔天 1976：615］参照。

は湖南の畢永年であった。この畢が、前年秋からこの年の初めまで平山周が行っていた湖南地方における調査に同行し、漢口、長沙、瀏陽、衡州など各地を回って同会の幹部と会わせ、興中会と孫文の紹介（宣伝）をしたのである[50]。かくして1899年秋[51]、興中会、三和会、そして哥老会の三党の頭目が一堂に会した。興中会代表としては陳少白、鄭士良、楊飛鴻が、三合会からは頭目2名、そして哥老会からは最初、畢永年を含む8名が参加したが、うち1名は師襄という康有為派の唐才常の意を受けて忍び込んだ「攪乱要員」であった。滔天の機転により師襄はその場を去り、漸くにして三党合同する「忠和堂興漢会」という組織が結成された。その首領には孫文が就任した。

　結成の儀式後の日本料理屋における宴席のハチャメチャな模様は『夢』の中に詳しいが[52]、中国語も碌に話せない滔天が孫文の名代として —— 通訳は専ら陳少白が行った —— まるで水滸伝の登場人物のような、あるいは梁山泊に集う豪傑たちを束ねてみせたことは、「滔天の風貌と個性がふさわしい役どころとして働いた」[53]のみならず、中国の革命志士たちが滔天の義気に惚れ込み、まるで「兄弟の契り」を交わしたかの如くであった[54]。この興漢会結成の意義は、華南に勢力を持つ三合会に続いて華中を根城とする哥老会が、変法派（保皇派）ではなく革命派側に付き、孫文の指導権が名実共に確立されたことであった[55]。しかし、現実には、「このとき新組織のもとで孫文を統領に推した会党の会員は必ずしも（中略）全組織を完全に代表するものではな」く、「この後この興漢会が組織として十分に機能した様子も見られな」[56]かったし、興漢会は翌年春頃までに唐才常による金権工作でほとんど壊滅状態に追い込まれた。さらには滔天が信頼を寄せていた畢永年は絶望から革命運動から身を引き、出家してしまった[57]。

---

50)　[上村希美雄1987：258]。
51)　詳しい月日は不詳。『滔天全集　第5巻』の「年譜稿」によれば、それは10月頃ということのようだが（[宮崎滔天1976：669-670]）、[渡辺京二2006：172]は小野川秀美の説として11月としている。
52)　『夢』[宮崎滔天1993：244-245]。
53)　[渡辺京二2006：171]。
54)　[上村希美雄1987：262-265]を参照。
55)　[同上：263]。
56)　[渡辺京二2006：172]
57)　[上村希美雄1987：279]。畢永年については[宮崎滔天1993：422]

さて、孫文はフィリピン革命の失敗もあって焦っていた。そこで、興漢会が結成されて曲がりなりにも一時的に革命派の勢力が拡大した今、逸る同志を慰撫させる目的で滔天を送り込んだにもかかわらず、自ら布引丸に積まなかった分の武器弾薬を用いて蜂起に臨むことを企図した。かたや滔天は興漢会の結成を見た後、帰国準備中、欧米視察旅行の帰途香港に立ち寄った近衛篤麿を接遇したり、フィリピンから九死一生の難関を逃れてきた平山周と久しぶりの再会を果たしたりするが、出発予定の前日、史堅如[58]と名乗る二十歳そこそこの「風姿天使を見るが如」き美青年の往訪を受けた。若くして「人類平等主義を奉じ、孫文の考えを慕い、また既に興漢会の結成まで知っていた」[59]という史は、革命運動に身を投じたいが家族（特に母親）が反対するので滔天に伴われて日本に留学することにしてほしいと頼みに来たのである。翌日訪ねてきた史の兄に事情を説明した（というより偽った）滔天は史と陳少白を伴って上海に向かった。上海に上陸した滔天は、この美青年を哥老会の幹部に託して日本に帰国した。1899年11月頃のことであった。

恵州起義（蜂起）

　しかし、滔天がその容貌・人物に感嘆し画才を称えた史堅如は、翌1900（明治33）10月の恵州起義（事件）で命を落とす。そして、滔天自身もこの一件により革命のファシリテーターとして一頓挫する。人生における大きな挫折を経験するのである。この年、国際紛争に発展した義和団戦争[60]に乗じて孫文は華南での蜂起を企てるが、結果的にこれは失敗に終わる。その要因は幾つかあるが、その分析に入る前に、孫文の蜂起計画に加わった日本人勢の顔ぶれを見ておこう。滔天の他には平山周、清藤幸七郎、内田良平、末永節らいわゆる浪人組に、ジャーナリストとして既に名声のあった福本日南。そしてこれとは別に、フィリピン独立革命にも加わった近藤五郎こと原禎らの退役軍人グループがあった。また孫文は、平岡浩太郎の――さらには背後にあった犬養・頭山の――仲立ちによって台湾総督

---

58) 史堅如について詳しくは「註釋」[宮崎滔天 1976：631-632] および [宮崎滔天 1993：428-429] を参照。
59)「夢」[宮崎滔天 1993：245-247]。
60) 義和団の乱／事件／事変／北清事変等の別称があるが、本書ではこれを国際紛争と捉えて「戦争」の表記で統一する。

で陸軍大将の児玉源太郎および民政長官後藤新平との密約の上で、日本軍の介入によって福建省の厦門を占領する計画を進めていた。

　この間の詳細は省略するが、10月8日に鄭士良率いる一団が恵州三州田（現在の深圳三洲田）で挙兵したものの銃弾が決定的に不足していたため、孫に急電を打ってフィリピン革命軍から譲り受けた銃弾の輸送を要請した。しかし、これが使い物にならない廃弾であった。武器調達にあたった中村背山も大倉組も、そのことを知っていて詐欺を働こうとしたらしい。この件は後に「背山事件」として告訴沙汰になり世間を賑わすことになるが、いずれにしても後の祭りである[61]。さらに10月19日に新たに成立した伊藤博文内閣が台湾総督府による厦門占領計画を中止させ、同22日、孫は革命軍の解散を命じた。これが呆気なく終わった恵州起義のあらましである。

　恵州起義が失敗に終わった要因を分析し、簡単にまとめてみるならば以下のようになろう。第一には、やはり日本（台湾総督府）の革命軍支援が中止されたことである。児玉総督や後藤長官は清朝打破を目指していた孫文と利害が一致していた。しかし、伊藤博文新内閣は列強の動きに神経を尖らせていた。第二は、中村背山による背信行為に他ならない。そして、第三に、先に紹介した「日本人勢」の組織、あるいは各々の思惑、今ふうに言えば温度差の問題があった。終始、孫文の命に従ったのは滔天だけであり、他のメンバーは孫文との距離感も運動参加への熱量も徐々に変わっていった。そもそもこの恵州起義への取っ掛かりは、滔天ら一団がまずシンガポールに渡って再度、現地に居た康有為との提携を試みることから始まった。しかし、シンガポールでは康有為暗殺犯と誤解された滔天らが英政庁に逮捕・勾留され、爾後5年間の入国禁止を宣告される。そしてこれが原因で香港への入境も5年間禁止となる。こうした体たらくを一番快く思わなかったのが内田良平である。1900年8月には既に「一党の心はばらばら」[62]になっていた。そこへ中村背山の件が絡んで蜂起は完全な失敗に終わったのである。

　内田はことのほか中村背山を厳しく追及した。12月初めから新聞『萬朝報』には連日、背山事件の詳報が告げられたが、これを暴露したのは内田であった。翌

---

61) 最終的には麻翁こと神鞭知常の仲裁により、中村が家産を処分して弁済することで決着する。『滔天全集 第5巻』の「年譜稿」、［宮崎滔天1976：674］を参照。

62) ［渡辺京二 2006：180］。

1901（明治34）年1月15日、犬養邸で開かれた新年会の席上、内田は背山事件の責任を取れと滔天に厳しく迫り、皿を投げつけて滔天の額を割った。怪我をさせられたことよりも満座の中で辱めを受けた滔天はすっかり意気消沈した。滔天は、己の志士失格を宣言されたように感じて異常なまでの失意を覚えたのである。背山事件の責任よりも、滔天の革命運動者としての資質、力量、胆力が問われたのであった[63]。ともかくも「得意の四年間は終わ」り、「『半生夢醒めて落花を懐ふ（思う）』ときが来た」のであった[64]。

(2) 革命運動のPR担当として

　夢破れたとはいえ、一方では滔天が担ったもう一つの役割について、まず先述した『九州日報』における「孫逸仙　幽囚録」の連載を取り上げなければならない。上村希美雄は、連載開始にあたって滔天が書いた「読者諸君に告ぐ」と題した長文の序言に注目する。滔天は、「孫文が才識胆略共に中国稀有の人物であることを紹介すると同時に、（中略）革命勢力の侮るべからざる所以を説き、（中略）一衣帯水のわが国民が東亜の危局に対する関心をさらに振起すべきことを強調」する。そして「今日、世界の問題は極東問題に集中している。この問題の鍵は中国の存亡にかかっている。今がまさにその存亡を決する時機である。そのような重要な機会を座して見逃すのは忍びない」[65]と熱く語る。滔天にとって記念すべき文章となった「『幽閉録』にかけた滔天の意気込み」は、「国民新聞に煙草銭代わりの雑文を書き飛ばしていたころと同日の比ではなかった」と上村は評している[66]。

　本節(1)に紹介した1898～1901年の4年間だけでも、滔天が書き残した自らの行動記録に留まらない人物評や時事評論など数多くの論稿は、以下の通りである。二度目の中国行に際して書いた「支那だより」（『九州日報』に4回連載、1898年9月）、「旅中閑話」（同紙5回連載、同年9～10月）、「香港特信」（同紙2回連載、同年10月）、「支那海上より」（同紙同年10月）の他、「東京だより」（同紙に13回連載、

---

63)［上村希美雄1996：17-32］。
64)［渡辺京二2006：187］。「半生夢醒めて落花を懐ふ（思う）」とは『夢』本文の書き出し部分である。その後の滔天の心情については、［同上：190-195］も参照。
65)［上村希美雄1987：156］。原文は、『滔天全集 第1巻』［宮崎滔天1971：428］。現代語訳は筆者による。
66)［上村希美雄1987：155-157］。

同年 11 月〜1899 年 2 月)、「浮萍日程」(同紙に 6 回連載、同年 7〜9 月)、「香港通信」(同紙に 2 回連載、同年 9 月)――ここまでが『九州日報』の「番外記者」としての仕事である。その後も、「狂人譚」(『二六新報』に連載、1900 年 6 月)「独酌放言」、「乾坤鎔廬日抄」(いずれも『二六新報』に連載、1900 年 10 月)を執筆している。

浪花節語り

　そして、1902 (明治 35) 年 1 月 30 日、まさに「半生夢醒めて落花を懐ふ (思う)」との書き出しで始まる「三十三年の夢」の連載が『二六新報』に開始される。同時に、革命の志士を気取っていた滔天は、あろうことか浪花節語り (浪曲師) になることを決意するのであった[67]。結果的にではあるが、浪曲師として全国を巡業 (ドサ回り) したことも滔天の革命 PR 活動になったとは言える。たとえば、1903 (明治 36) 年 6 月 22 日から 7 月 4 日まで博多雄鷹座で行われた公演に際し、以下のようなレビューが書かれた。「(前略) 蓋し『三拾三年の夢』の著者、南清及び非律賓の革命家として有名なる宮崎滔天虎造 (ママ) の化身、牛右衛門を一見せんとて、或いは天下第一流の聞こえ高き雲右衛門を聴かんと此くは詰掛けたるものと覚へたり。一座打揃うての選抜に聴衆は先づ満足し、次に牛右衛門の容貌を視ては其魁偉關雲長の如くなるに驚き (後略)」(「雄鷹座の評判」『九州日報』明治 36 年 6 月 24 日)[68]。このように、牛右衛門こと滔天は、ほとんど見世物の如き扱いをされている。実際、当時は未だ河原乞食・賤民視されていたこの新職業に滔天が身を委ねるには相当な覚悟が必要だった[69]。ともあれ滔天は、遂に革命運動の第一線から、一旦は身を引くのであった。

　1902 (明治 35) 年から 1905 (明治 38) 年までの約 3 年間、滔天はほぼ浪曲師としての生活を送る。その間、上に記したように、「三十三年の夢」をはじめ幾つかの著作を物している。そして、この時期、基本的に革命運動家・滔天としての活

---

67) 前章にも紹介したが、英国の研究者が、浪曲師としての滔天に関する研究を発表したことは大変興味深い。[Littler 2024] を参照。
68) [宮崎滔天 1976：677]。
69) 浪曲の成り立ちとその社会的地位については、[上村希美雄 1996：10-14] を参照。また滔天の浪曲師転身については、家族・友人・志士仲間は皆、いわば彼の転落を案じ、あるいは逆に嘲笑したが、頭山満だけは滔天の心情をよく理解したと渡辺京二は言っている。「滔天が何はともあれなりふりかまわず狂おうとしていたのであり、その狂気が彼にとって解放であり救いでもあることを、誤たず見抜いたのだ」([渡辺京二 2006：200-201])。また [上村希美雄 1996：61] も同様に参照のこと。

動は、ほぼ見るべきものはない。この間、滔天が書き著したものは、殆ど浪曲師としての巡業記録およびその演目であった。それらは以下の通りである。「桃中軒の近状」(『二六新報』明治36年7月6日、牛右衛門名義)、「巡業雑録　七月十日筑前若松毎日座にて」(『二六新報』明治36年7月18日、桃中軒牛右衛門名義)、「新浪花節　慨世危譚　明治國姓爺」(『二六新報』明治36年8月16日〜37年1月29日、桃中軒牛右衛門名義)[70]、『太平天国戦史』に寄せた題辞・題詩(明治37年、発表月日不詳、白浪庵滔天名義の漢詩)[71]。なお、この間、滔天は、1903(明治36)年1月に末永節の仲介によって内田良平と和解している。内田は玄洋社の仲間らと共に前述の博多雄鷹座での公演では全力を挙げて応援してくれた。また前章でも触れたが、一緒に巡業していた柿沼トヨ(曲鶯)が滔天の児を出産するのは、1903年8月、巡業先の長崎でのことである。リツと名付けられたこの娘は、翌1904年3月14日に、滔天の次女として出生届が出された。

再び革命運動へ

　1905(明治38)年1月になると、郷里の熊本から、中学に進学する長男の龍介と次男の震作も上京し、滔天の姉・富の三男で東大に入学した甥の築地宣雄、甥の平井三男(妻ツチの兄弟の子)らと共に東京は「豊多摩郡内藤新宿字番集(番衆)町」で一緒に借家住まいを始める。3月には妻ツチと長女のセツ(節子)も上京し、大所帯となった宮崎家は経済的には相変わらず貧窮に喘いでいたが、実に約10年ぶりに親子揃っての生活が始まったのである[72]。滔天はこの年以降も折に触れては舞台に上がり浪花節を唸っていたようだが、彼を取り巻く環境は大きく変化しつつあった。というのも、世紀の変わり目を境に、最初は少数であった中国からの留学生(留日学生)が次第に続々と日本に押し寄せてくるようになったから

---

70) 但し、この「明治国姓爺」は単なる浪曲のネタではなく、そこに滔天の新しい思想的展開が見られると評価される。[上村希美雄1996：220-228]、[榎本泰子2013：149-153]、[嵯峨隆2020：104-105]などを参照。

71) [宮崎滔天1973：54-55]。孫文の委嘱に応えて中国同盟会(後述)の会員であった劉成禺(禺生)が「東西あまたの文献資料をもとに、編纂してなった太平天國運動の記事本末で、排満興漢を訴える革命パンフレットの一つ」だが、初版明治37年とだけあり、詳しい月日はわかっていない。漢詩自体も滔天の作かどうか疑わしいようである。詳しくは「解題『太平天國戦史』題辞竝題詩」(宮崎龍介および小野川秀美による)[宮崎滔天1973：484-486]を参照。

72) 清藤幸七郎の援助があってのことだった。詳しくは[渡辺京二2006：219]。

である[73]。

　戊戌の変法に失敗した清朝に見切りをつけた彼らの目的は言うまでもなく「排満革命」であり、一早く近代化に成功した日本に学ぶことであった。そのような留学生たちの間で、義和団戦争後も満州に居座って撤兵しないロシア軍に対する「拒俄運動」が盛り上がりを見せ、1903年5月には東京で「拒俄義勇隊」が結成されるに至った。この「中国人留学生たちを激しく蕩揚したつかのまの疾風怒濤のような」[74]運動は結局のところ、二転三転した後3カ月足らずで終息するが、その後の留日学生の間における「革命論の根底をかたちづくった」[75]のであった。そして、その留日学生の数は、特に日露戦争（1904年）後に急増する。1905年に中国で科挙が廃止されたことも相俟って、翌1906年にかけて1万人の大台に達していた。そのような留日学生の中に、宋教仁、程家檉、陳天華[76]、そして黄興がいた。そして、これら日本に押し寄せた中国人留学生の間では中国語訳された『三十三年の夢』が広く読まれていた[77]。彼らは、孫文の盟友たる滔天を、彼が出演する舞台の楽屋に、そして新宿番集町の家に訪ねてくるようになり、滔天を通じて孫文の居場所を知りたがった。たしかに留日学生たちの胸の内は複雑であった。日露戦争では満州が戦場となり、ロシアに戦勝した日本が今度は満州を獲ることになったからである。一方、1905年1月に始まるロシア革命党による大蜂起（第一革命）の報を日本で知った学生たちは、自国民の無気力さを思っては心中穏やかざるものを感じていた。こうした状況の中で滔天も否応なく再び革命運動に引き込まれていくのである。

---

73) 日本への中国人留学生（留日学生）の系譜については［上村希美雄1996：149-158］に詳しい。上村は、留学生による革命運動の組織化は留学生数が500名を超えた1902（明治35）年に始まると述べている（［同上：152］を参照）。なお、後に魯迅を名乗る周樹人もその年に来日している（［同上：156］）。

74) ［上村希美雄1996:191］。

75) ［同上：179］。拒俄運動について詳しくは特に［同左：162-179］および［田中比呂志1993］を参照。

76) 湖南省出身の陳天華（1875年生まれ）は、1905年11月に発布された文部省令「清国留学生取締規則」に反対する留学生の運動を嘲笑うかのように報じた翌月の『朝日新聞』の記事に憤激し、大森海岸から身を投げて抗議の自死を遂げた。享年31歳であった。

77) ［寇振鋒2009］によれば二種類の中国語訳（黄中黄（章士釗）訳『大革命家孫逸仙』と金一（金松岑／金天翮）訳『三十三年落花夢』）の初版が出版されたのは1903年および1904年のことである。それは留日学生が急増する時期とちょうど重なり、彼らが挙ってどちらかの訳本を読んでいたことは想像に難くない。［宮崎滔天1971：606］（小野川秀美による「解説」）および［榎本泰子2013：163-164］も併せて参照のこと。

(3) 中国同盟会の結成

　さて、話をこの頃の孫文の動向に移すと、孫文は恵州起義失敗の後、南洋華僑からの革命への支持獲得と資金調達などのためにヴェトナムとシャム（タイ）を訪れていた。その旅から日本に帰ってきたのは、折しも拒俄運動が終息に至る1903（明治36）年7月のことだった。その頃、横浜の興中会にも孫文を訪ねて中国人留学生らが集まるようになっていたが、その中には拒俄義勇隊改め「軍国民教育会」のメンバーも含まれていた。孫文はそうした学生らを集めて同年8月東京にて、犬養毅の後押しも得て秘密裡に「革命軍事学校」を発足させる。この時に学生に宣誓させた「駆除韃虜、恢復中華、創立民国、平均地権」の16文字が、2年後に発足する中国同盟会の四大綱領（四鋼）と呼ばれるものとなる。しかし、様々な事情によってこの学校は閉校してしまう[78]。当の孫文も再び出国し、ハワイに向かった。ここで海外における孫文の活動について詳しく述べることはしないが、主たる目的は、言うまでもなく革命への支援獲得および資金調達である。1903年9月に再び日本を発った孫文は、約2年間にわたり、ハワイから米国本土、さらにヨーロッパに渡ってロンドン、ブリュッセル、ベルリン、パリを回り、当時欧州でも増えつつあった中国人留学生を革命軍に組織することを考えたという[79]。

　欧米での遊説から再びシャム、ヴェトナムを巡って孫文が日本に戻ったのは1905（明治38）年7月のことであった。そのタイミングで滔天は、孫文に宋教仁、程家檉そして黄興らを引き合わせる。7月下旬、滔天と末永節同席の下、孫、黄そして張繼が初対面を果たす。同28日には、滔天が孫文を連れて「廿世紀之支那社」を訪れ、そこで宋教仁、陳天華に引き合わせた。宋・陳・孫は組織合同について協議し、そして7月30日、赤坂の内田良平方黒龍会本部において「中国同盟会」創立準備会議が開催された。そこに集まったのは中国17省からの留学生70余名で、内田と末永も同席した。留日学生の熱狂は内田邸の床を踏み抜くほどであったという。8月13日、麹町区飯田町において孫文歓迎会が開催され、留日学生ら1,100名とも1,300名とも言われた参加者の中で、滔天は末永と共に来賓として出席し、挨拶した。宋教仁が司会と通訳、程家檉も通訳を務め、孫文が演説した。その1週間後の8月20日、赤坂霊南坂において加盟者約100名とする「中国同盟

---

78) 軍事学校の概要および閉校に至る事情について、［上村希美雄1996：185-192］を参照。
79) ［榎本泰子2013：171］。

会」が設立された[80]。滔天は、まさに中国革命派の大同団結に歴史に残る役割を果たしたのである[81]。同 11 月、同盟会は機関誌『民報』を発刊する。発行所の住所は滔天の自宅であり、そこに「民報社」の看板を掲げた（編集発行人・張繼、印刷人・末永節、編輯部住所は牛込區新小川町二丁目八とされた）。ツチの姉ツナ（卓子）が、編集部に住み込みで家事一切を取り仕切り「民報おばさん」の愛称で親しまれたという。

黄興との友情

さて、本章では滔天と孫文の関係を中心に扱っているが、「同盟会」に参加し革命に身を投じた中国人の中で、特に滔天との個人的な関係を築いた一人として、「支那の西郷（隆盛）こと」黄興（1874〜1916）について触れないわけにはいかない。湖南省長沙府の出身である黄興は 1902 年に湖北省の留学生として来日し、先述の「拒俄運動」に参加して義勇軍にも身を投じる覚悟でいた。しかし、中国に帰国して革命運動を行うべきだと考えた黄興は、宋教仁、陳天華、そして『夢』を中国語訳した章士釗ら秘密結社「華興会」の同志たちと長沙で蜂起を図ったが失敗、1904 年、再び日本に逃れて来たのであった[82]。上述の通り滔天の計らいで、外遊から戻った孫文と出会って手を結び、「同盟会」で総理に選ばれた孫文と並んで黄興は副総理に推された。留日学生の間でも人望が高かったことを物語るものである。

また、黄興と滔天および宮崎家との関係は、ある意味で「むしろ孫文との交際よりも厚かった」[83]。というのは、滔天宅に 1907 年から 1910 年頃まで黄興の長男一歐（1892〜1981）が同居して（日本の）小学校にも通うなど[84]、滔天の妻ツチ、長

---

80) 「同盟会」結成に至る経緯については、「年譜稿」[宮崎滔天 1976：681-682] に拠った。
81) [榎本泰子 2013：177]。
82) 長沙蜂起については、たとえば [上村希美雄 1996：261-265] を参照。
83) と記すのは『滔天全集 第 1 巻』の解題（宮崎龍介あるいは小野川秀美による）[宮崎滔天 1971：622-623]。併せて [上村希美雄 1999：253-258] に描かれた 1909 年 1 月の滔天と黄興の九州への二人旅の様子や、「（滔天が）心のうちから愛し、かつ親しんでいたのは、孫よりむしろ黄であった」[渡辺京二 2006：312]、「（黄興は）人間的な付き合いという意味では、孫文よりも肌が合った」[加藤直樹 2017：218] などの記述も参照されたい。
84) 但し、日本人の子どもにはいじめられることもあり、そんな時は、滔天の息子たちが仕返しに飛んで行ったという。[上村希美雄 1999：162]、[加藤直樹 2017：261-262]。

男龍介、次男震作らと家族同然の付き合いがあったからである。前記『民報』の発行所となったのは滔天の自宅であったが、1905年1月に住み始めた新宿番衆（衆）町の家も手狭になり、同年内には前記の牛込區新小川町に移転した。黄興もこの家に移り住み、自ら「平等居」という門札を書いて掲げた。次いで一家は1908年7月（9月説も）に小石川區小日向第六天町四五番地（現在の茗荷谷）の家に転居、甥の築地宜雄、ツチの弟・前田九二四郎と共に黄一歐も引き続き同居した。黄興も1908年11月上旬、高利貸しから逃れて滔天宅に約50日間潜伏していた（同年12月末、黄興は西大久保の宋教仁宅に転居）。ちなみに滔天一家は、1909年3月に一度、小石川區原町一三二番地に、次いで5月中旬に同じく原町三一番地に、さらに1911（明治44）年春頃に本郷區東片町三三番地に、その後は小石川西丸町、小石川區白山前町一などを転々とするのであった。

革命評論の創刊と終刊

　1906（明治39）年8月12日、滔天は、萱野、清藤、和田三郎、池亨吉らと会合して『革命評論』誌の発刊を決定し、同22日、警視庁に届け出、保証金を納付した。翌23日、第1回編集会議を開催し、9月5日に創刊号を発刊した。事務所は神田區美土代町三丁目一の萱野長知宅に開いたが、発行所は滔天の自宅住所とした（発行兼印刷人・青柳敏雄、編集人・宮崎寅蔵）。この創刊号に滔天は「発刊の辞」と「支那留学生に就て」を寄稿した[85]。後者の中で滔天は、日本人同胞に対する手厳しい警告を発している。曰く、「(前略)諸君が日々豚尾漢^{チャンコロ}として軽侮し嘲笑し、詐取し、貧絞し、誘惑する支那留学生は、将に来らんとする新支那國の建設者也。彼等は今垢を含みて諸君の侮辱を甘受しつつあり。然も心中豈に一片慊焉の情なからんや。彼らを侮辱するは彼等の侮辱を買う所以也。而して侮辱の交換は闘争に終るを知らずや。殊に支那の強大を恐るゝの士人は、深く思を此処に致して可也」[86]と。滔天は、日本人がいかに中国人留学生相手に阿漕な商売をし、不親切で居丈高に接し、文化の違いに無理解で、果ては犯罪や詐欺の対象としているかを

---

85) 両者ともに無署名で書かれており、長らく滔天の筆になるものか真偽のほどが定かでなかったが、甥の築地宜雄の宮崎民蔵宛書簡によって滔天が書いたものであることが明らかになった。同書簡は、『滔天全集 第4巻』[宮崎滔天1973]の付録「月報4」（1973年11月）に所収。その解題は『滔天全集 第4巻』[宮崎滔天1973：486] 参照。

86) 『滔天全集 第4巻』[宮崎滔天1973：62]。

述べており、「彼等（留日学生）は（日本人の）包囲攻撃の中に学術を辿りつつある」と悲しみ憂えている。そして留日学生の側にも既に日本に対する失望があることを嘆くのであった[87]。

　そうした留学生の多くが、この9月から10月にかけて、多くの日本人と共に革命評論社を来訪した。その中には、北昤吉（北一輝の実弟）、福田英子、坂本志魯雄、小室友次郎、堺利彦夫妻、大杉栄、周樹人（魯迅）、原霞外なども含まれていた。ちなみに、同年11月3日に北一輝こと輝次郎が来社して同人となる。『革命評論』は、中国同盟会の日本人部の宣伝雑誌という性質のものであったが、この編集発刊作業は滔天にとっては新鮮な経験であり、また自らの党派ともいえる同志の獲得を意味したのだった[88]。革命評論は1907（明治40）年3月25日までに10号を発刊した。しかし、孫文が、清朝政府からの要請を受けた日本政府の勧告――を孫に伝えたのは内田良平であった――に従って同月4日に離日した後、後述する同盟会の内紛対立が同人の間にも及んでいた。滔天は、このことを編集後記に「事務所内にも『上戸党』（萱野）と『下戸党』（北）の対立がある」などと面白可笑しく書いてみせたが、結局この号で終刊となった。汪兆銘、胡漢民、萱野長知、池亨吉を伴って孫文が離日した5日後の3月9日、滔天は、黄興、章炳麟、宋教仁、張継らを招いて宴席を設け、孫文との関係を融和させんと試みた。また、その3月中は宋教仁の満州行きを壮行する宴席を設けたり、3月23日には宋を新橋駅まで見送りにも行っている。

　一方の同盟会『民報』は1907年12月に1周年を迎え、参加者5,000人を招いての祝賀会が神田で開かれ、滔天も池亨吉、北輝次郎や、（同年夏頃に帰国していた）萱野長知らと共に祝賀挨拶を行った。しかし、それから約1年後の1908（明治41）年10月、『民報』は日本政府から発禁処分にされ、11月には民報社放火事件や2回の毒茶事件が起きる。同盟会内部の内紛も疑われたが、滔天は警察の尋問に答えて宋教仁と黄興の間に対立があることを否定した。しかし、むしろ明らかな対立があったのは、黄・宗ら若手リーダーたちと孫文との間であった[89]。日

---

87)「支那留学生に就て」の全文は［同上：56-62］に所収。
88)［渡辺京二 2006：233-234］。上記注84に述べた築地宜雄の民蔵宛書簡に、この頃の革命評論社における滔天の生き生きした、また珍しく健康的な生活を送る様子が描かれている。
89)［同上：247-248］を参照。

本人同志の間にも、孫文を支持する滔天、萱野、池ら一派と、黄興、宋教仁、張継らに加担して反孫文的立場を次第に鮮明にしていった平山周、清藤幸七郎、和田三郎、そして誰あろう北一輝の一派が形成された。同盟会は実質的に分裂状態に陥ったのである。しかし、滔天は先述した通り、自身と黄興との関係は壊さぬように――何よりも黄と孫の関係を悪化させることは避けよう――との思いで行動したのである。

　このような状況下で孫文は、シンガポール、次いでマレー半島のペナンに同盟会南洋支部を設け[90]、現在のミャンマー、インドネシア、マレーシア、そしてタイの華僑社会における革命への支持と資金を獲得すると同時に欧米各国にも資金（借款）獲得の行脚に乗り出した。孫文はもはや滔天および萱野ら一部の日本人だけに信頼を寄せるようになり、滔天に手紙を書いて武器調達を要請するなどした[91]。一方の滔天は、生活費を稼ぐ目的もあって専ら執筆活動を行い[92]、また、再び浪花節の舞台にも立つようになるのであった。

4．辛亥革命から滔天の死まで――終生続いた孫文との友情

　『民報』が発禁処分となり民報社が解散した後は、いよいよ滔天にも当局の監視が強まり、刑事の尾行が付き、果ては警察署長が懐柔しようと金を握らせようとした[93]。それを逆手にとってか滔天は、1909（明治42）年7月に若手浪曲家たちと「滔天會」を旗揚げし、これを率いて全国巡業の旅に出た際、「首ひとつに十万両(テール)の懸賞もって、清国政府のお尋ね者、白浪庵滔天こと宮崎滔天来る！」などと広告を打った。一方この頃、健康面での問題も出始め、滔天はよく吐血するようになっていた[94]。とはいえ、この1909年の夏から冬にかけて一行は、山梨、長野から新潟、福井、富山、石川と北陸一帯を廻った後、神戸、明石から岡山に巡業し、12月に母サキが脳溢血で急逝したため荒尾に飛んで帰ったが、年明けて1910（明治43）年に入ると九州各地（大牟田、博多、直方、若松、久留米、柳川）にも精力

---

90) この頃の南洋における孫文の活動については、[Khoo, Salma Nasution 2008]を参照。
91) この頃の孫文の海外における活動については［上村希美雄1999：185-195, 339-346］を参照。
92) 「肥後人物論評」、「續三十三年之夢」、「熊本協同隊」、「浪人生活」等がこの時期に書かれている。詳しくは[宮崎滔天1976：689-696]（年譜稿）を参照。
93) ［上村希美雄1999：250-251］は、その模様が描かれた『日本及日本人』499号を引用している。
94) 【参考資料32】「滔天會の趣好」［同上：694-695]（「年譜稿」）を参照。

に足を伸ばした[95]。この巡業中も監視の手は緩められることなく、北陸では憲兵が訪ねてきたり岡山では現地の警察に「政治に談及すれば中止解散」と申し渡されたりしている。

そんな最中の2月、東京の留守宅より急電が来て、滔天は一座を置いて一人帰京する。帰宅して見れば香港にいた黄興から日本軍人派遣の要請が来ていた。そして、我が子同然に可愛がっていた黄興の息子、数えで18歳になっていた一欧も、革命軍参加のため香港に赴くという。ところが一欧は4月初旬、2月の廣州新軍蜂起が失敗に帰したことを知らせる父黄興からの書簡を携えて帰国した。その4月末、滔天は旧知の間柄で寺内正毅陸相の腹心、児玉右二（1873［明治6］〜1940［昭和15］年、後に国会議員）と中国革命派の内情探査の目的で久しぶりに渡清するが、上海に到着後も吐血甚だしく、香港で黄興と会って情勢聴聞するも[96]、わずか2週間ほどで帰国している。滔天帰国後の6月、黄興と孫文が相次ぎ偽名で密かに来日し、滔天を交えて秘密会談も行った。しかし、この時、孫文は小石川原町三一番地の滔天宅に2週間ほど潜伏した[97]ものの、遂に日本政府から上陸を許可されず、挙句退去命令が出て、再びシンガポールへと旅立った。日本政府の監視の目は黄興にも厳しく迫り、黄興も7月に香港に向けて出国するのである。

(1) 辛亥革命と滔天

1910年と言えば8月に日韓併合が成立した年である。日本のアジア政策は益々帝国主義的、より正確に言えば「列強協調主義」的になっていった。孫・黄両名が離日を余儀なくされ、滔天は自らの無力感に激しく苛まれたという[98]。おまけに7月には「財界騒乱」──革命資金を調達するために株価を操作したという──嫌疑を報じた新聞各社を萱野長知と共に告訴したり、「大逆事件」に関与したと疑われた一兄の民蔵が荒尾の実家を捜索されたりして、遂に滔天自身も警察によっ

---

95)「滔天會」の巡業記録については、［上村希美雄1999：302-323］を参照。
96) この時のことは「革命黨領袖黄興と語る」として『日本及日本人』（1910年6月15日発行）に掲載。『滔天全集 第1巻』［宮崎滔天1971：513-517］に収録。また「吐血甚だし」の記載は「年譜稿」［宮崎滔天1976：699］参照。
97) 滔天（ではなく龍介だった可能性が高いが）と孫文が二人で東京白山神社の石に腰かけてハレー彗星を見たのは、この時期だったと思われる。本書第7章177ページを参照。
98)［榎本泰子2013：203］。

て「甲号社会主義者要視察人」に指定される。そうした意気消沈する出来事が続く中、10月、久しぶりに会った武田範之（洪疇）和尚[99]に、滔天はトレードマークの長髪をバッサリと落とされて丸坊主になった。武田は笑って「これで良いのだ、旧滔天死して新滔天生る」と言ったという[100]。

　滔天の断髪が予兆となったのかは知る由もないが、翌1911（明治44）年に入ると情勢は一変する。4月、20歳となった黄一歐が父黄興と共に廣州での黄花崗起義に参戦[101]。この蜂起自体は、またもや失敗に終わり、留日学生ら多くの犠牲者を出した。黄興も激戦で右手の指2本を失ったという。しかし、宋教仁、譚人鳳、陳其美らは失敗を教訓として、7月、東京の同盟会からは独立した同盟会中部総会を上海で結成する。孫文が拘っていた廣東（中国南部）での蜂起から、内陸部（長江流域）での同時多発的蜂起を目指すという方針転換を図ったのである。一方その間、清朝政府が軍の近代化を進めていたことが却って仇となり、清朝軍（新軍）内部に次々と革命派が生まれていた。そのような状況下、10月10日、漢口ロシア租界のアジトで爆裂弾製造中に暴発事故が起き、それで革命派の蜂起計画が発覚してしまった。政府軍に追い詰められた革命派兵士40名ほどが一か八かと蹶起して武器庫を奪取、湖北革命軍政府を樹立した。これが奏功して中国各地での反乱を呼び起こした。辛亥革命の発端となった武昌蜂起である。

　10月12日、蜂起の成功が日本にも伝わると、直ちに中国に飛んで行きたかった滔天だったが、革命軍から武器調達の依頼を受けていた一方、旅費の工面に苦心した。19日から『東京日日新聞』に「清国革命軍談」[102]の連載を開始、29日には上海の日刊紙『時報』が、これを「宮崎氏之中国革命談」として翻訳掲載する。11月1日に滔天は『中央公論』に「孫逸仙は一代の大人物」[103]を掲載。11月4日に上海独立、9日に廣州独立の報を聞いて漸く11月15日、何天炯を伴って東京発、16

---

99) 1864［文久3］年〜1911［明治44］年、福岡生まれ、新潟県の曹洞宗顕聖寺の僧侶。1891［明治24］頃朝鮮に渡り1894（明治27）年7月の東学党の乱（甲午農民戦争）に呼応して義勇兵「天祐俠」に参加。
100)［渡辺京二 2006：269-270］を参照。坊主になった滔天の写真は『滔天全集 第2巻』に所収［宮崎滔天1971］。なお、武田は翌年6月23日に病没。滔天は「洪疇和尚を憶ふ」を『日本及日本人』567号に寄せて追悼した。［宮崎滔天1973：195-201］に収録。
101)「黄一歐消息」『滔天全集 第4巻』［宮崎滔天1973：202-203］を参照のこと。
102) これは事情に詳しいと目された滔天への革命に関する解説インタビューを口述筆記したものである。連載は12月7日まで40回にわたって続いた。全文は［宮崎滔天1971a：245-290］。
103)『滔天全集 第1巻』に所収。［宮崎滔天1971a：504-508］。

日に神戸出帆、18日に上海に到着した。黄埔江から上海港に入る水上に停泊する船が悉く革命軍を支援する白旗を掲げているのを見て、滔天は何天炯と共に感涙に咽び泣いた。兄・彌蔵と共に20年以上も前に追い始めた『夢』が遂に叶い、「生来始めて嬉し涙といふものを實驗した」[104]のであった。上海では新都督（地方の軍政担当官）に就任した陳其美を表敬し、暫し招宴に次ぐ招宴の日々を過ごした。11月27日、上海を発って揚子江を溯航して漢陽に向かう途上、ドイツ製の新型大砲を用いた清朝政府軍との戦いに敗走してきたという黄興、萱野長知らと再会したのであった[105]。

臨時大総統孫文

さて、一方の孫文は、アメリカはコロラド州デンヴァー滞在中に武昌蜂起の成功を知った。直ちに戦地に向かうよりも列強の介入を防ぐことが肝要だと考えた孫は欧州に向かい、イギリス政府に対して中立を申し入れ、フランスでも朝野の人びとと会って革命への理解と支援を求めた[106]。また、この間、日本政府の態度を探ろうと滔天に電報を打っているが、結局、偽名での入国なら認めると伝えてきた日本政府に対する不信感を拭えなかった孫文は、日本を経由せずに欧州から直接香港に向かった。11月28日——滔天が黄興と再会した翌日——孫文は、「Retern by Denvanha due Hongkong 22 December, can you and Ike meet me there, Nakayama（ママ）」と滔天に打電する[107]。Ikeとは池亨吉、Nakayamaは孫中山、すなわち孫文自身のことである。滔天は12月1日から上海に滞在していたところ、南京で戦死したと伝えられていた黄一欧が生還してきたので、一緒に病院に逗留した。続々と海を渡ってくる日本人来訪者から避難する目的もあった。

12月15日、滔天は池や山田純三郎[108]らと上海を出発、19日に香港着、廣東都督となった胡漢民を廣州に訪ねた。かたや孫文は12月21日に香港に到着。約1年半前、日本から追放される盟友をやむなく見送った滔天は、デンヴァー号の船

---

104)「黄興将軍と刺客高君」[宮崎滔天 1971a：531]。
105) その時の模様は、[同上：531-535] を参照。
106)[榎本泰子 2013：214-215]、[保阪正康 2009：194-200] などを参照。
107)「年譜稿」[宮崎滔天 1976：701]。
108) 1900年の恵州起義で消息不明となった山田良政の実弟。1876（明治9）年青森生れ、1960（昭和35）年没。辛亥革命当時は南満洲鐵道社員で、三井物産上海事務所にも勤務。

上で感動的な再会を果たしたのであった。翌12月22日、滔天は、孫文に同行して香港を出発、25日に再び上海着、既に到着していた犬養毅らに出迎えられ、続いて27日に到着した頭山満、小川運平、中野正剛ら玄洋社一行を出迎える。12月30日、孫文の中華民国臨時大総統就任披露宴が催され、犬養毅が祝辞を述べた。年が明けて1912（太陽暦で民国元＝明治45）年1月1日[109]、孫文は南京において中華民国臨時大総統に就任した。ここにアジアで初めての共和国、中華民国が誕生したのであった。

　しかし、事が全てめでたく落着したわけではない。少なくとも三点において革命勢力は問題を抱えていた。第一に、革命政府は寄り合い所帯で、結局のところ孫文のカリスマ性——北一輝が外交的問題（武昌蜂起勃発後まずロンドンに向かった）のために帰国が遅れたことを以て、その指導性を「笑止すべき」と一刀両断にした程度の[110]——を求心力に頼らざるを得なかった。たとえば、革命派でも何でもなかった黎元洪のような軍人を湖北革命軍の都督に任命したように、革命勃発直後の独立各省の都督は、革命派がむしろ少数勢力であった[111]。第二には、黄興が漢陽で苦戦を強いられた通り、清朝政府軍の勢いは完全に衰えたわけではなかった。1908年11月に光緒帝と西太后が相次いで死去した後、事実上引退状態にあった北洋軍閥の実力者・袁世凱が欽差大臣兼湖広総督に任命されて復帰していた。その袁は野心旺盛で、部下の段祺瑞や馮国璋らを鎮圧に向かわせて自らは動かず、一方で革命派と極秘に連絡を交わした。最終的に袁は清朝を見捨てて革命派に寝返り、自分が主導権を取るのである。第三の問題は上と密接に関係するが、革命軍には袁世凱の軍を撃破するだけの実力もなく、軍備増強しようにも、孫文が画策した欧米諸国および日本の官民からの借款取り付けは悉くうまくいかず、革命政府は財政的基盤を全く欠いていた。こうした状況下で孫文は、「ラスト・エンペラー」こと宣統帝・愛新覚羅溥儀（1906〜1967）の退位を条件とする、袁世凱からの政権明け渡しの提案を飲まざるを得なかった。いわゆる南北妥協（和議）の成立である。

---

109) 同日（1912年1月1日）雑誌『成功』第22巻元旦号に宮崎滔天の署名による「浪人界の快男児宮崎滔天君夢物語」が掲載されたが（原文は［宮崎滔天1973：204-209］）、『滔天全集 第4巻』の「解題」は、「滔天自身の筆になるものか定かでない」としている。［同左：494-495］を参照。
110) 北の孫文に対する批判等については［渡辺京二2006：283-291］を参照。
111) ［上村希美雄1999：501］の一覧表を参照。

南北妥協と頭山満

　1912年2月12日、最後の皇帝が退位し、270年続いた清は滅亡した。同年3月10日、議場での満場一致により、袁世凱が中華民国臨時政府の第二代臨時大総統に就任した。袁は南京を首都とするという約束も反故にして北京に留まるが、孫文にはこの状況をどうすることも出来ず、4月1日、南京を離れて上海に退去するのであった。但し、この間、1月28日に設立された臨時参議院において暫定憲法に相当する「臨時約法」が起草され、3月8日 ── 袁の臨時大総統就任の直前 ── に公布された。これを主導したのは議会制民主主義を奉ずる宋教仁で、法案作成には日本人の寺尾亨[112]と副島義一[113]が法律顧問として尽力した。共和制、主権在民、そして議会に大総統の権力をチェックする機能を持たせることが明記された。孫文は臨時大総統の地位を降りたが、彼の理想とした三民主義の最初の二つ、すなわち民族主義、民権主義（の基礎）は形作られた、と考えたのであった。多くの研究者が指摘していることであるが、孫文という人は、こうした点で楽観的に過ぎるところがあった。その楽観性が招く災いについては後述する。

　ここで話は少し遡るが、武昌蜂起の成功が伝えられた直後の1911年10月17日、東京日比谷公園の松本楼において「在京浪人会」が開かれた。滔天自身も、頭山満、三浦観樹（梧楼）ら浪人会の大物と共に参加し、日本政府に対して「隣邦支那の擾乱は亞州全面の安危に關し、吾人同志は之れを時勢の推移に鑑み（中略）我國をして厳正中立大局の砥柱となり、以て内外支持の機宜を誤らざらしめん事を期す」との決議を採択した[114]。当時の第二次西園寺公望内閣の中では清朝支援、「叛軍」討伐のために武器の秘密供与、出兵干渉さえも企図されていたというが、革命軍勢力の優勢が続けざまに伝えられると形勢を傍観しようとする姿勢が強くなったという[115]。浪人界に多大の影響力を持っていた頭山を筆頭に、玄洋社の一行が武昌蜂起成功後の上海に到着するのは、前述の通り12月27日のことだった。

---

112) 1859（安政5）年〜1925（大正14）年、福岡出身の国際法学者。東京帝国大学教授の職にあったが、これを辞して孫文の法律顧問を務めた。

113) 1866（慶応2）〜1947（昭和22）年、佐賀出身の憲法学者。早稲田大学教授、後に衆議院議員、南京国民政府の法律顧問、国士舘中学校校長などを歴任した。

114)「清國革命軍談」の解題（小野川秀美か宮崎龍介による）［宮崎滔天1971a：618］。

115)［上村希美雄1999：484-485］。また、東京では日本軍の出兵を阻止しようと玄洋社・黒龍会の杉山茂丸と内田良平が連日連夜、政府や軍首脳に掛け合ったという。［葦津珍彦2017：124-127］、［井川聡2015：454-456］など参照。

船酔いに弱く船旅が大嫌いだった頭山に「今度は貴公が行かねばなりませんぞ」と説得したのは三浦だった[116]が、頭山が渡清したことは二つの点で大きな意味があった。第一は、滔天が辟易して病院に避難したほど、陸続と押し寄せた日本からの浪人――この機に乗じて一旗揚げようとする利権狙いの不良浪人、いわば有象無象[117]ども――を取り締まるのに絶大な効果があったことである。頭山に同行した寺尾亨曰く「今まで盛んに跋扈していた浪人連中が『頭山来る』の報により、たちまち屏息してしまった。」[118]

　第二は、頭山が孫文と袁世凱の南北妥協に対して強硬に反対を唱え、北伐までも主張したことである。頭山はそもそも袁世凱に対して――あの金玉均暗殺の一件以来――強い不信感を抱いていた。袁世凱に招かれて北京に赴くという孫文に金玉均の姿を重ねたのであろう、「つねは寡黙な頭山が熱弁をふるって北京ゆきの危険を説き、袁世凱の南下、南京への遷都を説得した」[119]という。北京行きは中止した孫文であったが、その他の点では頭山の説得を聞き入れることなく、諦めた頭山は1912（明治45）年2月に帰国する。帰国後の歓迎会席上で「今度の革命は膏薬療治だ。本当の切開手術をしないから、今に見ろ、また吹き出物が出てくる」と述べたという[120]。北伐を実行するに充分な軍備もそのための資金も得られなかった孫文にとっては酷な話であったが、後年の出来事を見るにつけ、頭山の慧眼には感服せざるを得ないと言える。何しろ孫文自身も「後日いかにこの譲位の失敗を後悔したか」は、「彼自身のさまざまな回想が明かにしている」[121]のであるから。

　付言すれば、この時の頭山の南北妥協に対する強硬な反対の裏には、帝国日本の拡張主義（満蒙獲得）を後押しするような意図が働いていたとする見方があるが[122]、こと頭山に関しては、あくまで西郷の道義外交の考えを貫き、孫文や黄興

---

116)［井川聡2015：453-454］。
117)「辛亥革命と滔天」（近藤秀樹による解説記事）［宮崎滔天1971b：635］を参照。「有象無象」の表現は、滔天自身が当時槌子に宛てた手紙中の表現。併せて［井川聡2015：452-455］も参照。
118)［井川聡2015：454-455］。
119)前出「辛亥革命と滔天」［宮崎滔天1971b：648］。
120)［井川聡2015：457］。
121)［上村希美雄1999：587］。
122)たとえば、前出「辛亥革命と滔天」［宮崎滔天1971b：650］、［加藤直樹2017：288］などを参照。しかし［上村希美雄1999：591］は、それを「誤解」と退けている。併せて［上村希美雄2004：11］も参照。

らに「革命の本意をとげさせてやりたい一念」[123]から出た行動であったことと筆者は考えている。その精神は「大西郷遺訓」に自ら加えた講評の中に見られる次の文章の中にある。「何も切り取り強盗の真似をして、国を広くすることもいらぬ。目先を掠めて富を増やすこともいらぬ。国それぞれの文化を進めるのが理想だ。征伐し、略奪し、弱小国民を苦しめるだけならば、国家を作る必要はない。いやしくもこの地球上で国を作る以上、人間らしい道を踏み、天下後世に恥じない立派なものにしなければならぬ。」[124] 頭山満とはそういう人であったと思う。

犬養や頭山は南北妥協の成立後ほどなくして帰国していったが、滔天はその年、すなわち1912年の10月まで1年近く中国にいた。元号は明治から大正に変わった。2月に兄民蔵が、その後、滔天が呼び寄せてツチと龍介が上海に到着する。南京総統府を訪ねたツチと再会した孫文は、1897年に滔天の生家を訪ねた時のことを懐かしそうに話したという。その16年後となる翌年(1913年)、孫文が再び滔天の荒尾の生家を訪れる機会がやってくるのであるが、そのことについては、もう少し後に触れたい。

(2) 滔天の死と孫文 ── 終生続いた友情

さて、孫文が臨時大総統の地位を退いた後、滔天は日本に帰るまでの約半年間、何をしていたのであろうか。まずは1912年4月初めに南京を退去した孫文の慰労宴を上海で開いた。当時、大日本帝国海軍嘱託(いわば諜報部員)として上海にいた宗方小太郎は、この宴には出席しなかったようだが、その後、数回にわたって滔天や民蔵とも会っている。同年6月末には黄興、何天炯ら中国人、滔天や山田純三郎、根津一、有吉上海領事および海軍関係者などと共に「本庄少佐」の招宴に出席したという記録もあるが、「これだけの情報では(中略)彼らが往来して果たして何を談じたかは知る由とてない」と上村希美雄も述べているように、「宗方日記」を以てしても、この頃の滔天の行動は詳らかではない[125]。一方この頃、中国

---

123) [上村希美雄1999:592]。
124) [井川聡2015:425]。『大西郷遺訓』出版委員会『立雲頭山満先生講評 大西郷遺訓』(K&Kプレス、2006年)における該当箇所は、pp. 63-65、110-112。
125) [上村希美雄2004:13-14]、引用部分も同左。『滔天全集 第5巻』の「年譜稿」にもこの頃の滔天の行動は書かれていない。『宗方小太郎日記』(宗方小太郎著/甘慧傑訳)中国語版、未刊稿全3巻は、上海人民出版社から「日本近代対外侵略史料叢書」として2016年12月に出版されている。なお、[榎本泰

国内に雨後の筍の如く新聞雑誌が発刊され、革命後の新しい自由なジャーナリズムが勃興していた。この潮流に乗って滔天は、何、山田、尾崎行昌、金子克己（編輯兼発行人）ら日中の仲間と共に、日本語と中国語の両方で書かれた評論などを掲載する半月刊誌の発刊を企画した。この『滬上評論』（滬［沪］は上海の略称）と題された雑誌は同年9月1日に創刊されたが、しかし、その創刊号にして「体裁・内容とも不本意の結果に終ったと言わざるを得な」[126]かった。そして遂に第2号は発刊されずに終わった。というのも滔天は健康面で、かなり深刻な状態に陥っていたからである。

　この前後、その夏の上海の異常な暑さに加えて、滔天は入院加療を必要とするほど酷く吐血するようになった。その年の正月に滔天を居候させていた山田純三郎は、「滔天は身體も良かったが酒を嗜むことも深かった。二三日つづけて飲んでも一向平気だった」と綴っているが、その同じ文章の中で、山田が飼っていた九官鳥に滔天が言葉を教え込もうとしても全く覚えなかったが、滔天が咳をしていたのだけは真似た[127]、というのだ。かように滔天の体調は、実際にはこの年初頃からかなり悪化していたのである。1912年の9月いっぱいを病院で過ごした滔天は、漸く退院して10月中旬に筑前丸にて上海を出帆、23日に神戸着、24日に帰京した。前年の11月から実に約1年にわたる中国滞在であった。留守の間に家は小石川區白山前町一（現在の文京区白山）に転居していた。ちなみに中国滞在中の8月頃（詳細不明）、滔天は袁世凱から革命支援の褒美として米穀輸出権の贈与を申し出られたが、滔天は「渇シテモ盗泉ノ水ヲ飲マズ」とこれを固辞した。

孫文の荒尾再訪

　滔天は帰国するや否や、『大阪朝日新聞』に「孫逸仙の来遊」と題する長大な談話を発表した[128]。その中で、孫文が早くも翌月（11月）上旬に来日する予定で、この来日の目的は「何等借款運動又は承認運動に關係なく全くの漫遊」であり、「孫

　　子2013：222］には「孫文の使いで何度も南京と上海を往復する一方」との記述がある（出所不明）。
126)［上村希美雄2004：19］。
127)【参考資料37】山田純三郎口述「回顧談」（雑誌『祖國』昭和29年5月号に掲載の由、「年譜稿」）［宮崎滔天1976：703］を参照。
128)【参考資料40】滔天談「孫逸仙の来遊」、「年譜稿」［宮崎滔天1976：705-707］。以下、引用は全て同左による。

に取りては日本は第二の故郷とも云ふべく、(中略)嘗つて恩顧を受けた人々を訪問して舊恩に對する積なるべく、(略)殊に南北妥協以來幾分日本側との感情疎隔せられんとの傾もあり、孫の胸中何物か結ぼれたるものあれば、今度來訪して大に舊を語らんとするもの」であると述べた。また「孫及び黄（興）は日本は最も長く居たる土地とて彼等に對する日本の感情には頗る注意を拂い居れり。(略) 日本人に對する態度に慊焉たらざるものありなど日本に風説され居たることに就き大に痛心し居れるもの、如し」と述べ、日本における孫や黄に対する誤解を解こうと試みている。そして、「孫・黄對袁世凱の關係は、(略)南北妥協成立し今や擧國一致は輿論となれり」と説明し、「寧ろ茲に妥協せず飽くまで南北相争はゞ見物人には面白かるべきも民國現下の状況は到底内亂を許さゞれば、かゝる國家存亡の秋には妥協は最良の方法なりと信じ居り、孫・黄共に袁に對しては好意を表し大に擧國一致を説きつゝあり、決して袁を追はんとする如き意思なきは明瞭なり」と、下手に南北対立を煽るような論調を避けるよう促したのであった。

　しかし、年内に孫文が来日することはなかった。一つには、西園寺公望内閣が孫の資格と処遇を問題にして、来日の中止もしくは延期を孫側に伝えたからである。その西園寺は国内の政争（いわゆる二個師団増設問題）に巻き込まれ、1912年12月5日、内閣総辞職することになる。孫文も病気を理由に訪日を見合わせると滔天に伝えてきた。西園寺の後を襲った桂太郎は、かねて孫文に好意的で、孫も桂の提唱する「イギリス帝国主義をアジアから駆逐するために日本・中国・ドイツの三国が提携すべき」との案に賛同していたという[129]。付言しておけば、孫に西園寺内閣時代の来日を思い留まらせた一方で、第三次桂内閣下で彼の来日を実現させた陰の立役者が、かつて滔天が『狂人譚』や『三十三年の夢』などを連載した『二六新報』の社長、秋山定輔であった[130]。

　明けて1913（大正2）年2月、孫文は桂内閣の招きによる国賓待遇で「元中華民

---

129)［渡辺京二 2006：295-297］、［加藤直樹 2017：292-293］などを参照。実際、孫の来日中に孫と桂は、日英同盟破棄、日中独提携等に関する数度の（密談をも含む計15時間以上にも及んだ）会談を行ったとされるが、桂は1913年10月に死去し、この壮大な計画も敢えなく潰えることとなった。詳しくは［上村希美雄 2004：38-45］を参照。

130)秋山は岡山生まれ、1868（慶応4）年～1950（昭和25）年。1893（明治26）年に『二六新報』を社長として創業、1911（明治44）年に社主を引退。1902～1904年、衆議院議員を務めたが、その後は政界の黒幕として暗躍した。秋山の孫文に対する説得工作等は［上村希美雄 2004：33-35］を参照。

国臨時大総統」および「全国鉄路督弁」いわば鉄道大臣の肩書で再び日本の地を踏んだ[131]。孫文は、全国に鉄道網を敷き、人びとの往来を自由・活発にすることによって、三民主義の最後の一つ「民生主義」が実現されると考えていた。2月13日、馬君武、戴季陶（天仇）、何天炯、袁華選、宋嘉樹（躍如）[132]および山田純三郎という6名の随行者と共に長崎に到着し滔天らの歓迎を受けた孫文は、翌日、東京新橋着、二千数百人に上る日本人や留日学生らの歓迎を受けた。東亜同文会主催の歓迎会の後、3月初旬まで東京から横浜において要人と面談、近衛篤麿や神鞭知常などの墓を参り、鉄道関係機関等を視察した後、名古屋・京都・奈良・大阪・神戸・広島を経て九州に入り、3月18日に福岡において玄洋社社員らと会い、平岡浩太郎、安永東之助の墓参りをした後、同19日、実に16年ぶりに熊本・荒尾の地を再訪したのであった。

荒尾の滔天生家での滞在はわずか2時間ほどであったが、300人の児童が五色旗[133]の小旗を打ち振って出迎え、荒尾の村長をはじめ多くの村人が一行を歓迎した。村長が「宮崎家の栄誉であるのみならず村全体の光栄」と孫文の来訪を称えると、孫文も宮崎兄弟に対する中華民国人の感謝を伝えると共に荒尾村の幸福を願う、と挨拶した。これを満面の笑みで聴いていた滔天は、孫文が3年と少し前に他界した母サキのことに触れると胸にこみ上げるものを感じたようだ。この時に孫文と滔天が、宮崎家の関係者および村人――老若男女40余名が押し寄せた――と庭先の梅の木の前で撮った写真は、滔天の生家を改造した宮崎兄弟記念館にはもちろん、孫文の生家である翠亨村の孫中山故居記念館にも飾られている[134]。まさに「九州の片田舎と中国革命の不思議な縁をはっきりととどめ」[135]た1枚になったと言える。

---

131) 但し、桂内閣は1913年2月11日、いわゆる大正政変によって退陣、孫文の滞在中、桂との会談も行われたが、公式に接遇したのは山本権兵衛内閣であった。
132) 海南島出身の実業家、プロテスタントメソジスト派の宣教師・牧師。いわゆる宋家三姉妹、宋靄齢・宋慶齢（後に孫文夫人）・宋美齢（後に蒋介石夫人）の父である。
133) 1912年から国民政府成立の1928年まで中華民国の国旗として使われた。5色の横縞は上から漢族（赤）、満州族（黄）、蒙古族（藍）、回族（白）、チベット族（黒）の五族共和を象徴するものであった。
134) ここまでの孫文・滔天の荒尾村凱旋訪問の模様は主として［上村希美雄2004：48-49］に拠った。
135) ［榎本泰子2013：225］。

第二革命、第三革命

　約1カ月に及んだ日本訪問を終えた孫文一行は3月21日夕刻、熊本から長崎に到着して帰国船を待っていた。そこで一行は前日の夜、上海駅で北京に向かう列車を待っていた宋教仁が狙撃されたとの報に接した。宋は2日後の3月22日、30歳の若さで世を去った。23日、孫文一行を乗せた天洋丸は長崎を出帆するが、本当は東京に戻る予定だった滔天は、――かつて日本留学中に神経を病んで自分の家でも療養していた[136]、あの若き日の宋を思うと――もう居ても立っても居られなくなり孫文に同行して上海に渡るのであった。

　宋教仁は、1月の国会選挙で圧勝した国民党（中国同盟会を改組した政党。1919年結党の、現在でも台湾で活動する国民党とは異なる）の理事長代理（理事長は孫文）として国務総理に選出される予定であった。要するに議会制民主主義の伸張を恐れた袁世凱が刺客を放ってテロ行為に出たのである。帰国した孫文はすぐにも討袁の挙兵を主張したが、宋に同行していて難を逃れた黄興は、袁の軍事力には太刀打ちできない、むしろ法治による解決をと慎重な姿勢を保っていた。その後、宋の暗殺犯や関係者は次々と変死を遂げるなどする一方、袁世凱は（日本を含む）外国銀行団から巨額の借款を得て、次々と国民党切り崩し工作を行った。日本政府（山本権兵衛内閣）は列強協調を優先し、袁と孫・黄の対立には中立の姿勢を維持した。次第に追い詰められた革命派は7月の江西省を皮切りに南京、上海、廣東など7省で蜂起を起こすが、袁の強大な軍隊に個別撃破され、8月、孫文と黄興は相次いで再び日本に亡命した。ここに、いわゆる第二革命は完全に失敗に終わった[137]。この時、滔天は上海に留まっていた[138]。留まらざるを得なかった、と言う方が正しいだろう。宋教仁の死を哀しむあまり上海で大酒を呷り続けた滔天は、再び大量に吐血して佐々木病院に入院したのである。滔天が何天烱を伴って帰国するのは9月半ばのことである。10月、軍が国会を包囲する中で袁世

---

136) 宋教仁は1906（明治39）年8月20日より約2カ月間、「神経衰弱」（鬱病とも）を患って田端の「東京脳病院」に入院していた。その後、療養を兼ねて牛込區新小川町の滔天宅に約2カ月滞在し、翌1907（明治40）年1月に黄興宅に転居したということがあった。「年譜稿」［宮崎滔天1976：686-687］および［上村希美雄1996：509-510］を参照。

137) この間の経緯については、［上村希美雄2004：50-70］を参照。

138) 但し、「年譜稿」によれば、滔天は同年4月に一度日本に帰国し、その後、再び5月に上海に渡り、その後、入院を経て9月まで上海に滞在していた。

凱は正式な大総統に就任、11月に国民党解散を命じ、国民党議員の資格を剥奪した。さらに翌1914（大正3）年1月には国会を解散し、5月に総統の強大な権限を保証する新約法を公布した[139]。

さて、滔天は帰国早々、かたや赤坂區霊南坂の頭山満邸や寺尾亨邸に隣接する海妻猪勇彦（日魯漁業重役）の屋敷に潜んでいた孫文——亡命当初、孫文を匿ったのはほかならぬ頭山であった——と、かたや芝區高輪南町に潜んでいた黄興——こちらを最初に匿ったのは犬養毅だった——の間を何度も往来し、二人の仲を取り持とうとしていた[140]。というのは、孫と黄の間には革命の方針について、この期に及んで修復不可能なほどの亀裂が生じていたからである。孫は自身がほとんど独裁的な指導体制を取る秘密結社型の「中華革命黨」を結成し、その入党誓約書[141]には孫への絶対的忠誠を明文化し、指紋押捺を強制すると主張した。これに対して黄は、より幅広い社会勢力の結集によって革命は成就されるべきだと説き、孫への個人的忠誠を拒否した。黄興のみならず、同盟会結成以来の同志であった張繼や第二革命で最後まで前線で戦っていた李烈鈞なども強硬に反対した。滔天は再三両者の調停を試みたが、11月に入り再び病床に臥せってしまい調停は中断、12月下旬に小石川區西原町二丁目二四番地に転居した頃には、再び困窮生活に喘ぐこととなった。

年明けて1914（大正3）年の2月頃から再び滔天は孫・黄の調停に両者を往訪するが、そんな折、黄興が病人は空気の良いところに住むべきだと言って、これで家を建てなさいと千円を出した[142]。黄自身が家族を住まわせるために4月に建てた北豊島郡高田村巣鴨三六〇〇（現在の豊島区西池袋）の同じ敷地内（巣鴨三六二六番地）に滔天一家も建坪31坪の家を建て、6月に転居した。黄興が「韜園」と命名し、滔天が「恩賜の家」と呼んだここが滔天の終の棲家となるのであっ

---

139)［加藤直樹2017：295］を参照。
140) ちなみに、李烈鈞、胡漢民、陳其美ら革命指導者も次々と日本に亡命し、東京各所の隠れ家に潜んでいた。
141) 誓約書は［上村希美雄2004：85］を参照。
142) 前年末、小石川に転居した際にも、黄興は滔天の妻ツチに二百円を渡して一家の年越しを支えた。時に、大正時代の一円は現代（2020年代）の4,000円に相当するという試算がある。これに従えば、二百円は80万円、千円は400万円程度の価値であると考えられる。「三菱UFJファイナンシャルグループ」ウェブサイト（https://magazine.tr.mufg.jp/90326）

た[143]。黄興は家族の世話を滔天に託し、孫文と決別して渡米することとなった。6月26日、滔天は、犬養、頭山、寺尾、副島、萱野らと共に黄興を送別に訪ね、30日、黄興は天洋丸で横浜を出帆してアメリカに向かった。張繼は翌1915(大正4)年初早々フランスへ旅立った。ちなみに、黄、張ら、孫文から離れていった革命派の少なからぬ「人材」(雲南出身の軍人、欧州、南洋および一部日本亡命組も含む)は、1914年8月に発足した「欧事研究会」に結集するのであった[144]。

　一方の孫文は自らの主張を頑として曲げず、7月に「中華革命黨」を結党した。滔天は、さすがに黄興のように離反はしなかったが、この孫文の「黨中黨を立てるような」やり方には批判的であり──孫を「神」、「天皇陛下」などと皮肉るほどであった──、滔天から事情を聞いた兄民蔵も、孫文を説得する手紙を書いたり、実際に孫と黄を訪れて説得に当たったりした。しかし、結果的に640名に上る孫文支持者が誓約書に署名・指紋押捺し、いわば「阿諛諂佞の士」たちが孫文をその気にさせてしまっていた[145]。ところが、事態は全く違う方向から打開されることになる。その同じ7月、第一次世界大戦が勃発、8月23日、日本も日英同盟に基づいて対独宣戦布告して参戦し、中国国内のドイツ権益すなわち青島および膠済鉄道を占領・接収した。そして翌1915年1月18日、大隈重信内閣は袁世凱政権に対し、かの「無理非道な」[146]、いわゆる対華21カ条要求[147]を突きつける。中国を事実上日本の保護国化する内容の(第二の日韓議定書と呼ばれた)第5号に属する7条に対しては、さすがの袁世凱も頑強に抵抗し、秘密交渉の内容を公表したため中国国内で激しい反日運動が起きた。米英もこの第5号には反対を表明

---

143)この家には滔天の長男龍一と柳原白蓮夫妻の子孫が2024年現在も住まわれている。
144)「欧事研究会」について詳しくは、[上村希美雄2004：102-105]を参照。
145)滔天が孫文を「神」と皮肉ったのは、民蔵宛書簡、『滔天全集 第5巻』[宮崎滔天1976：393-394]。孫文を「天皇陛下」と呼び、「阿諛諂佞の士」が集まり来たと述べたのは、後年(1915年5月18日以降)に語ったとされる座談録「宮崎滔天氏之談」および「同左　續」、『滔天全集 第4巻』[宮崎滔天1973：312-314]を参照。
146)[上村希美雄2004：104]。
147)対華21カ条要求について本書では2点にのみ触れておく。1点目は、これについて正式な名称はなく、様々な表記の仕方があるということ(中国語では「二十一条」)。もう1点については内容に関してである。孫文は、これを袁世凱が自らを皇帝の地位に就くことを日本に保障させるために仕組んだ自作自演である、と見ていたようだ。一方、[加藤直樹2017：299-301]は初瀬龍平の研究を引いて、その原案は内田良平が1914年10月に作成して閣僚や元老、外務省などに配布した『対支問題解決意見』にあったと論じている。

したため日本はこれを取り下げ、山東省や南満州および東部内蒙古に関する日本の権益等を保証する2条13交換公文を5月9日、袁世凱政府との間に締結した。中国人は、この日を「国恥記念」の日と呼んだ。

　このような状況下、黄興らの「欧事研究会」グループは、袁世凱への攻撃を一時中止して挙国一致で抗日にあたるべしとの姿勢を明らかにした。留日学生らも続々と帰国して救国運動に参加した。一方の孫文は、日本の大戦参戦の頃から袁世凱に帝政復活の意思ありと見て、それを保証するために日本がどのような交換条件を出してくるかを見届けようとした。未だ日本への期待を僅かながら持っていた孫文は、袁世凱に協力するのではなく、むしろ対日工作を進めようとして、21カ条中の問題となった5号の幾つかの条文をも受け入れる姿勢を見せていた。しかし、覚醒した中国民衆の反日救国運動の矛先は、屈辱的な条約を結んだ袁世凱にも向けられたのである。袁は自ら「帝位につこうというばかげた野望を起こしたことが運のつきとなって」[148]、配下の将軍や高官らからも一斉に離反され、いわゆる第三革命が勃発した。雲南の前都督を務めていた蔡鍔が挙兵したのを皮切りに、廣東、廣西、貴州など十省が次々と独立を宣言した。慌てた袁世凱は、いったんは大総統の地位に戻ることを宣言したが、1916（大正5）年6月、失意のうちに病死した。56歳であった。しかし、袁の後を襲った黎元洪が大総統に就任して、曲がりなりにも共和国体制が維持されると、それを受け入れた革命派の勢いも次第に収束していった。

　滔天はといえば、日本の対華21カ条要求に大きな衝撃を受けた。あろうことか彼は1915年2月、「根本的対支政策の確立」を掲げて、第12回衆議院選挙に熊本県郡部區から出馬する。3月の選挙結果は断トツの最下位落選であった[149]。選挙後、5月に帰京してから同年後半にかけて滔天は孫文を何度も訪ねているが、上村希美雄によれば、「会談の内容は一切不明だが」孫文の中華革命黨の内部における諸問題を話し合ったり、おそらくは、孫文のプライベートな問題への忠告にも及んでいたと推測される[150]。というのは、これも本書では詳しく触れないが、孫

---

148) ［渡辺京二 2004：310］。
149) 滔天の選挙出馬に関して本書ではこれ以上触れない。詳しくは［上村希美雄 2004：109-114］、［渡辺京二 2004：303-309］などを参照。ちなみに、同じ選挙に高知で（浜口雄幸を相手に）出馬した萱野長知も惨敗した。
150) ［上村希美雄 2004：119-122］参照。

文は、親子ほども年齢の離れた宋慶鈴と結婚することになるからである。2年前に国賓待遇で来日した際に故郷から呼び寄せていた糟糠の妻・盧慕貞を再び東京に呼び寄せて離婚問題を円満に片づけた孫文は、東京に新居となる家まで借りた。滔天と違って酒はほとんど飲まず、「革命の次に好きなものはウーマン」と言って憚らなかったという孫文の結婚は、事実婚を含めると5回目に数えられた。離婚された盧に同情した中国人同志の多くは、1915年11月に東京大久保の梅屋庄吉邸で開かれた結婚披露宴には出席しなかった。犬養、頭山、萱野、秋山ら日本人の招待客が参列したが、滔天の出席も定かでなかったようだ[151]。

とはいえ、滔天と孫文の仲が決して疎遠になったわけではない。二人は翌 1916 (大正 5) 年 4 月下旬、孫文に離反して前年に渡仏した張繼や、廖仲愷、戴天仇などをも伴って上海に渡っている。孫文は、いよいよ第三革命を達成せんと上海に中華革命黨本部を設置するのであった。しかし、この時、滔天はわずか 1 カ月で帰国している。後の滔天の回想によれば、この年は「単なる私個人に取って大不幸大不吉の凶年」[152]となった。まず、孫文の側近中の側近であった陳其美が袁世凱の一派に毒を盛られ、その後 5 人の刺客に囲まれて射殺されるという事件が起きた (5 月 18 日)[153]。さらに、かつての浪曲師時代の師匠・桃中軒雲右衛門が 11 月 7 日に肺病を拗らせて死に、雲南での挙兵で第三革命の端緒を開いた蔡鍔が 11 月 8 日に入院中の福岡で病死した (癌に肺炎を併発した由)。

黄興の死

そして (順番は前後するが) 何よりも滔天を打ちのめしたのは、黄興の死 (10 月 31 日) であった。9 月末、「是と云ふ何等別段の要事も無いのに唯何となく行きたくなって」[154]再び上海の地を踏んだ滔天には、虫が知らせた、ということだったのだろうか。到着直後の 10 月 1 日には、孫文の招きで、久しぶりに滔天、黄興、そして胡漢民、廖仲愷らが一堂に会して旧交を温めた。滔天は、「(孫・黄) 両人間(りょうじんかん)

---

151) [同上：123] 参照。なお、孫文の重要な支援者の一人であった梅屋庄吉についても本書ではほとんど触れていないことを断っておく。
152) 「黄興先生三周年の思ひ出　10月30日　於朝鮮京城」[宮崎滔天1971a：519]。
153) 【参考資料43】「滔天支那より歸る」『神戸新聞』大正5年5月26日、「年譜稿」[宮崎滔天1976：711]。
154) 前掲「黄興先生三周年の思ひ出」[宮崎滔天1971：519-520]。以下、引用部は同じ。

の掬すべき友情を眼前に目撃して、言ひしれぬ喜びに満ちた」と記している。その後10日ほど杭州などに遊んだ滔天が上海に戻ってみれば、黄興は胃潰瘍を悪化させて吐血し病床にあった。急いで滔天が見舞いに行った時には「意識も元気も確か」だったが、そのわずか2日後、黄興は42歳の若さで帰らぬ人となった。孫文、胡漢民、何天炯、唐紹儀らも駆けつけた病室で、かつて我が子同然に暮らした黄の長男一欧が半狂乱になって泣き叫ぶのを見て、滔天は「断腸の思ひと云ふことを始めて實驗」した。1週間後の11月7日、滔天は古嶋一雄に宛てて「自棄酒も飲めぬほど弱った」と、また11月21日には宮本嘉太郎宛てに「今や黄興死して弟一身の事も心算總て破れたり。将来の方針も未定也」と書いているが、かように黄興の急死はショックだったのである[155]。

　滔天は、黄興の死後1週間ほどして上海に到着したツチの姿にまた涙した。彼女の渡支は、東京高田村で姉のツナと共に面倒を見ていた黄興の母や第一夫人（廖淡如）らを伴ってのものだった。滔天はその後一旦11月26日に帰国し、箱根で静養するなどして年が明けてから東京に戻ったが、ツチはそのまま上海に残り、12月初旬に「上海昆山路第一號A」に借家している。その後ツチは約2年にわたって上海に住み続け、姉のツナも翌1917（大正6）年、暫くそこに住んでいた。滔天も同年2月、再び上海に上陸、そして4月に予定されていた黄興と蔡鍔の国葬に出席するために湖南省長沙に渡り、その年の6月まで中国に滞在する。3カ月にわたる長沙行の間、滔天は、2月25日に「国民党主催歓迎会」、4月1日には「明徳学校15周年記念会」、そして、「湖南省立第一師範学校」において講演を頼まれた。この三番目の講演を依頼したのは、当時師範学校の学生であった毛沢東らである[156]。この時、滔天と毛の間にどのようなやり取りがあったかはわかっていない。もっぱら毛の方が黄興の盟友であった滔天に興味を抱いていたらしい。

　ところで、この長沙行[157]を通じて滔天は己の健康状態も顧みず（「幸に健康未だ害せず」などと言い）「酒から酒と泳ぎ渡りて」、「牛飲馬食会を催ふし候」、「献

---

155)「書簡／大正時代」『滔天全集 第5巻』[宮崎滔天1976：411-412]を参照。宮本嘉太郎は前年の選挙戦を一緒に戦ってくれた郷里（玉名郡玉名村）の同志。詳細は不明。
156)主として「年譜稿」[宮崎滔天1976：712-713]によるが、[上村希美雄2004：161-167]も併せて参照。
157)この時の旅行のあらましを綴った「湖南行」は、『滔天全集 第1巻』[宮崎滔天1971：539-560]に所収。初出は『東洋日の出新聞』（鈴木天眼主催）1917（大正6）年2月15日～5月13日に22回連載。以下の引用部も全て同上。

酬乾杯盛んに行はれて、僕遂に泥酔して」云々と、大いに飲んだくれた。黄興の国葬（4月15日）後に続いた「宴会又宴会にて、酒好きの僕も遂に閉口、飲まぬ人の閉口如何ばかりと推察致され候」などと書く一方、さらに1カ月長沙に滞在して「尚ほ遊び足らず、後髪引かるゝ思ひ」を抱いて帰りの船に5月13日、「大酔して乗り込」む。帰路、「海の如し洞庭湖に浮かぶ君山」に感嘆して、5月17日、上海の借家に帰ってみると、ツチは病気で入院中であった。「葬式から看護、サテ其の後は知らず」と捨て台詞を吐いた滔天であるが、自身の健康状態も思いのほか悪化していた。長沙旅行中の3月30日、黄興の公営葬事務所がある嶽麓山を訪ねた際、偶然行き合わせた79歳の道士に年を尋ねられ、（数えで）48歳だと答えると60歳以上かと思ったと言われ、「僕甚だ悲観仕候」と書いている。滔天が相当に老けて見えたことを物語っている。

　長沙から上海に帰った後、約半月後の6月初旬に日本に帰国した滔天は、年内は国内で節酒して過ごしたが、明けて1918（大正7）年の1月、再び上海に渡った。これは犬養・頭山らの後押しで作った日支国民協会の委嘱を受けて渡支したもので、帰国後の5月1日、滔天は「南北妥協問題に就て」[158]を発表し、日本政府の姿勢を鋭く批判した。しかし、この時も2カ月ほどで帰国している。上海の佐々木金次郎医師に疑われた腎臓病が、帰国して診断してもらった藤井貞医師に確定され、安静と禁酒を命じられるのであった。この後、翌々年1920（大正9）年までに滔天は、一度の朝鮮行（1918年10月26日〜11月6日）、一度の中国行（1919年9月14日〜10月3日）を果たすが、いずれも短期旅行であり、朝鮮行きについては、姉の富に頼まれた用事を甥の築地房雄に同行して済ませただけであった[159]。翌年の中国行については、偶然、長男龍介と同じ船に乗り合わせて同道することになるも、滔天は「要事と云ふ要事は何ンにも無いのです。強いて要事と云ふ名をくッつくれば、それは支那の土が踏んで見たい、友人の顔が見たい」との理由で1年半ぶりに上海を訪れたが、実際のところ、誰と会い、どんな話をしたのか詳らかではない[160]。

---

158) 掲載したのは黒龍会発行の『亜細亜時論』。［宮崎滔天1973：325-329］所収。
159) その用事が何であったのか、詳細はわからない。滔天の朝鮮行きについては、第7章の注53および54も参照。
160) 引用部分は「久方ぶりの記」『滔天全集 第4巻』［宮崎滔天1973：407-421］より。［上村希美雄2004：288-301］は龍介の行動についても記しているので併せて参照されたい。

その後、ある意味、自身の健康悪化が幸いして、滔天は書斎に籠っての執筆活動に時間と労力を割くことができた。前出の「南北妥協問題」の後は、同5月12日から『上海日日新聞』に「六兵衛」名義で「東京より」[161]の連載を開始するが、これは1921（大正10）年7月5日まで続く。心身共に弱った滔天に頭山満がポンと出資して群馬県の水上温泉湯古屋に遊んだ際の様子を綴った「銷夏漫録」（1918年7月24日起稿、18回連載）[162]、そして前出の「黄興先生三周年の思ひ出」（11月9日～17日）と「朝鮮のぞ記」（11月26日～12月4日）、さらに朝鮮から帰国後の晩秋、約2カ月京阪神に遊んだ際の「むだが記」（12月17～18日）[163]を続けざまに連載した。これが1918年中の滔天の仕事である。明けて1919（大正8）年、京都祇園で調子に乗って飲んだのが災いして年末に腎臓病を再発させた滔天は、いよいよ酒が飲めない身体となった。2月に連載を開始する「炬燵の中より」（2月7日～3月15日）[164]で滔天は、「私と云ふものは、女性的性分を享け得て、誤って男子に生れた一種の變性漢です。酒の援助なくては、人様の前に自分の意志を言明することも能くせず」と恨みがましく酒の飲めない自分語りをし、あるいは遂に「遺憾ながら最早私共は支那に於て無用の長物なのです」と中国革命における自分の居場所なきことを認めた。その後、幾つか短い文章を物した後、二兄彌蔵に始まり、金玉均、渡辺元、山田良政、武田範之等々20名にも及ぶ同志との思い出を「亡友録」（5月13日～1920年3月8日）[165]に綴り、そして「嗚呼、我は老いたり、疲れたり。私が目下の問題は一日の健康の成績です」と心中を吐露した「近状如件」（9月10日～13日連載）[166]に続けて書いたのが、「久方ぶりの記」であった。その後、翌年いっぱい「出鱈目日記」（1920年1月～1921年1月10日）[167]を

161）[宮崎滔天1971b：5-343]。以下、本文で「連載」と記載している文章は、特に断りのない限り『上海日日新聞』紙上におけるものである。
162）但し、何時から何時まで、この文章が連載されていたのかは定かでないようだ。「銷夏漫録」の「解題」[宮崎滔天1973：496]を参照。[渡辺京二2006：319-322]は、この時の水上湯古屋行きを「滔天の生涯にとって重要な転機」、「第二の覚醒」と位置付けている。
163）1918（大正7）年12月17日～18日に連載。[宮崎滔天1973：372-275]。
164）[宮崎滔天1972：223-258]。
165）[宮崎滔天1971b：513-592]。
166）[宮崎滔天1973：400-404]。
167）[宮崎滔天1972：259-557]。

連載、同時期に「桂太郎と孫逸仙」(1921年1月2日〜)[168]に連載し、生涯最後の中国行について記録した「廣東行」が、滔天の残した最後の仕事となる[169]。

最後の中国行

　滔天最後の中国行にして10年ぶりとなった香港・廣州行きは、1921（大正10）年3月、死の前年に敢行された。孫文はじめ、かつての革命の同志らの招きによって廣東における革命政府の実情を視察に訪れたのである。この旅行の概要を紹介する前に、少し時代的には遡るが、孫文の動静を中心に当時の中国政治状況を簡単にまとめておきたい。

　前述の通り1916（大正5）年5月、滔天と共に上海に渡った孫文は、同地で中華革命黨本部を設立する。しかし、その翌月に袁世凱が死ぬと、袁の後を襲った大総統黎元洪、国務総理段祺瑞、副総統から後に臨時大総統となる馮国璋らが北京において苛烈な権力闘争を繰り広げる。保守派の張勲が一時的に（12日間）帝政を復活させるという一幕（張勲復辟）もあったが、これを武力で制圧した段祺瑞が再び国務総理兼陸軍総長として実権を掌握すると黎は辞任、日本の支持をも味方に付けた段が中国統一に乗り出していた。こうした情勢下、1917（大正6）年7月、廣東に向かった孫文は、旧国民党の国会議員らに南下を呼びかけ、8月に同地で約100名の議員と共に非常国会を開催、9月10日、廣東軍政府（護法[170]軍政府）の樹立を宣言して孫文は大元帥の地位に就いた。段祺瑞はこれに反発し、その後、中国は実質的な内戦状態に陥った。大元帥とはいえ軍事的基盤が脆弱だった孫文と、反袁で孫文に協力はしたが、権力基盤の異なる廣西の岑春煊との間で権力争いが勃発、さらに、段祺瑞と馮国璋の主導権争いが展開されて廣東軍政府の内部は分裂し、1918（大正7）年5月、孫文は大元帥の地位を辞した。その直後の6月、孫文は日本を訪れた。静養を兼ねて箱根や京都に遊ぶ短期間の旅行であった。滔

---

168) ［宮崎滔天1971a：509-512］にその一部が収録されているが、全文ではない。また「年譜稿」には「連載」とあるが、いつまで連載されたかは不明である。

169) この旅行記は「六兵衞」名義で3月7日から4月9日まで19回にわたって連載された。［宮崎滔天1971a：561-589］。なお、正確に言えば、滔天が書き残した最後の文章は、「参宮紀行」（1921年9月11日〜10月19日連載）である。［宮崎滔天1973：446-453］。

170) 1912年3月に、後に暗殺された宋教仁らが中心となって制定した中華民国臨時約法を守るという意味。

天はこの時、優れぬ自身の健康状態を押して10日の孫文到着から23日の送別宴（京都）、そして神戸での見送りに至るまで、つきっきりで同行した。滔天は「別れに臨んで彼と手を握った時の彼の顔色、アゝその無言の顔色は、實に言ふに言はれぬ印象を私の頭に刻みつけ」[171]たと記している。滔天自身も心身共に疲れ果て、先述の通り翌月、頭山満の支援で水上温泉に湯治に出かけるのである。

　ところが孫文は1920（大正9）年11月に廣州に帰還して軍政府を再建し、陳炯明（1878～1933年、廣東出身の政治家・軍人。後に孫文と対立）らの協力を得て岑春煊を排除した。滔天が萱野と共に廣州を訪れるのは、時まさに廣東軍政府から中華民国正式政府の設立（1921年4月）が宣言される直前の、そんな状況下であったのだ。ただ、当時は、「世間を餘處に陶々亭の主人と成り済ませる萱野君も、東京郊外の小農園の主として満足せる我も、最近世に生れ出でんとする大宇宙教の研究以外には何等心を動かすことなく、至極平凡なる生活に安住して居た」時であった。だから二人共に「急に廣東に遊ぶ氣はなかった」のだが、「多年懐抱せる理想の實現に腐心しつゝある」「我等の舊友」の「切なる友情は我等を遂に驅つて遽に此の遊びを思ひ立たしめた」[172]のであった。萱野は株式会社善隣倶楽部を設立し、1919（大正8）年8月より東京日比谷に東京一の称ある大中華料理店「陶々亭」の経営者に収まっており[173]、滔天は1920（大正9）年半ば頃より新興宗教の大宇宙教[174]に関心を持ち始めていたのだった。

　1921（大正10）年、2月20日出発と決めたのは良かったが、旅券を取得しておらず大童となり、漸く交付された「渡航先香港経由廣州の海外視察旅券」を携えて出発したのは同28日のことだった。東京から神戸に行き、そこで「ドイツの賠償品たるクライスト号」に乗って門司を経由して2昼夜かけて3月6日、上海に到着する。この時は滔天、萱野共に禁酒の旅であった。滔天の病状悪化の次第は既にたびたび触れてきた通りであるが、一方の萱野は法華経信仰のために断酒していた。萱野は上海に向かう船上で「若し今日の如く酒を飲まず、道楽もせず、生

---

171)前出「銷夏漫録」［宮崎滔天1973：335］。
172)「廣東行」［宮崎滔天1971a：561］。
173)［上村希美雄2004：189］。
174)「悉陀羅」こと堀才吉（1890［明治23］年～1983［昭和58］年、熊本県植木町生まれ）を開祖とする新興宗教。詳しくは、たとえば［上村希美雄2004：363-381］を参照。

真面目で、二十年から働いて居たらば、多少は理想を實現して居たであろうに。思へば餘りに亂暴で不誠實であった。我は悔悟の遲かりしを怨むと」言い、滔天も「誠に然り、我れとても同感也」などと書き残している[175]。

　さて、到着した上海では早速、戴天仇、居正らと午餐を共にし、章炳麟を訪ね、翌7日には上海を出發し、11日に九龍に到着、船を乗り換えて翌12日廣州に到着する。何天炯らが出迎えてくれ、滔天と萱野は孫文を廣東軍政府に訪問した。この時の孫文は、3年前に来日した時と異なり、すっかり精気を取り戻し、自信に満ち溢れて見えたという。翌13日、滔天らは何天炯・鄧鏗の案内で、史堅如——あの恵州起義で命を落とした若き革命家——の銅像を詣で、次いで黄花崗七十二烈士の墓に参った。犠牲者の多くは、かつて東京で滔天の家を訪ねてきた留日学生らであった。滔天は「幾回となくその周囲を廻りては往時を懐ひ将来を考へ、胸中無限の感慨を堪えて」涙ながらに墓前に額づいた[176]。鄧鏗宅で午餐をとった後、張繼、田桐を国民党本部に訪ねる。夜は孫文主催の宴に、廣東軍政府幹部、何天炯、張繼、孫洪伊、胡漢民、汪兆銘、馬君武、廖仲愷らと同席する。そして翌14日には投宿先に何天炯、張繼、胡毅生、廖仲愷、黄復生らが相次いで来訪するが、この日の宴の後、孫文を廣東軍政府に再度訪れて別れを告げる。これが滔天と孫文が顔を合わせた最後の機会となった。滔天は廣州にわずか3日間しか滞在しなかったことになる。張、黄、田桐、劉白らに見送られて出帆した滔天と萱野に、何天炯が香港まで同行してくれたが、その後、経由地の上海で（滔天が感冒に罹って病床に臥せり）1週間ほどを過ごした後、3月26日に出帆、29日に神戸着、そして3月30日に帰京したのであった。

　滔天は、この年の9月、妻ツチと長女のセツを伴って伊勢神宮を詣でた後、京都、米子を廻って荒尾に最後の帰郷を果たすが、これが生涯最後の旅行となった。「年譜稿」には10月（日付不詳）「腎臓病に心臓・肝臓病を併発、醫師見放す」[177]とあるが、その後約1年は生き延びている。偶然にも長男龍介が「白蓮事件」で世間を賑わしたのも、ちょうど同じこの大正10年10月のことだった。白蓮事件も

---

175)「廣東行」［宮崎滔天1971a：562-564］を参照。なお、この時の旅程および滔天らの面会や行動の記録は、「年譜稿」［宮崎滔天1976：720-721］を参考にしている。

176)［同上：571-572］。

177)［宮崎滔天1976：721］。この医師は、主治医の藤井貞と見られる。

相当に滔天に心労を与えたようであるが、滔天が亡くなるのは翌1922 (大正11) 年12月6日の早朝、家族と悉陀羅こと堀才吉が見守る中、住所表記が「高田町雑司ヶ谷」に変わった、あの黄興が建ててくれた自宅でのことだった。享年51、堀による戒名は「一幻大聚生居士」。長男龍介は通夜の席上、「父は近来熱心な宗教研究家になって心霊の革命を策してをり」「體が丈夫になったら今一度支那に渡り大伽藍を建立して支那の青年と大いに談じて精神革命をやるといって」[178]いたと語った。この大宇宙教への傾倒について、渡辺京二は、それが「彼の狂的表現行為であることにおいて、浪曲師志願と意味があい等しい」[179]と述べているが、上村希美雄は滔天の精神のさらなる深層に迫り、それは「再出発の宣言」[180]だったと言っている。

告別式が行われた12月8日、孫文は上海から弔電を送った。「トウテンメイケイ(盟兄)ノシヲカナシム　ソンイッセン」。明けて1923 (大正12) 年4月の上海紙(『民国日報』)は、孫文が――当時、五・四運動の勃発後、抗日・排日の気運が高まっていた中――異例ともいえる日本人浪人の滔天の追悼会を中国で開催すると報じた。しかし実際、この追悼会はいつ、どこで開かれたのか、確証となる記事は存在しない[181]。

さて、本章の最後に、何人かの滔天研究者による滔天と孫文の関係にまつわる評価を紹介しておこう。マリウス・ジャンセンは、孫文にとって最も親しい関係にあったのは宮崎兄弟 (滔天と民蔵) と萱野であり、その関係には「血族的な精神性を認めて」いたほどで、日中の民族主義者のグループ間の友情が敵対に変わった後も、滔天らだけが例外として残った、と述べる。ジャンセンは、また、滔天ら志士(浪人)グループは(たびたび滔天に資金提供をした犬養毅や頭山満も含めて)藩閥 (有司専制) 政府に反対の立場を代表していたため、彼らが日本帝国主義の野心に対する中国人の疑念を鈍らせる役割を担っていたとし、逆に孫文からすれば、その日本帝国主義が、自ら打倒しようとしていた政府 (清朝および北京の軍

---

178)【参考資料47】「滔天宮崎虎蔵氏、念佛を唱へつつ昨晩雑司ヶ谷の自邸に逝く　晩年は宗教を研究」『東京朝日新聞』大正11年12月7日。[宮崎滔天1976：722]。
179)[渡辺京二2006：342]。
180)[上村希美雄2004：381]。
181)[同上：416-417]。

閥政府)を弱める役割を果たしたことは利益に適うところがあった、という見方を示している[182]。

保阪正康は、滔天が、孫文は「単純なる革命家の常として財事に疎く、多年苦心の結果を収約して、已が理想の一点だも行ひ得ずして袁(世凱)に明渡すの遺憾を見ずに済みたらむを(後略)」[183]といった点に不満を隠さなかった。「だが、滔天は、孫文に対して畏敬の念を捨てたわけではなく、むしろ孫文に不利になる日本国内の動きには常に批判を加えていた。中国人革命家に滔天がもっとも畏敬されたのは、そういう献身的なところであ」り(中略)「滔天は終生その姿勢を守りつづけた(後略)」[184]と述べている。榎本泰子は、「『先進国』としての地位にあぐらをかく日本が中国の信頼に応えることができず、助けを求める中国に手を差し伸べようともしない。かつて同文同種の日本を頼ってきた中国は、日本に裏切られ、やがて思想的に共鳴できる欧米と手を結んで『志』を遂げるだろう」という滔天の「予言」を取り上げる一方、孫文および中国の革命の同志たちに対する彼の無力感を指摘する。そしてその「無力感は、自分一人に対するものではなく、日本と日本人すべてに向けられて」おり、「日本の政府と民間人を分けて考え、政府に対する不満を滔天ら革命の支援者に直接ぶつけることは少なかった」孫文の日本に対する失望は、滔天の失望に反映されていったと嘆いている[185]。

加藤直樹は、自身の著書の目的を、「典型的な大陸浪人として、夢想的なアジア主義者として、さらには情の人あるいは侠の人としてロマンティックに語られ、そして時には軽んじられてきた」滔天という人間を、「その思想性に光を当てることで別の風貌を浮かび上がらせ」ることである、と述べている[186]。しかし、こと中国革命および孫文との関係については、滔天が晩年に最終的にたどり着いた思想的到達点において、それは「世界革命」の第一歩に位置づけられるものではあっても、それ自体はもはや重きをなしていないということになる。滔天晩年の思想的課題は、むしろその世界革命を疎外する「日本」が問題になったということ、さ

---

182)[Jansen 1954: 4, 5-6, 219] などを参照。
183)滔天未発表の草稿。近藤秀樹による解説文「辛亥革命と滔天」『滔天全集 第2巻』に所収。[宮崎滔天 1971b：647-648]。
184)[保阪正康 2009：236-237] を参照。
185)[榎本泰子 2013：239-240] を参照。
186)[加藤直樹 2017：14]。

らに言えば、「余りに驕慢な我が民族」の国家日本に「亡国」を見るということになり、そして世界的な被抑圧民族の解放こそが、滔天の理想たる「四海兄弟一視同仁」の世界を実現することに繋がることになる、と加藤は結論付けている[187]。更に続けるならば、そのような思想は、本書第6章で、竹内好に倣って筆者が指摘した、滔天が生涯遂に「出会うことのなかった」天心こと岡倉覚三の孫にあたる岡倉古志郎などによって引き継がれていくことになったと言えるのだろう。

---

187)［同上：311-345］を参照。

終章 ── 新たな「アジア主義」を模索して

　宮崎滔天の死から103年が経った2024年9月現在、「アジア主義」をめぐる思想・政策・学術・心情・行動等々は、どのような状況にあるのだろうか。それは、本書第6章の冒頭に記したように、人びとの知的好奇心──あるいはノスタルジー？──をそそるものではあるかもしれないが、まさに過去の遺物となり、今や真面目に「アジア主義」を思想的・政策的に考える人は、日本のみならず世界的に見ても明らかなマイノリティとなっていると言えるだろう。本書第Ⅰ部で扱ったように、20世紀後半から21世紀に入った直後、一時期は（広義の）東アジアの「奇跡」から、東アジア「協力」の制度化、果ては、東アジア「共同体」の創設の可能性が取り沙汰され、アジアの中小国を中心とする地域秩序の形成が軌道に乗るものと思われた。しかし、やはり、諸大国の後ろ盾なくして域内各国の安全と成長は保障され得ず、結局21世紀現在のアジアは大国間（特に米中）の主導権争いに翻弄されているかに見える。

　遡ること一と四半世紀前、すなわち19世紀末から20世紀初頭にかけての時期は、やはり日清戦争（1894年）、米西戦争（1898年）、そして日露戦争（1904年）などが相次いで勃発したことが象徴するように、まさに帝国主義が隆盛を極めつつある時代だった。本書第Ⅱ部では、そんな時代において「支那（大陸）浪人」の宮崎滔天と「革命家」孫文との交流を中心にアジア情勢の一端を描いてきた。「アジア主義」の観点から見れば、竹内好が「日本の近代化の当初においては、アジア的連帯へ向かう可能性があったかもしれないが、その可能性は早くからチェックされ、明治30年代、つまり日清戦争から日露戦争にかけて漸次消滅した」[1]と看破したように、孫文が掲げ、滔天が共鳴した理想、すなわち彼らが人生を賭けようとした方向性──四億万の蒼生を救い、亜東黄種の屈辱をすすぎ、宇内の人道を回復し擁護する──からは大きく逸脱していった。孫文的な中国、ひいてはアジア全域における人民の解放という目標と、21世紀の今日における国家間協力による「地域主義」の具体的な政策実施との間には大きな隔たりが感じられるであろ

---

1)「孫文観の問題点」[竹内好1993：368]。

うし、一見、両者は到底結びつかないだろう。

　とはいえ、帝国主義が支配した19世紀末から20世紀初頭のアジアと、米中対立が「トゥキディデスの罠」を想起させる2024年現在のアジアの状況には、驚くほど似通った面があることもまた事実と言えるのではないか。たしかに、両者の間には嵌め込まれるべき重要な「パズルのピース」が幾つもある。その一つは、時代的にも思想的にも、また実態としても、アジア諸国との連帯よりも ── 汎アジア主義とか大東亜主義の名の下で ── 侵略と支配を志向するようになった日本の国際的な立場の変化があった。そしてもう一つは、第二次世界大戦後、つまり日本の敗戦後、欧米列強の撤退と共に独立を果たし民族解放を実現したアジア諸国のナショナリズムがある。再び竹内好に拠るが、「戦後になって突如として」投入された「アジアのナショナリズムという新しい問題」は「過去のアジア主義と切れて、天心なり滔天なり内田なり大川なりと無関係に論じられることに、そもそも問題がある」[2]と言いうる所以である。大変逆説的ではあるけれども、アジア連帯（やアジアの覚醒）を謳ったアジア主義が侵略を正当化する論理に転じて利用されたことによって、アジア諸国のナショナリズムを覚醒させ、独立戦争や革命、あるいは平和的権限移譲のいずれによるのであれ植民地・半植民地状態からの脱却を果たさせ、国家の独立と民族解放を実現させたのである ── と、少なくとも一時的には信じられた。しかし、そこからまた長い葛藤の過程が始まる。挙げていけば枚挙に遑ないが、中国における大躍進や文化大革命を例に見るまでもなく、多くの国において体制選択のための戦い ── 政治的闘争のみならず内戦、大量虐殺、難民流出なども ── 、大国の介入、長期独裁政権、人権侵害、人種対立等々がアジアを混乱と不安定に陥れてきた。但し、そうした一つ一つのピースを根気よく埋め込んでいくことによって、「天心なり滔天なり内田なり大川なり」が、戦後のアジア・ナショナリズムのみならず、21世紀における東アジア地域主義とも無関係にではなく論じられるようになるのだろう。「アジア主義」はいかなる形であれ、繰り返し私たちの目の前に立ち現われてくる。よって本書のように「旧きを訪ね新しきを知」ろうとすることも必要であろうが、もはや弱者の「抵抗の論理」としてだけではない「アジア主義」の新たな物語を紡いでいくことが、今

---

[2]　「日本のアジア主義」［竹内好1993：351］。

求められているのではないか。筆者の力不足により、本書においてこのパズルを完成させることができたとは言い難い。今後も暫くはこのテーマに取り組んでいくこととしたい。

　また、本書では残念ながら滔天の生涯を全て描き切ることはできなかったが、果たして彼は、第7章の冒頭で引用したような「これからの日本にこそ必要な男」（松岡正剛）なのだろうか。現代的な視点からその行状だけを見るならば、滔天は、外国の政争に首を突っ込み、亡命者の手助けをし、資金集めや武器調達に奔走する、いわばテロリストの片棒を担ぐような危険人物であったのだ。しかし、掛け値なしに魅力的な『三十三年の夢』をはじめ「日本人の秀れた文化遺産」（竹内好）と言える数多くの文章を彼は残した。そうした意味では、ますます混沌とする現代において、時代を痛快に語る語り部としての役割を担う人材として、「必要な男」なのかもしれない。

　最後になるが、再び個人的な想いを綴ってみたい。いささかオカルトじみているかもしれない。遥か110年前に滔天（あるいは息子の龍介）と孫文が訪れていた東京の白山神社に、そんなことをつゆほども知らなかった今から半世紀前の私は足を踏み入れていた。その後、約20年を経過して、私は滔天の出身地熊本に職を得た。さらに約10年後、孫文が革命運動の支援を頼んだ南洋華人の末裔たる福建系華人女性と家庭を持った。ある時から、ふと私は滔天と孫文が歩んできた（かのような）足跡に導かれているのではないかと強く感じるようになった[3]。まさに、「げに、人生の因縁より奇なるものはあらず」[4]――そんなふうに思って、何としても本書をまとめてみなければならないという使命感に駆られるようになった。しかし、なにぶんにも、これまでに取り組んできた戦後東南アジアにおける地域協力やそれと関連する大国間の国際政治といったテーマとは相当に異なる趣

---

[3] 他にも、ここには書けないこと、書かない方が良いこともあるのだが、思い返してみれば不思議だと思うことが筆者のこれまでの人生には起きている。しかし、それらの奇縁を十分に生かし切れてこなかったことも、また事実であり、それは滔天なみに「顧みて自ら恧怩たらざるを得ない次第」ではある（滔天「支那革命物語」の冒頭。『滔天全集第1巻』に所収。[宮崎滔天1971：292]）。

[4] 滔天が明治30年、2回目の中国行を控えて曽根俊虎に会い、その後、曽根邸を訪ねた際に亡兄八郎の書き残した書および曽根宛ての書簡、特に、八郎もまた中国問題に関心を持っていたことがわかる内容の手紙を見たときに発した言葉である。[宮崎滔天1993：166]。

の内容となったため、稚拙な出来となった印象は否めない。ただ、逆説的ながら、その東南アジア地域協力に関する研究を細々ながら積み重ねていたことが、近現代の日本におけるアジア主義への理解を深めた部分もある。本書がその一助となれば幸いである。

あとがき

　思えば遠くへ来たもんだ——という歌があったが、東京に生まれ育った私が熊本の大学に赴任して 30 年、という距離的・時間的な遠さも然ることながら、本書に収めた各章の元となった論文や記事を書いてきた、その当時当時を思い返すと、そのまま論文集的なもので良いから、なぜもっと早く世に出せなかったのか、と悔やまれることしきりである。2009 年に他界した父の生前、こんな会話を交わしたことを思い出した。「あの時ああしていれば、あんなことをしなければ、と後悔しても、その時その時は、それが最善と思って手を尽くした、その結果が今あるんだよ。」もちろん、本書だって、もっと手を掛ければ良いものになるかもしれない。しかし、これが私の研究者としての力量のほどであり限界である。こうして世に出せただけでも有難いと思わなければならない。

　遡ること 43 年前、大学 2 年生の秋に総理府（現在は内閣府）主催の「東南アジア青年の船」（第 8 回）に参加したことなどがきっかけとなって、私は東南アジア研究の道を志すことにした。暫くすると、(無謀にも！)どこか特定の国の問題ではなく、地域全体を見渡せるようなテーマを選びたいと思うようになった。「青年の船」をはじめ、それ以降に参加した青少年交流事業や学術的会議やセミナーなどの場においても、東南アジア諸国と日米中その他の代表が一堂に会すると、何となく共通する空気が生まれることも感じ取っていた私は、いわば感覚的に「ミニ ASEAN + α」の世界が理解できるようになっていたし、またその雰囲気が好きだった。そして、自分の研究にも「汎アジア主義」的な観点を盛り込むという、さらに無謀なチャレンジを試みたわけである。本書の元となった幾つかの論文は本書の冒頭で紹介したが、序章に書いた私自身の考える本書の意義を広く認めていただけるかどうかについて、またそのような試みが果たして成功しているか否かについては、読者諸賢の御判断に委ねなければならない。忌憚のない御批判を仰ぐことができれば筆者としては幸いである。

　なお、同じく本書冒頭に触れたように、本書は年代記的には 2010 年代前半頃までを扱っており、時期的には 2025 年初めの出版となるが、Covid-19 パンデミッ

クの経験とそれがもたらした有形無形の影響にはほとんど触れていないことも断っておかねばならない。

　さて、大学院で研究の真似事を初めて以来 30 有余年、とりあえず一つの区切りをつけられたのではないかと、このように未熟な出来映えの本書ではあっても、今、目の前にして一安心している。もとより、私個人の力だけで本書が日の目を見るに至ったわけでは決してなく、多くの諸先生・先輩のご指導・ご叱責そして励ましがあった。あまりに多くの方々にお世話になった（し、また失礼を働いた）ので、一々お名前を記すことは、この際、控えたい。しかし、お二人の名前だけには言及しないわけにはいかない。お一人目は大学院入学以来、公私にわたりご指導をいただいた恩師、故・松本三郎先生（慶應義塾大学名誉教授、防衛大学校名誉教授、1931〜2009 年）である。先生曰く「器用貧乏」な —— 先生にいただいた最高の誉め言葉であると思っている —— 私が曲がりなりにも研究者の端くれとしてこれまでやってこられたのは、すべて先生から賜わった学恩のおかげである。そして、もうお一人は、財団法人・日本国際交流センターの故・山本正理事長（1936〜2012 年）である。山本さん —— と敢えて呼ばせていただくが —— は、浅学非才の若僧を何度も重要な国際会議の場などに出席させて下さったばかりでなく、温かいお心で、自信を喪失しかけていた私を立ち直らせて下さった。また、2001 年 9 月から 2002 年 8 月までの在外研究中にお世話になったマレーシア戦略国際問題研究所（ISIS）の皆様にもお礼を申し上げたい。勿論、勤務先の熊本県立大学総合管理学部の創設者・手島孝先生をはじめ、研究分野の如何にかかわらず、時に厳しく時に温かいお言葉をかけて下さった多数の先輩同僚後輩諸氏に、この場を借りて改めて感謝申し上げたい。さらに面識もない私に快く面会して下さり貴重なお話をして下さった頭山興助様、宮崎黄石様、日本僑報社の段躍中代表と景子夫人にも感謝申し上げる。そして最後に、共に学び共に遊んだ熊本県立大学・高埜ゼミの学生・卒業生諸兄姉にも深謝したい。この 30 年、私が良い教師であった

あとがき

かどうかはわからないが、皆さんに育ててもらったことはたしかである。皆さんの益々の健勝と活躍を祈ります。

　本書刊行の構想から約 20 年が経った。出版計画を具体化して以降、辛抱強く原稿の完成を待って下さっただけでなく、的確なご助言をいただいた学術研究出版社の湯川祥史郎様、松尾知美様には、厚く御礼を申し上げたい。なお、本書の刊行に際しては、熊本県立大学より令和 6 年度出版助成をいただいている。記して深く感謝申し上げたい。

　最後になるが、私にとって初の単著となる本書は、誠に勝手ながら、マレーシアから私について来てくれた妻 Genevieve Goh と Kyle こと海佑、そして、そんな我が家に生れてくれた晃銘の 3 人に捧げたい。

2024 年 9 月 4 日記す
熊本市月出の研究室にて
高　埜　健

参考文献・資料一覧

邦文文献＝編著者五十音順
欧文文献＝編著者アルファベット順

【第 I 部】

［邦語文献］

青木保、進藤榮一（2008）「（対談）アジア・アイデンティティの模索が始まった ── 文化からみた東アジア共同体の可能性」『外交フォーラム』No. 237、4月号。

天川直子編（2006）『後発 ASEAN 諸国の工業化 ── CLMV 諸国の経験と展望』IDE-JETRO。

天児慧（2005）「新国際秩序構想と東アジア共同体論 ── 中国の視点と日本の役割」『国際問題』538 号、27-41 ページ。

アンダーソン、ベネディクト（白石隆・白石さや訳）（1987、1997）『想像の共同体 ── ナショナリズムの起源と流行』［初版］リブロポート、［増補版］NTT 出版（Anderson, Benedict (1983) *Imagined Communities: Reflections on the Origin and Spread of Nationalism*）。

飯田将史編（2009）『転換する中国 ── 台頭する大国の国際戦略』（国際共同研究シリーズ -3）防衛省防衛研究所。
（http://www.nids.go.jp/publication/joint_research/series3/series3.html　2012 年 1 月 31 日確認）

五百旗頭真（2014）『日本は衰退するのか』千倉書房。

五十嵐暁郎、佐々木寛、高原明生編（2005）『東アジア安全保障の新展開』（平和・コミュニティ叢書　1）明石書店。

石川捷治、平井一臣編著（2000）『地域から問う国家・社会・世界 ──「九州・沖縄」から何が見えるか』ナカニシヤ出版。

石川登（2000）「空間の履歴 ── サラワク南西部国境地帯における国家領域の生成」坪内良博（編著）（2000）『地域形成の論理』京都大学学術出版会、216-261 ページ。

石田淳（2000）「コンストラクティヴィズムの存在論とその分析射程」『国際政治理論の再構築』（日本国際政治学会（編）『国際政治』124）有斐閣、11-26 ページ。

伊藤憲一（2009）「東アジア共同体構想の実現に向けて ── 経済危機の今こそ、推進の好機」『時評』2009 年 2 月、82-87 ページ。（http://www.ceac.jp/j/pdf/090313.pdf　2010 年 2 月 10 日確認）

伊藤憲一、田中明彦監修（2005）『東アジア共同体と日本の進路』日本放送協会出版。

井上寿一（2016）『増補 アジア主義を問い直す』ちくま学芸文庫（初版、ちくま新書、2006 年）。

上東輝夫（1992）『現代ラオス概説』同文舘。

浦田秀次郎、日本経済研究センター編（2004）『アジア FTA（自由貿易協定）の時代』日本経済新聞社。

浦田秀次郎、深川由紀子編（2007）『経済共同体への展望』（東アジア共同体の構築 -2）岩波書店。

浦野起央他共著（1982）『国際関係における地域主義 ── 政治の論理・経済の論理』有信堂高文社。

栄沢幸二 (1995)『「大東亜共栄圏」の思想』講談社現代新書。
大泉啓一郎 (2011)『消費するアジア——新興国市場の可能性と不安』中公新書。
大庭三枝 (2000)「国際関係論におけるアイデンティティ」『国際政治理論の再構築』(日本国際政治学会(編)『国際政治』124) 有斐閣、137-162ページ。
——— (2004)『アジア太平洋地域形成への道程——境界国家日豪のアイデンティティ模索と地域主義』ミネルヴァ書房。
大矢根聡 (2002)『日米韓半導体摩擦——通商交渉の政治経済学』有信堂高文社。
岡部達味編 (1989)『ASEANにおける国民統合と地域統合』日本国際問題研究所。
小倉貞男 (1992)『ドキュメント・ヴェトナム戦争全史』岩波書店。
梶田孝道 (1993)『統合と分裂のヨーロッパ——EC・国家・民族』岩波新書。
金子芳樹 (2001)『マレーシアの政治とエスニシティ——華人政治と国民統合』晃洋書房。
鴨武彦 (1985)『国際統合理論の研究』早稲田大学出版部。
川口融 (1980)『アメリカの対外援助政策——その理念と政策形成』アジア経済研究所。
菊池努 (1995)『APEC——アジア太平洋新秩序の模索』日本国際問題研究所。
——— (2001)「『東アジア』地域主義の可能性——ASEAN＋3(日中韓)の経緯と展望」『国際問題』494号、16-33ページ。
——— (2005)「『地域』を模索するアジア——東アジア共同体論の背景と展望」『国際問題』538号、42-55ページ。
貴志俊彦、荒野泰典、小風秀雅編 (2005)『「東アジア」の時代性』渓水社。
黒柳米司 (2003)『ASEAN35年の軌跡——'ASEAN Way'の効用と限界』有信堂。
小島朋之、竹田いさみ編 (2002)『東アジアの安全保障』南窓社。
小原雅博 (2005)『東アジア共同体——強大国化する中国と日本の戦略』日本経済新聞社。
小林英夫 (1983)『戦後日本資本主義と「東アジア経済圏」』御茶ノ水書房。
嵯峨隆 (2020)『アジア主義全史』筑摩書房。
佐藤考一 (2003)『ASEANレジーム——ASEANにおける会議外交の発展と課題』勁草書房。
CDI-Japan、マイケル・シューマン (児玉克哉訳) (2001)『自治体国際協力の時代』大学教育出版。
白石隆 (2000)『海の帝国——アジアをどう考えるか』中公新書。
進藤榮一、平川均編 (2006)『東アジア共同体を設計する』日本経済評論社。
進藤榮一 (2007)『東アジア共同体をどうつくるか』ちくま新書。
高木雅一 (2001)『東アジア論入門』大学教育出版。
高杉忠明編 (2003)『国際機構の政治学』南窓社。
高埜健 (1994)「ヴェトナム戦争の終結とASEAN——タイとフィリピンの対米関係比較を中心に」『冷戦変容期の国際政治』(日本国際政治学会編)『国際政治』107) 有斐閣、97-114ページ。

高埜健 (1995)「東南アジアにおける『地域安全保障』の変容——SEATO から ASEAN へ、1960年～1967年」慶應義塾大学慶應法学会編『法学研究』68 (11)：310-326 ページ。

――― (2000a)「ASEAN 安全保障協力における中国ファクター——ASEAN10 へのインプリケーション」添谷芳秀、山本信人編 (2000)『世紀末からの東南アジア——錯綜する政治・経済秩序のゆくえ』、慶應義塾大学出版会、31-67.

――― (2002)「安全保障——東アジアにおける多国間協力の新展開」唐木圀和、後藤一美、金子芳樹、山本信人編 (2000)『現代アジアの統治と共生』、慶應義塾大学出版会、265-284 ページ。

――― (2003)「東南アジアにおける地域統合と広域地域協力——拡大・深化する ASEAN をめぐる国際関係」高杉忠明編 (2003)『国際機構の政治学』南窓社、77-107 ページ。

――― (2004)「国際関係論からの『地域』試論——九州・沖縄と東南アジア」熊本県立大学総合管理学部創立 10 周年記念論文集『新千年紀のパラダイム——アドミニストレーション』(下巻) 九州大学出版会、265-292 ページ。

――― (2007)「ASEAN が目指す『東アジア共同体』」『エコノミスト』(東洋経済新報社)、3 月 6 日号、50-53 ページ。

――― (2009)「『東アジア』という地域秩序」山本信人編著『東南アジアからの問いかけ』慶應義塾大学出版会、121-148 ページ。

――― (2011)「ASEAN 地域フォーラムと日米同盟——東アジア地域安全保障へのインプリケーション」竹内俊隆編著『日米同盟論——歴史・機能・周辺諸国の視点』ミネルヴァ書房、385-415 ページ。

――― (2012)「東アジア地域主義とは何か——日本にとってのインプリケーション」『アドミニストレーション』(熊本県立大学総合管理学会) 18 巻 3・4 合併号、221-257 ページ。

高谷好一 (2001)『新編「世界単位」から世界を見る——地域研究の視座』京都大学学術出版会。

滝田賢治編著 (2006)『東アジア共同体への道』(中央大学政策文化総合研究所研究叢書) 中央大学出版部。

竹内好 (1993)『日本とアジア』ちくま学芸文庫。

田中明彦 (2007)『アジアのなかの日本』NTT 出版。

谷川浩也 (2004)「『東アジア経済統合』構想の陥穽——拡大する世界経済の不均衡が示唆するもの」(コラム 0132、2004 年 6 月 8 日)、独立行政法人・経済産業研究所 (RIETI) ウェブサイト (http://www.rieti.go.jp/jp/columns/a01_0132.html)

谷口誠 (2004)『東アジア共同体——経済統合のゆくえと日本』岩波新書。

坪内良博編著 (2000)『地域形成の論理』京都大学学術出版会。

鶴見良行 (2000)『海の道』(鶴見良行著作集第 8 巻) みすず書房。

涂照彦編著 (1999)『アジアにおける地域協力と日本』御茶の水書房。

東南アジア調査会『東南アジア月報』各年月版。

中嶋嶺雄 (1978)『中ソ対立と現代——戦後アジアの再考察』中央公論社。

─────(1992)『国際関係論──同時代史への羅針盤』中公新書。

中嶋嶺雄、チャルマーズ・ジョンソン編著(1989)『地域研究の現在──既成の学問への挑戦』大修館書店。

西川潤、平野健一郎編(2007)『国際移動と社会変容』(東アジア共同体の構築-3)、岩波書店。

西口清勝(2004)『現代東アジア経済の展開──「奇跡」、危機、地域協力』青木書店。

西口清勝、夏剛編著(2006)『東アジア共同体の構築』ミネルヴァ書房。

西村めぐみ(1996)「規範と国家行動──コンストラクティヴィズムをめぐる理論的一考察」『一橋論叢』116(1)、123-141ページ。

NIRA・EAsia研究チーム編著(2001)『東アジア回廊の形成──経済共生の追求』日本経済評論社。

羽貝正美、大津浩(2004)「自治体が開く『環日本海交流圏』」同左編(2004)『自治体外交の挑戦──地域の自立から国際交流圏の形成へ』有信堂。

萩原宜之(1983)『ASEAN 東南アジア諸国連合──東西対立と南北問題の接点』有斐閣。

─────(1996)『ラーマンとマハティール──ブミプトラの挑戦』(現代アジアの肖像14)岩波書店。

濱下武志、辛島昇編(1997)『地域史とは何か』(地域の世界史1)山川出版社。

濱下武志編(1999)『東アジア世界の地域ネットワーク』(シリーズ国際交流②)山川出版社。

原洋之介(1992)『アジア経済論の構図──新古典派開発経済学をこえて』リブロポート。

坂野潤治(2013)『近代日本とアジア──明治・思想の実像』ちくま学芸文庫。

東アジア共同体協議会(CEAC)(2004)「東アジア共同体評議会設立呼びかけ人会」概要記録、2004年4月16日(http://www.ceac.jp/j/pdf/040803.pdf 2010年2月10日確認)

東アジア共同体協議会(CEAC)(2005)『政策報告書 東アジア共同体構想の現状、背景と日本の国家戦略』2005年8月.(http://www.ceac.jp/j/pdf/policy_report.pdf 2010年2月10日確認)

畢世鴻(2008)「中国雲南省とラオス、ミャンマー、ベトナム──国境地域の経済活動」石田正美編『メコン地域開発研究──動き出す国境経済圏』調査研究報告書、アジア経済研究所、第6章(pp.181-214)。
(http://www.ide.go.jp/Japanese/Publish/Download/Report/pdf/2007_04_23_06.pdf 2012年1月31日確認)

平川均、石川幸一編著(2001)『新・東アジア経済論──グローバル化と模索する東アジア』ミネルヴァ書房。

平川均「日本の東アジア地域構想──歴史と現在」第34回SGRAフォーラム(第8回日韓アジア未来フォーラム)「日韓の東アジア地域構想と中国観」所収。(www.aisf.or.jp/sgra/member/nikkan/report/SGRAreport50.pdf 2012年1月31日確認)

深田祐介(2004)『大東亜会議の真実──アジアの解放と独立を目指して』PHP新書。

福田佳之(2011)「成長戦略として注目されるリバース・イノベーション戦略とは」『経済

センサー』(東レ経営研究所)4月号、24-29ページ。
(http://www.tbr.co.jp/pdf/sensor/sen_a206.pdf　2012年1月31日確認)

古田元夫(1991)『歴史としてのベトナム戦争』大月書店。

星野俊也(2001)「アジア太平洋地域安全保障の展開——ARFとCSCAPを中心として」『国際問題』494号、34-47ページ。

ホフステード、ヘールト(岩井紀子・岩井八郎訳)(1995)『多文化世界——違いを学び共存の道を探る社会』有斐閣。

松本はる香(2005)「分析レポート『東アジア共同体』構想の行方と中国外交」『アジ研ワールド・トレンド』第123号(12月)。

溝口雄三、濱下武志、平石直昭、宮嶋博史編(1993)『地域システム』(アジアから考える[2])東京大学出版会。

宮川眞喜雄(2005)「東アジア共同体——その実像と虚像」『アジア研究』Vol.51, No.2, 2005年4月、6-15。(http://www.jaas.or.jp/pdf/51-2/6-15.pdf)

村嶋英治(1987)「タイにおける政治体制の周期的転換——議会制民主主義と軍部の政治介入」萩原宜之、村嶋英治編『ASEAN諸国の政治体制』アジア経済研究所。

毛里和子、森川裕二編(2006)『図説ネットワーク解析』(東アジア共同体の構築-4)、岩波書店。

百瀬宏編(1996)『下位地域協力と転換期国際関係』有信堂高文社。

森嶋通夫(2001)『日本にできることは何か——東アジア共同体を提案する』岩波新書。

森本敏編(2003)『アジア太平洋の多国間安全保障』日本国際問題研究所。

矢野暢(1986)『冷戦と東南アジア』中央公論社。

山影進(1991)『ASEAN——シンボルからシステムへ』東京大学出版会。

―――(1994)『対立と共存の国際理論——国民国家体系のゆくえ』東京大学出版会。

―――(1997)『ASEANパワー——アジア太平洋の中核へ』東京大学出版会。

―――編(2001)『転換期のASEAN——新たな課題への挑戦』日本国際問題研究所。

―――編(2003)『東アジア地域主義と日本外交』日本国際問題研究所。

山本武彦編(2005)『地域主義の国際比較——アジア太平洋・ヨーロッパ・西半球を中心にして』早稲田大学現代政治経済研究所研究叢書22、早稲田大学出版部。

山本武彦、天児慧編(2007)『新たな地域形成』(東アジア共同体の構築-1)岩波書店.

山本通(2018)「資本主義形成の精神的支柱」『商経論叢』(神奈川大学経済学部)53巻4号、2018年1-23。神奈川大学学術機関リポジトリ
(https://kanagawa-u.repo.nii.ac.jp/?action=pages_view_main&active_action=repository_view_main_item_detail&item_id=12119&item_no=1&page_id=13&block_id=21)

山本信人、高坪健、金子芳樹、中野亜里、板谷大世(1999)『東南アジア政治学——地域・国家・社会・ヒトの重層的ダイナミズム[補訂版]』成文堂(初版1997)。

吉野文雄(2006)『東アジア共同体は本当に必要なのか』北星堂。

ラーマン、トゥンク・アブドゥル・プトラ（小野沢純監訳、鍋島公子訳）(1987)『ラーマン回想録』勁草書房 (Tunku Abdul Rahman Putra, *Looking Back: The Historic Years of Malaya and Malaysia*, Pustaka Antara, 1977)

リー、クアンユー（小牧利寿訳）(2000)『リー・クアンユー回顧録――ザ・シンガポール・ストーリー』[上・下] 日本経済新聞社 (Lee Kuan Yew, *The Singapore Story: Memoirs of Lee Kuan Yew*, The Straits Times Press, 1998, and *From Third World to First, The Singapore Story 1965-2000: Memoirs of Lee Kuan Yew*, The Straits Times Press, 2000.).

「焦点：東アジア共同体と日本」『国際問題』No. 538、2005 年 1 月。

「特集◎歴史的転換点に立つ東アジア――東アジア共同体形成に向けて」『外交フォーラム』No.207、2005 年 10 月。

[英語文献]

Aandstad, Stig Aga (1999), *Surrendering to Symbols: United States Policy Towards Indonesia 1961-1965*, Ph. D Dissertation in History, University of Oslo (http://aga.nvg.org/oppgaver/dissertation.html).

Acharya, Amitav (1997), "Ideas, Identity, and Institution-Building: from the 'ASEAN Way' to the 'Asia-Pacific Way'?" *The Pacific Review*, 10 (3), 319-346.

Acharya, Amitav (2003/04), "Will Asia's Past Be Its Future?" *International Security*, 28 (3), 149-164.

Acharya, Amitav (2004), "How Ideas Spread: Whose Norms Matter? Norm Localization and Institutional Changes in Asian Regionalism," *International Organization*, 58 (2), 239-275.

Alagappa, Muthiah (1987), *The National Security of Developing States: Lessons from Thailand*, Dover, MA: Auburn House Publishing.

Ang Cheng Guan (1998), "Vietnam-China Relations since the End of the Cold War," *Asian Survey*, 38 (12), 1122-1141.

Anwar, Dewi Fortuna (1994), *Indonesia in ASEAN: Foreign Policy and Regionalism* Singapore: Institute of Southeast Asian Studies.

ASEAN Secretariat (1985), *ASEAN Documents Series 1967-1985*, Jakarta: ASEAN Secretariat.

ASEAN Secretariat (1988), *ASEAN Documents Series 1967-1988*. Jakarta: ASEAN Secretariat.

Abueva, Jose V. (1970), "The Phillipine: Tradition and Change," *Asian Survey*, 10 (1).

Ball, Desmond (1993/94), "Arms and Affluence: Military Acquisitions in the Asia-Pacific Region," *International Security*, 18 (3), 78-112.

Bandow, Doug (1999), "Old Wine in New Bottles: The Pentagon's East Asia Security Strategy Report," *Policy Analysis* (Cato Institute), 344.

Beeson, Mark and Kanishka Jayasuriya (1998), "The Political Rationalities of Regionalism: APEC and the EU in Comparative Perspective," *The Pacific Review*, 11 (3), 311-336.

Beeson, Mark (2007) *Regionalism and Globalization in East Asia: Politics, Security and Economic Development*, Palgrave Macmillan.

Beeson, Mark (2009) "East Asian Regionalism and the End of the Asia-Pacific: After American Hegemony," *The Asia-Pacific Journal*, Vol. 2-2-09, January 10 (http://www.japanfocus.org/-Mark-Beeson/3008)

Berman, Larry (1982), *Planning a Tragidy: The Americanization of the War in Vietnam* New York, W.W. Norton & Company, Inc.

Betts, Richard K. (1993/94), "Wealth, Power, and Instability: East Asia and the United States after the Cold War," *International Security*, 18 (3), 34-77.

Bhubhubindar Singh (2002), "ASEAN's Perceptions of Japan: Change and Continuity," *Asian Survey*, 42 (2), 276-296.

Bristow, Michael (2007) "Chinese Dilemma over Burma Protest," *BBC News* (web), September 25 (http://news.bbc.co.uk/2/hi/asia-pacific/7011746.stm)

Burke, Anthony (2001), "Caught between National and Human Security: Knowledge and Power in Post-Crisis Asia," *Pacifica Review*, 13 (3), 215-239.

Buss, Claude A. (1977), *The United States and the Philippines: Background for Policy*, Washington D.C.: American Enterprise Institute for Public Policy Research.

Busse, Nikolas (1999), "Constructivism and Southeast Asian Security," *The Pacific Review*, 12 (1), 39-60.

Buszynski, Leszek (1983), *S.E.A.T.O.: The Failure of an Alliance Strategy*, Singapore University Press.

Buszynski, Leszek (1992), *Gorbachev and Southeast Asia*, London: Routlegde.

Butwell, Richard (1964), "Malaysia and its Impact on the International Relations of Southeast Asia," *Asian Survey*, 4 (4), 940-946 [Anwar 1994: 25].

Buzan, Barry (2004), *From International to World Society? : English School Theory and the Social Structure of Globalisation*, Cambridge University Press.

Chai-Anan, Samudavanija (1982), *The Thai Young Turks*, Singapore: Institute of Southeast Asian Studies.

Calder, Kent E. and Francis Fukuyama (eds.) (2008) *East Asian Multilateralism: Prospects for Regional Stability*, The Johns Hopkins University Press.

Cantori, Louis J. and Steven L. Spiegel (eds.) (1970), *The International Politics of Regions: A Comparative Approach*, Englewood Cliffs, N.J.: Prentice-Hall.

Chalmers, Malcolm (1997), "The Debate on a Regional Arms Register in Southeast Asia," *The Pacific Review*, 10 (1), 104-123.

Chin Kin Wah and Leo Suryadinata (comps. and eds.) (2005), *Michael Leifer: Selected*

Works on Southeast Asia, Singapore: Institute of Southeast Asian Studies.

Christensen, Thomas, J. (1999), "China, the U.S.-Japan Alliance, and the Security Dilemma in East Asia," *International Security*, 23 (4), 49-80.

Clark, Allen L. (1999), "Myanmar's Present Development and Future Options," *Asian Survey*, 39 (5), 772-791.

Clubb, Oliver E. (1962), The United States and the Sino-Soviet Bloc in Southeast Asia, Washington D.C.: The Brookings Institution.

Constantino, Renato and Letizia R. Constantino (1978), *The Philippines: The Continuing Past*, Manila: The Foundation for National Studies.

Curley, Melissa G. and Nicholas Thomas (eds.) (2007) *Advancing East Asian Regionalism*, Routledge.

Dent, Christopher M. (2008) *East Asian Regionalism*, Routledge.

Dittmer, Lowell (2002), "East Asia in the 'New Era' in World Politics," *World Politics*, 55 (1), 38-65.

Domingo, Benjamin B. (1983), *The Making of Filipino Foreign Policy*, Manila, Foreign Service Institute.

Dosch, Jorn and Manfred Mols (1998), "Thirty Years of ASEAN: Achievements and Challenges," *The Pacific Review*, 11 (2), 167-182.

Dupont, Alan (1999), "Transnational Crime, Drugs, and Security in East Asia," *Asian Survey*, 39 (3), 433-455.

Foot, Rosemary (1998), "China in the ASEAN Regional Forum: Organizational Processes and Domestic Modes of Thought," *Asian Survey*, 38 (5), 425-440.

Friedberg, Aaron L. (1993/94), "Ripe for Rivalry: Prospects for Peace in a Multipolar Asia," *International Security*, 18 (3), 5-33.

Frost, Ellen L. (2008) *Asia's New Regionalism*, Lynne Rienner Publishers.

Gallagher, Michael G. (1994), "China's Illusory Threat to the South China Sea," *International Security*, 19 (1), 149-168.

Ganesan, N. (2003), " 'Mirror, Mirror, on the Wall': Misplaced Polarities in the Study of Southeast Asian Security," *International Relations of the Asia-Pacific*, 3 (2), 221-240.

Gilson, Julie (1999), "Japan's Role in the Asia-Europe Meeting: Establishing an Interregional or Intraregional Agenda?" *Asian Survey*, 39 (5), 736-752.

Gilson, Julia (2002) *Asia Meets Europe: Inter-Regionalism and the Asia-Europe Meeting*, Edward Elgar Pub.

Gordon, Bernard K. (1966), *The Dimensions of Conflict in Southeast Asia*, Englewood Cliffs, NJ: Prentice-Hall Inc.

Haacke, Jurgen (2003), "ASEAN's Diplomatic and Security Culture: a Constructivist Assessment," *International Relations of the Asia-Pacific*, 3 (1), 57-87.

Haas, Michael (ed.) (1974), *Basic Documents of Asian Regional Organization, Vol. 1*,

Dobbs Ferry, N. Y.: Oceana Publications< Inc.

Haas, Michael (1989), *The Asian Way to Peace: A Story of Regional Cooperation*, N.Y.: Praeger Publishers.

Head, William and Lawrence E. Grinter (eds.) (1993), *Looking Back on the Vietnam War: A 1990s Perspective on the Decisions, Combat, and Legacies*, Westport, CT: Praeger Publishers.

Heginbotham, Eric (2002), "The Fall and Rise of Navies in East Asia: Military Organizations, Domestic Politics, and Grand Strategy," *International Security*, 27 (2), 86-125.

Hemmer, Christopher and Peter J. Katzenstein (2002), "Why is There No NATO in Asia? Collective Identity, Regionalism, and the Origin of Multilateralism," *International Organization*, 56 (3), 575-607.

Hindley, Donald (1964), "Indonesia's Confrontation with Malaysia: A Search for Motives," *Asian Survey* 4 (4), 904-913 [Anwar 1994: 25].

Hönnighausen, Lothar, Marc Frey, James Peacock and Niklaus Steiner (eds.) (2005) *Regionalism in the Age of Globalism*, Volume 1: Concepts of Regionalism, Center for Study of Upper Midwestern Cultures, University of Wisconsin-Madison.

Hughes, Christopher W. (1996), "Japan's Subregional Security and Defence Linkages with ASEANs, South Korea and China in the 1990s," *The Pacific Review*, 9 (2), 229-250.

Ikenberry, G. John and Jitsuo Tsuchiyama (2002), "Between Balance of Power and Community: the Future of Multilateral Security Co-operation in the Asia-Pacific," *International Relations of the Asia-Pacific*, 2 (1), 69-94.

Imada, Pearl and Seiji Naya (eds.) (1992), *AFTA: The Way Ahead*, Singapore: Institute of Southeast Asian Studies.

International Studies Institute of the Philippines (ISIP) (1987), *Readings on the Sabah Question*, Manila: Law Complex, University of the Philippines.

Joes, Anthony James (1989), *The War for South Vietnam, 1954-1975*, N.Y.: Praeger Publishers.

Jorgensen-Dahl, Arnfinn (1982), *Regional Organization and Order in South-East Asia*, Basingstoke and London: Macmillan Press.

Kahler, Miles (2000), "Legalization as Strategy: The Asia-Pacific Case," *International Organization*, 54 (3), 549-571.

Kang, David C. (2003), "Getting Asia Wrong: The Need for New Analytical Frameworks," *International Security*, 27 (4), 57-85.

Kang, David C. (2003/04), "Hierarchy, Balancing, and Empirical Puzzles in Asian International Relations," *International Security*, 28 (3), 165-180.

Katsiaficas, George (ed.) (1992), *Vietnam Documents: American and Vietnam Views of the War*, Armonk, N.Y.: M. E. Sharpe Inc.

Katzenstein, Peter J. and Nobuo Okawara (2001/02), "Japan, Asia-Pacific Security, and the Case for Analytical Eclecticism," *International Security*, 26 (3), 153-185.

Katzenstein, Peter J. (2005) *A World of Regions: Asia and Europe in American Imperium* (Cornell Studies in Political Economy), Cornell University Press.

Katzenstein, Peter J. and Takashi Shiraishi (eds.) (2006) *Beyond Japan: The Dynamics of East Asian Regionalism*, Cornell University Press.

Keating, Michael (1996) *The New Regionalism in Western Europe: Territorial Restructuring and Political Change*, Edward Elgar Pub.

Keohane, Robert O. and Lisa L. Martin (1995), "The Promise of Institutionalist Theory," *International Security*, 20 (1), 39-51.

Khoo, Nicholas (2004), "Deconstructing the ASEAN Security Community: a Review Essay," *International Relations of the Asia-Pacific*, 4 (1), 35-46.

Kubalkova, Vendulca, Nicholas Onuf, and Paul Kowert (1998), *International Relations in a Constructed World*, M. E. Sharpe.

Kusuma, Snitwongse (1998), "Thirty Years of ASEAN: Achievements through Political Cooperation," *The Pacific Review*, 11 (2), 183-194.

Lee, Lai To (2001), "China's Relations with ASEAN: Partners in the 21st Century?" *Pacifica Review*, 13 (1), 61-71.

Leifer, Michael (1989), *ASEAN and the Security of Southeast Asia*, London and N.Y.: Routledge.

Leifer, Michael (1995), *Dictionary of the Politics of South-East Asia*, London & N.Y.: Routledge.

Leifer, Michael (1999), "The ASEAN Peace Process: a Category Mistake," *The Pacific Review*, 12 (1), 25-38.

Lincoln, Edward J. (2004) *East Asian Economic Regionalism*, Council on Foreign Relation; The Brookings Institution Press.

Longmire, R. A. (1989), *Soviet Relations with South-East Asia: A Historical Survey*, London and New York: Kegan Paul International.

Mackie, J. A. C. (1974), *Konfrontasi: The Indonesian-Malaysian Dispute 1963-1966*, Kuala Lumpur: Oxford University Press.

Mansfield, Edward D. and Helen V. Milner (1999), "The New Wave of Regionalism," *International Organization*, 53 (3), 589-627.

Marcos, Ferdiand E. (1978), *Revolution from the Center: How the Philippines is Using Martial Law to Build a New Society*, Hongkong: Raya Books.

Mearsheimer, John J. (1994/95), "The False Promise of International Institutions," *International Security*, 19 (3), 5-49.

Milne, R.S.and Diane K. Mauzy (1999), *Malaysian Politics under Mahathir*, London and New York: Routledge.

Milner, Anthony, and Deborah Johnson, (2004), "The Idea of Asia," (Web) http://www.anu.edu.au/asianstudies/idea.html (February 17, 2004).

Moller, Kay (1998), "Cambodia and Burma: The ASEAN Way Ends Here," *Asian Survey*, 38 (12), 1087-1104.

Munakata, Naoko (2006) *Trasforming East Asia: The Evolution of Regional Economic Integration*, Research Institute of Economy, Trade and Industry; Brooking Institution Press.

Mya Maung (1997), "Burma's Economic Performance under Military Rule," *Asian Survey*, 37 (6), 503-524.

Mya Maung (1999), "The Burma Road to the Past," *Asian Survey*, 39 (2), 265-286.

Narine, Shaun (1997), "ASEAN and ARF: The Limits of the 'ASEAN Way'," *Asian Survey*, 37 (10), 961-978.

Noting, Frederick (1988), *From Trust to Tragidy: The Political Memoirs of Frederick Nolting, Kennedy's Ambassador to Diem's Vietnam*, New York, N.Y.: Praeger Publishers.

Olson, James S. (ed.) (1993), *The Vietnam War: Handbook of the Literature and Research*, Westport, CT and London: Greenwood Press.

Paez, Patricia Ann (1985), *The Bases Factor: Realpolitik of RP-US Relations*, Manila: Center for Strategic and International Studies of the Philippines / Dispatch Press.

Pempel, T. J. (ed.) (2005) *Remapping East Asia: The Construction of a Region*, Cornell University Press.

Pinpin, F. D. (ed.) (1973), *The First 107 Presidential Decrees: Consequent to Proclamation Nos. 1081/1141*, Manila: Cacho Hermanos Inc.

Pye, Lucian W. (1985), *Asian Power and Politics: The Cultural Dimensions of Authority*, Cambridge, Mass.: Belknap Press of Harvard University Press.

Randolph, Sean R. (1986), *The United States and Thailand: Alliance Dynamics, 1950-1985*, Berkeley, CA: Institute of East Asian Studies, University of California.

Ravenhill, John (2002), "A Three Bloc World? The New East Asian Regionalism," *International Relations of the Asia-Pacific*, 2 (2), 167-195.

Rithaudeen, Tengku Ahmad (with K. N. Nadarajah) (2000), *Tengku Ahmad Rithaudeen: His Story*, Kuala Lumpur: Pelanduk Publications.

Romulo, Carlos P. (1969), "An Innovative Approach to our Foreign Relations," a pamphlet issued by the Department of Foreign Affairs, Manila, January 2, 1969.

Romualdez, Eduardo Z. (1980), *A Question of Sovereignty: The Military Bases and Philippine-American Relations, 1944-1979*, Manila: publisher unknown.

Ross, Robert S. (1999), "The Geography of the Peace: East Asia in the Twenty-first Century," *International Security*, 23 (4), 81-118.

Roy, Denny (1994), "Hegemon on the Horizon? China's Threat to East Asian Security,"

International Security, 19 (1), 149-168.

Ruggie, John G. (ed.) (1993), *Multilateralism Matters: The Theory and Praxis of an International Form*, New York, Columbia University Press.

Ruggie, John G. (1998), "What Makes the World Hang Together? Neo-utilitarianism and the Social Constructivist Challenge," *International Organization*, 52 (4), 855-885.

Sandu, K. S., Sharon Siddique, Chandran Jeshurun, Ananda Rajah, Joseph L. H. Tan, and Pushpa Thambipillai (eds.) (1992), *The ASEAN Reader*, Singapore: Institute of Southeast Asian Studies.

Seekins, Donald M. (1997), "Burma-China Relations: Playing with Fire," *Asian Survey*, 37 (6), 525-539.

Segal, Gerald (1996), "East Asia and the 'Containment' of China," *International Security*, 20 (4), 107-135.

Segal, Gerald (1997), "Thinking Strategically about ASEM: the Subsidiarity Question," *The Pacific Review*, 10 (1), 124-134.

Segal, Gerald (1998), "A New ASEM Agenda: a Report on the British Council's meeting 'Asia and Europe: Societies in Transition', 19-22 March 1998," *The Pacific Review*, 11 (4), 561-572.

Shambaugh, David (1999/2000), "China's Military Views the World: Ambivalent Security," *International Security*, 24 (3), 52-79.

Shambaugh, David, and Michael Yahuda (eds.) (2008) *International Relations in Asia*, Rowman and Littlefield Publishers, Inc.

Siddique, Sharon and Sree Kumar (eds.) (2003), *The 2nd ASEAN Reader*, Singapore: Institute of Southeast Asian Studies.

Simon, Sheldon W. (1998), "Security Prospects in Southeast Asia: Collaborative Efforts and the ASEAN Regional Forum," *The Pacific Review*, 11 (2), 195-212.

Stebbins, Richard and Elaine P. Adams (eds.) (1976), *Amarican Foreign Reltions 1973: A Documentary Record*, N.Y.: Council on Foreign Relations.

Steinberg, David Joel (ed.) (1985), *In Search of Southeast Asia: A Modern History* (Revised Edition), Honolulu, HI: University of Hawaii Press (First edition, 1971).

Suh, J.J., Peter J. Katzenstein and Allen Carlson (eds.) (2004) *Rethinking Security in East Asia: Identity, Power, and Efficiency*, Stanford University Press.

Surachart, Bamrungsuk (1988), *United States Foreign Policy and Thai Military Rule, 1947-1977*, Bangkok: Editions Duangkamol.

Suryadinata, Leo (1985), *China and the ASEAN States: The Ethnic Chinese Dimension*, Singapore University Press.

Suriyamongkol, Marjorie L. (1988), *Politics of ASEAN Economic Cooperation: The Case of ASEAN Industrial Projects*, Singapore: Oxford University Press

Takano, Takeshi (1999a), "The ASEAN-10 and Regional Political Relations," in Sekiguchi

Sueo and Noda Makito (eds.) (1999), *Road to ASEAN-10: Japanese Perspectives on Economic Integration*, Singapore: Institute of Southeast Asian Studies; Tokyo and New York: Japan Center for International Exchange, 16-36 (邦語版：「ASEAN拡大と東南アジア地域国際関係への影響」関口末夫、野田牧人編（2000）『ASEAN10——地域経済と国際関係への影響』日本国際交流センター、15-49ページ。)

Takano, Takeshi (1999b), "Security, Interdependence and Japan's Role in Pacific Asia," Malaysian Armed Forces Defence College, *STRATEGI: Journal of Strategic and International Relations*, 7: 82-100.

Takeda, Yasuhiro (1998), "Japan's Role in the Cambodian Peace Process: Diplomacy, Manpower, and Finance," *Asian Survey*, 38 (6), 553-568.

Tay, Simon S. C., Jesus Estanislao, and Hadi Soesastro (eds.) (2001), *Reinventing ASEAN*, Singapore: Institute of Southeast Asian Studies.

Telò, Mario (ed.) (2007) *European Union and New Regionalism: Regional Actors and Global Governance in a Post-Hegemonic Era* (The International Political Economy of New Regionalisms Series), Second Edition, Ashgate Pub. Co.

Terada, Takashi (1998), "The Origins of Japan's APEC Policy: Foreign Minister Takeo Miki's Asia-Pacific Policy and Current Implications," *The Pacific Review*, 11 (3), 337-363.

Thompson, W. Scott (1975), *Unequal Partners: Phippine and Thai Reltions with the United States, 1965-75*, Lexington, MA: Lexington Books.

Tilman, Robert O. (1987), *Southeast Asia and the Enemy Beyond: ASEAN Perceptions of External Threat*, Boulder, CO: Westview Press.

U.S. Department of State (1983), *American Foreign Policy, 1977-1980*, Washington D.C.: Bureau of Public Affairs, State of Department Publication.

U.S. Government Printing Office (USGPO) (1971). *Public Papers of the President (PPP), Richard M. Nixon, 1969-1971*, Washington D.C.

U.S. Government Printing Office (USGPO) (1977). *Public Papers of the President (PPP), Gerald R. Ford, 1975*, Washington D.C.

U.S. Government Printing Office (USGPO) (1981). *Public Papers of the President (PPP), James E. Carter, 1979*, Washington D.C.

U.S. Government Printing Office (USGPO) (1989). *Foerign Relations of the United States, (FRUS)*, 1955-1957, Vo. XXII, Southeast Asia.

U.S. Government Printing Office (USGPO) (1990). *Foreign Relations of the United States (FRUS)*, 1961-1963, Vol. II (Vietnam 1962).

Van Der Kroef, Justus M. (1973), "Communism and Reform in the Philippines," *Pacific Affairs*, 46 (1), 29-58.

Vishal Singh (1964), "The Struggle for Malaysia," *International Studies* (New Dehli), 5 (3).

Werner, Jayne S. and Luu Doan Huynh (eds.) (1993), *The Vietnam War: Vietnamese and American Perspectives*, Armonk, N.Y.: M. E. Sharpe Inc.

Whiting, Allen S. (1997), "ASEAN Eyes China: The Security Dimension," *Asian Survey*, 37 (4), 299-322.

Whiting, Allen S. (2001), "China's Use of Force, 1950-96, and Taiwan," *International Security*, 26 (2), 103-131.

Wünderlich, Jens-Uwe and Meera Warrier (2007), *A Dictionary of Globaliaztion*, Routledge.

The World Bank (1993), *The East Asian Miracle: Economic Growth and public Policy*, Oxford University Press, 1993.

【第Ⅱ部】

[邦語文献]（第Ⅰ部に掲載分は除く）

葦津珍彦 (2007)『大アジア主義と頭山満』有限会社葦津事務所。

飛鳥井雅道 (1999)『中江兆民』吉川弘文館。

井上桂子 (2016)「宮崎滔天の長子宮崎龍介の中国認識——その孫文観を中心に」『国際関係研究』（日本大学国際関係学部）37巻1号、27-33。
https://www.ir.nihon-u.ac.jp/pdf/research/publication/02_37-1_03.pdf
（筆者閲覧2017年11月28日）

色川大吉（編）(1984)『岡倉天心』中公バックス（日本の名著39)、中央公論社。

上村希美雄 (1984a)『宮崎兄弟伝　日本篇（上）』葦書房。

────── (1984b)『宮崎兄弟伝　日本篇（下）』葦書房。

────── (1987)『宮崎兄弟伝　アジア篇（上）』葦書房。

────── (1996)『宮崎兄弟伝　アジア篇（中）』葦書房。

────── (1999)『宮崎兄弟伝　アジア篇（下）』葦書房。

────── (1999)『宮崎兄弟伝　完結篇』熊本出版文化会館。

────── (2001)『龍のごとく——宮崎滔天伝』葦書房。

衛藤瀋吉 (2003a)『衛藤瀋吉著作集』第4巻「眠れる獅子」東方書店。

────── (2003b)『衛藤瀋吉著作集』第7巻「日本人と中国」東方書店。

────── (2004a)『衛藤瀋吉著作集』第1巻「近代中国政治研究」東方書店。

────── (2004b)『衛藤瀋吉著作集』第3巻「二十世紀日中関係史」東方書店。

榎本泰子 (2013)『宮崎滔天——万国共通の極楽をこの世に』ミネルヴァ書房。

岡倉一雄 (2013)『父 岡倉天心』岩波現代文庫。

加藤直樹 (2017)『謀反の児——宮崎滔天の「世界革命」』河出書房新社。

木下長宏 (2005)『岡倉天心——物ニ観ズレバ竟ニ吾無シ』ミネルヴァ書房。

倉山満 (2013)『嘘だらけの日中近現代史』扶桑社新書。

寇振鋒「『三十三年の夢』の漢訳本『三十三年落花夢』について」名古屋大学『言語文化論集』

第XXXI号 第1巻、2009年10月、49-62ページ。(https://www.lang.nagoya-u.ac.jp/proj/genbunronshu/31-1/kou.pdf 2019年9月21日確認)

小坂文乃 (2009)『革命をプロデュースした日本人 —— 評伝 梅屋庄吉』講談社。

小林よしのり (2014)『ゴーマニズム宣言Special 大東亜論 巨傑誕生篇』小学館。

——————— (2015)『ゴーマニズム宣言Special 大東亜論 第二部 愛国志士、決起ス』小学館。

——————— (2017)『ゴーマニズム宣言Special 大東亜論 第三部 明治日本を作った男達』小学館。

——————— (2019)『ゴーマニズム宣言Special 大東亜論 最終章 朝鮮半島動乱す！』小学館。

近藤秀樹 (1984)『宮崎滔天 北一輝』中公バックス（日本の名著45）、中央公論社。

嵯峨隆 (2006)「孫文の大アジア主義と日本 ——『大アジア主義』講演との関連で」『法学研究』（慶應義塾大学法学研究会）79巻4号、27-59。

——— (2015)「東亜連盟運動と中国」『法学研究』（慶應義塾大学法学研究会）88巻8号、51-86。

——— (2016)『アジア主義と近代日中の思想的交錯』慶應義塾大学出版会。

佐藤常雄 (1990)『宮崎滔天』葦書房。

書肆心水編 (2008)『アジア主義者たちの声（中）—— 革命評論社、あるいは中国革命への関与と蹉跌 宮崎滔天、萱野長知、北一輝』書肆心水。

白石隆、ハウ・カロライン (2012)『中国は東アジアをどう変えるか —— 21世紀の新地域システム』中公新書。

スピルマン、クリストファー・W・A (2015)『近代日本の革新論とアジア主義 —— 北一輝、大川周明、満川亀太郎らの思想と行動』芦書房。

高野澄 (1990)『伝 宮崎滔天 —— 日中の懸橋』徳間文庫。

高埜健 (2017)「近現代日本のアジア主義に関する一考察 —— 征韓論から東アジア地域主義まで（一）」『アドミニストレーション』（熊本県立大学総合管理学会）第24巻第1号、2017年11月、15-39.

——— (2020)「近現代日本のアジア主義に関する一考察 —— 征韓論から東アジア地域主義まで（二・完）」『アドミニストレーション』（熊本県立大学総合管理学会）第27巻第1号、2020年11月、62-92.

武田清子 (1974)「アジアの革新におけるキリスト教 —— 孫文と宮崎滔天」『国際基督教大学学報』(I-A, 教育研究) 17巻、1974年3月、1-61。
https://icu.repo.nii.ac.jp/record/661/files/KJ00005213284.pdf（2024年3月20日確認）

田所竹彦 (2002)『真筆に見る日中の絆 浪人と革命家 —— 宮崎滔天・孫文たちの日々』里文出版。

——— (2011)『孫文 —— 百年先を見た男』新人物文庫（新人物往来社＝初版、築地書館、2000年）。

立野信之 (1966)『茫々の記 —— 宮崎滔天と孫文』東都書房。

田中比呂志(1993)「〈批評・紹介〉中村哲夫著『同盟の時代——中國同盟會の成立過程の研究』」『東洋史研究』(京都大学) 51巻4号、711-719。
https://repository.kulib.kyoto-u.ac.jp/dspace/bitstream/2433/154431/1/jor051_4_711.pdf (2024年3月8日確認)
中国東北地区中日関係史研究会編(編訳者 鈴木靜夫、高田祥平)(1992)『中国人の見た中国・日本関係史——唐代から現代まで』東方出版。
坪内隆彦(2008)『アジア英雄伝——日本人なら知っておきたい25人の志士たち』展転社。
―――(2011)『維新と興亜に駆けた日本人——今こそ知っておきたい二十人の志士たち』展転社。
頭山統一(1977)『筑前玄洋社』葦書房。
中江兆民(桑原武夫・島田虔次訳・校注)(1965 = 初版)『三酔人経綸問答』岩波文庫。
中島岳志(2014)『アジア主義——その先の近代へ』潮出版社。
中島誠(2001)『アジア主義の光芒』現代書館。
日本国際政治学会編(2009)『国際政治』158号「東アジア新秩序への道程」有斐閣。
橋川文三(1962)『アジア解放の夢』(記録現代史 日本の百年 第7巻)筑摩書房。
長谷川雄一編著(2014)『アジア主義思想と現代』慶應義塾大学出版会。
保阪正康(2000)『反逆者たち——時代を変えた10人の日本人』TBSブリタニカ。
―――(2009)『孫文の辛亥革命を助けた日本人』ちくま文庫(初版『仁あり義あり、心は天下にあり——孫文の辛亥革命を助けた日本人』朝日ソノラマ、1992年)。
松本健一(2000)『竹内好「日本のアジア主義」精読』岩波現代文庫。
宮崎滔天(宮崎龍介、衛藤瀋吉校注)(1967)『三十三年の夢』東洋文庫。
―――(西田勝編・解説)(1967)『支那革命軍談』法政大学出版局。
―――(宮崎龍介、小野川秀美編)(1971a)『宮崎滔天全集 第1巻』平凡社。
―――(宮崎龍介、小野川秀美編)(1971b)『宮崎滔天全集 第2巻』平凡社。
―――(宮崎龍介、小野川秀美編)(1972)『宮崎滔天全集 第3巻』平凡社。
―――(宮崎龍介、小野川秀美編)(1973)『宮崎滔天全集 第4巻』平凡社。
―――(宮崎龍介、小野川秀美編)(1976)『宮崎滔天全集 第5巻』平凡社。
―――(島田虔次・近藤秀樹校注)(1993)『三十三年の夢』岩波文庫。
―――(2006a)『アジア革命奇譚集』書肆心水。
―――(2006b)『滔天文選——近代日本の狂と夢』書肆心水。
三好徹(1983)『革命浪人——滔天と孫文』中公文庫(初版、中央公論社、1979年)。
山本博昭(2014)『近代を駆け抜けた男——宮崎八郎とその時代』書肆侃侃房。
―――(2018)『宮崎滔天伝——人生これ一場の夢』書肆侃侃房。
山本吉宣、羽場久美子、押村高編著(2012)『国際政治から考える 東アジア共同体』ミネルヴァ書房。
夢野久作(杉山泰道)(2015)『近世快人伝』文春学藝ライブラリー。

横山宏章（2014）『素顔の孫文——国父になった大ぼら吹き』岩波書店。

劉峰（2013）『近代日本の「アジア主義」』（千葉大学大学院人文社会科学研究科後期博士課程提出論文）
mitizane.ll.chiba-u.jp/metadb/up/thesis/IBA_0019.pdf（2015年11月15日確認）

渡辺京二（2006）『評伝　宮崎滔天（新版）』書肆心水（初版、大和書房、1976年）。

［英語文献］ （第Ⅰ部に掲載分は除く）

Ba, Alice D. (2009), *[Re]Negotiating East and Southeast Asia: Region, Regionalism, and the Association of Southeast Asian Nations* (Stanford, CA: Stanford University Press)

Buzan, Barry and Yongjin Zhang (eds.) (2014), *Contesting International Society in East Asia* (Cambridge: Cambrige University Press).

Goh, Evelyn (2013), *The Struggle for Power: Hegemony, Hierarchy, and Transition in Post Cold-War East Asia* (Oxford: Oxford University Press).

Hotta, Eri (2007), *Pan-Asianism and Japan's War 1931-1945* (New York: Palgrave Macmillan).

Jansen, Marius B. (1954), *The Japanese and Sun Yat-Sen* (Stanford, CA: Stanford University Press)

Katzenstein, Peter and Takashi Shiraishi (eds.) (1997), *Network Power: Japan and Asia* (Ithaca and London: Cornell University Press).

Khoo, Salma Nasution (2008), *Sun Yat Sen in Penang* (Penang: Areca Books).

Littler, Joel (2024), "A Song of Fallen Flowers: Miyazaki Toten and the making of *naniwabushi* as a mode of popular dissent in transwar Japan, 1902–1909", *Modern Asian Studies* (2024), 1–24 (Cambridge University Press).
https://www.cambridge.org/core/journals/modern-asian-studies/article/song-of-fallen-flowers-miyazaki-toten-and-the-making-of-naniwabushi-as-a-mode-of-popular-dissent-in-transwar-japan-19021909/28CA11F431CFBFDA0DD4C98B7F8D4569

Mahabubani, Kishore (2008), *The New Asian Hemisphere: The Irresistible Shift of Global Power to the East* (New York: Public Affairs).

Miyakawa, Yoko (2011), "Sun Yat-sen and Japanese Pan-Asinanists," in Lee Lai To and Lee Hock Guan (eds.), *Sun Yat-sen: Nanyang and the 1911 Revolution*, (Singapore: Institute of Southeast Asian Studies)

Miyazaki Toten (translated, with an introduction, by Etoh Shinkichi and Marius B. Jansen) (1982), *My Thirty-Three Years' Dream: The Autobiography of Miyazaki Toten* (Princeton, NJ: Princeton University Press)

Rozman, Gilbert (ed.) (2015), *Misunderstanding Asia: International Relations Theory and Asian Studies over half a century* (New York: Palgrave Macmillan).

Saalar, Sven and J. Victor Koschmann (eds.) (2007), *Pan-Asianism in Modern Japanese History: Colonialism, regionalism, and borders* (London and New York: Routledge).

【著者紹介】

高埜 健（たかの たけし）

1960年東京生まれ
1984年国際商科大学（現・東京国際大学）教養学部卒
1986年慶應義塾大学大学院法学研究科博士前期課程（政治学専攻）修了（法学修士）
1989年同大学院博士後期課程単位取得満期退学

慶應義塾大学総合政策学部助手、㈶日本国際交流センター・リサーチアソシエイトなどを経て1993年県立熊本女子大学専任講師、1994年同大学総合管理学部設立につき助教授、2001～2002年、マレーシア戦略国際問題研究所にて在外研究、2006年熊本県立大学教授、現在に至る。
専門は国際関係論、東南アジア地域研究、熊本県立大での担当授業科目は国際関係論、アジア地域論など。

主な著作
『東南アジア政治学』（共著、成文堂、1997年初版）
『*Road to ASEAN 10: Japanese Perspectives on Economic Integration*』
　　（Sekiguchi and Noda, eds., Japan Center for International Exchange, 1999）
『東南アジアからの問いかけ』（山本信人編著、慶應義塾大学出版会、2006年）
『日米同盟論』（竹内俊隆編著、ミネルヴァ書房、2011年）　　ほか

趣味はクラシック音楽とプログレッシブ・ロック鑑賞、プロ野球・横浜ベイスターズ、中央競馬、大相撲など。

近現代アジア主義の研究 —— 宮崎滔天から「東アジア共同体」まで

2025年1月23日　初版発行

著　者　高棈 健

発行所　学術研究出版
　　　〒670-0933　兵庫県姫路市平野町62
　　　［販売］Tel.079(280)2727　Fax.079(244)1482
　　　［制作］Tel.079(222)5372
　　　https://arpub.jp

印刷所　小野高速印刷株式会社

©Takano Takeshi 2025, Printed in Japan
ISBN978-4-911008-84-3

乱丁本・落丁本は送料小社負担でお取り換えいたします。

本書のコピー、スキャン、デジタル化等の無断複製は著作権法上での例外を除き禁じられています。本書を代行業者等の第三者に依頼してスキャンやデジタル化することは、たとえ個人や家庭内の利用でも一切認められておりません。